IM LICHT DER TRADITIONEN
PSALM LXVII UND CXV

SUPPLEMENTS

TO

VETUS TESTAMENTUM

EDITED BY
THE BOARD OF THE QUARTERLY

J.A. EMERTON – PHYLLIS A. BIRD – W.L. HOLLADAY
A. van der KOOIJ – A. LEMAIRE – R.E. MURPHY – B. OTZEN
R. SMEND – J.A. SOGGIN – J.C. VANDERKAM – M. WEINFELD
H.G.M. WILLIAMSON

VOLUME XLV

IM LICHT DER TRADITIONEN

PSALM LXVII UND CXV
Ein Entwicklungszusammenhang

BY

WALTER BEYERLIN

E.J. BRILL
LEIDEN • NEW YORK • KÖLN
1992

The paper in this book meets the guidelines for permanence and durability of the Committee on Production Guidelines for Book Longevity of the Council on Library Resources.

Library of Congress Cataloging-in-Publication Data

Beyerlin, Walter.
    Im Licht der Traditionen: Psalm LXVII und CXV: ein
Entwicklungszusammenhang / by Walter Beyerlin.
       p.   cm.—(Supplements to Vetus testamentum, ISSN 0083-5889;
v. 45)
    Includes German translations of Psalms LXVII and CXV.
    Includes bibliographical references and index.
    ISBN 9004096353
    1. Bible. O.T. Psalms LXVII—Criticism, interpretation, etc.
2. Bible. O.T. Psalms CXV—Criticism, interpretation, etc.
I. Bible. O.T. Psalms LXVII. German. Beyerlin. 1992.
II. Bible. O.T. Psalms CXV. German. Beyerlin. 1992.
III. Title. IV. Series.
BS410.V452 vol. 45
[BS1450 67th]
223'.206—dc20
                                             92-13826
                                               CIP

ISSN   0083-5889
ISBN   90 04 09635 3

PRINTED IN THE NETHERLANDS

Elisabeth und Günter Klein
gewidmet

INHALTSVERZEICHNIS

VORWORT

Die Psalmen, um die es zu tun ist, sind eine Weile anhängig gewesen. Das heißt unter den Bedingungen des Universitätslebens: mit Unterbrechungen. Bleibt zu hoffen, es sei gelungen, die Zusammenhänge straff zu halten. Denn es ging nicht bloß darum, Psalmtexte en détail zu erhellen, sondern auch und gerade, sie als Zusammenhang darzutun und zu gruppieren. Vielleicht läßt sich, was versucht worden ist, eines Tages entsprechend fortführen.

Dank schulde ich einerseits dem Kollegen A. Lemaire für die freundliche Aufnahme der Arbeit in die Reihe Supplements to Vetus Testamentum, andererseits E.J. Brill für die Generosität, sie so ansehnlich zu verlegen. In die Danksagung schließe ich ein: den Spezialkollegen U. Gleßmer, der die von ihm entwickelten Computer-Schriftsätze für Hebräisch und Griechisch mir entgegenkommenderweise überlassen hat, nicht zuletzt aber auch meinen Münsteraner Kollegen A. Suhl, der bei ihrer Installation sowie bei kniffligen technischen Fragen geholfen hat.

Einmal mehr sage ich Dank meiner Frau für die Textverarbeitung in allen Stadien bis hin zur gedruckten Endgestaltung, überdies für die Besorgung der Verzeichnisse sowie des Registers am Ende dieses Buches.

Die Widmung, welche voransteht, ehrt eine schon über ein Vierteljahrhundert währende Weggenossenschaft.

Münster, im Herbst 1991   Walter Beyerlin

TEIL I

PSALM LXVII

EINFÜHRUNG

Es ist wie bei einem Brillanten: Der zeigt, was er in sich birgt - an Funken, Feuer und Farben, an Glanz und Klarheit - erst dann, wenn er recht ins Licht gerückt ist, wenn die Strahlen des Lichts im richtigen Winkel einfallen. Solange dem nicht so ist, läßt er, was in ihm steckt, nur gebrochen erscheinen, so, daß es bestenfalls zu erahnen, widrigenfalls zu verkennen ist.

Die These, die hiermit aufgestellt wird und sich bewähren muß, ist: Ps. lxvii ist, wenn er nicht ins rechte Licht gebracht wird, verhältnismäßig unscheinbar, ja, in Gefahr, dem Rang und wohl auch dem Sinne nach verkannt zu werden[1]. Er läßt, was er in sich schließt, erst dann in funkelnder Fülle aufscheinen, wenn er ins richtige Licht gerückt ist: in das, welches von den Traditionen ausgeht, die in ihm, wie auch immer, vorausgesetzt sind, vor allem ins Licht der prophetischen Traditionen, die da im Schwange sind.

Natürlich ist's bei Ps. lxvii - wie beim Brillanten - nicht so, daß abseits von dieser Beleuchtung überhaupt nichts von ihm zu erkennen sein würde. Ein paar Wahrnehmungen, keineswegs ganz unwichtige, lassen sich auch so schon machen.

---

[1]   Der Gefahr ist kein Geringerer als B. Duhm erlegen, obschon just er das Talent besitzt, Kleinodien, auch verborgene, aufzuspüren. Siehe seine Kommentierung des Psalms in *KHC*, 2. A. 1922, 255! (Am Rande dazu R. Smend, *Deutsche Alttestamentler in drei Jahrhunderten*, 1989, 125f.)

1.

WAS VORAB FESTZUSTELLEN IST

1.1. Wenn alles, was bis dato **textkritisch** zu bedenken gegeben wurde[2], erwogen ist, hat's am meisten für sich, am Konsonantentext, den die Mehrheit der hebräischen Handschriften bezeugt (nicht zuletzt auch Codex Leningradensis), festzuhalten. Man muß wohl - das ist der Eindruck dessen, der hier schreibt - für möglich halten, daß die Punktation, die im Frühmittelalter Aussprache und Verständnis des Textes festzuschreiben begann, auch einmal Verkehrtes fixiert hat[3]. Die konsonantische Dimension des masoretischen Mehrheitstextes kommt aber der Urtextfassung im großen ganzen recht nahe. - Zwar muß dahingestellt bleiben, inwieweit dies auch im Falle des Stilbruchs zwischen der Rede von Gott in der dritten und der Anrede an ihn in der zweiten Person zutrifft[4]. Dem Masoretischen Text ist indes gegenüber der originalen (noch unkorrigierten) Gestalt des Codex Sinaiticus der Septuaginta im Falle von *v.* 5 der Vorzug einzuräumen: Die Dreigliedrigkeit, die sich hier exzeptionell von der Zweigliedrigkeit des Kontexts abhebt, darf nicht durch "Ergänzung" um ein weiteres Glied (einen vierten Stichos) aus der Welt geschafft werden[5]. Es ist wohl wahr: die Ebenmäßigkeit des Textes geht weit. Sie ist aber nicht zu forcieren[6].

1.2. **Literarkritisch** gesehen ist folgendes festzustellen: Selbstverständlich gehören weder die Vermerke der Überschrift, *v.* 1, noch das zweimal zwischennotierte סלה am Ende von *vv.* 2 und 5, bestand. Andererseits hat, wo im überkommenen Text אלהים zu lesen steht, vor der Durchführung der "elohistischen Redaktion" (in jedem Falle[7]) יהוה gestanden.

---

2   Vor allem, aber natürlich nicht nur, von H. Bardtke in *BHS*, 1969.
3   Darauf ist im folgenden konkretisierend zurückzukommen. Siehe im einzelnen unten 1.4, insbesondere Abschnitt c, des weiteren Ziffer 2.8!
4   Was hier offenbleibt, scheint im weiteren nirgends zu stören.
5   Auch vermeintliche Parallelen wie Ps. ix 9, xcvi 13, xcviii 9 (MT) sollten dazu nicht verleiten. - Selbstredend hat auch Gewicht, daß (vom eben genannten Codex abgesehen) die Versionen *v.* 5 dreiteilig (nicht etwa vierteilig) wiedergeben.
6   So oder so gilt dies auch gegenüber den "Emendationen", welche Briggs & Briggs ins Werk gesetzt haben, in: *ICC*, II, 1907 (.1960), 92-94. Diejenige im Falle von *v.* 2 ist wider die Spielregeln der Traditionskritik, diejenige im Fall von *v.* 8 wider die der Stilkritik.
7   Also in *vv.* 2.4.6ff.

Ansonsten besteht jedoch[8] kein Grund, mit Veränderung oder Erweiterung zu rechnen. Zwar häufen sich in *vv.* 4 und 6 Lobaufrufe an die Völker. Doch liegt zutage, welche Stileigenarten und -mittel im Spiele sind[9]. Auch entspricht besagte Häufung einem inhaltlichen Schwerpunkt des Texts. - So scheint lxvii, abgesehen von nur wenigen nachgerade notorischen Abstrichen, literarisch integer zu sein.

1.3. **Gedanklich** bestimmen unseren Psalm zwei Brennpunkte: *erstens* Israels Segnung; ausdrücklich, ja betontermaßen durch Jahwe[10].
Zweitens geht's um die Erkenntnis, Anerkenntnis, Lobpreisung Jahwes durch die Gesamtheit der Völker. Beide Brennpunkte hängen zusammen. Denn Israels Segnung, greifbar in der Zuwendung des Ertrags, den das Land, Palästina, zu geben vermag, *vv.* 2.7, ist an und für sich noch nicht das Ziel der Wege Gottes. Sie weist vielmehr über sich selbst hinaus, tendiert in die Weite der Völkerwelt, will für diese Anhalt und Anstoß sein für universelle Jahwe-Erkenntnis / -Anerkenntnis, auch für Jahwes Lobpreisung, *vv.* 3.8 und 4.6. Wobei eines denkwürdig ist: Der Völkerlobpreis hat an sich ja eigenen Inhalt und Gegenstand: Gottes "Richten" und Schlichten zwischen den Nationen sowie deren Führung in der Geschichte, *v.* 5. Merkwürdig ist, daß diese Art göttlichen Wirkens allein offenbar noch nicht ausreicht, um aus Gotteserfahrung *Jahwe*-Erkenntnis werden zu lassen. Es bedarf, unentbehrlicherweise, zusätzlich des Blicks auf Israels Segnung, welche eben, klargestellt durchs Bekenntnis der Jahwegemeinde, evidentermaßen durch Jahwe erfolgt. - Ebendiese Gemeinde erfährt so eine gewisse Auszeichnung. Sie ist aber vor allem in Pflicht genommen; in die, den Prozeß hin zur umfassenden, universellen Jahwe-Erkenntnis, soviel an ihr ist, zu fördern. Sie genügt dieser Pflicht

---

8   Von der Möglichkeit abgesehen, daß der in 1.1 erwähnte Stilbruch (durchweg oder z. T.) bereits in der Phase des literargeschichtlichen Werdegangs eingetreten ist. Nicht auszuschließen ist überdies, daß er auch schon primär unterlaufen sein könnte.
9   Die Neigung zum Wortpaargebrauch (zum Hendiadyoin) ist im Eingang von *v.* 5 genauso wahrzunehmen wie im ersten Teil von *v.* 2. Dies spricht dafür, daß der jussivische Lobaufruf ישמחו וירננו in *v.* 5a primärer Bestandteil ist. Auf der anderen Seite ist der Refrain, *vv.* 4.6, aus unsrem Gedicht kaum wegzudenken. Denn : wäre ohne ihn das Moment allumfassenden Lobs, der Akzent des Universellen hinlänglich ausgedrückt?
10   Warum stellt man sich nicht der Tatsache, daß die Normalwortfolge im Verbalsatz, welcher den Psalm eröffnet, (im auffälligen Unterschied zur Parallele Num. vi 24f) aufgegeben ist? Es gilt die Regel: "Die Normalstellung Verbum-Subjekt wird nur aufgegeben, um das Subjekt hervorzuheben", C. Brockelmann, *Hebräische Syntax*, 1956, 49.

auch und gerade dadurch, daß sie lxvii - mit Appellen an die Völker - für sich und in ihrem Namen sprechen läßt.

1.4.   Was die Frage anlangt, unter welchem **Aspekt** in den Versen des Psalms von Israels Segnung die Rede ist, unter dem, daß, was noch nicht ist, jussivisch erst zu erflehen ist, oder unter dem, daß sie, besagte Segnung, durch Einbringung agrarischen Ertrags als - für dieses Mal, für selbiges Jahr - bereits vollführt vorausgesetzt wird, ist die Antwort ebenfalls vorab, Schritt um Schritt, anzubahnen:

a) versteht sich von selbst, daß vor allem (aber natürlich nicht nur und schon gar nicht isolierterweise) an den verba finita im Psalme Maß zu nehmen ist. Nicht an allen, die es hier gibt. Lediglich an denen im Eingang und am Schluß des Gedichts. Die verba finita im mittleren Stück, in den Versen 4-6, haben mit dem umschriebenen Fragenkreis nichts zu tun[11]. Der infinitivus constructus in der voranstehenden Zeile, *v.* 3, bleibt ohnehin außer Betracht. Somit kommt's, allein und entscheidend, auf die verba finita in *vv.* 2 und 7-8 an.

b) findet sich unter diesen nur ein einziges Mal, im Halbvers 7a, Affirmativkonjugation, in herkömmlicher Benennung Perfekt. Im übrigen ist, im ganzen nicht weniger als sechsmal, Präformativkonjugation gebraucht. Das Nebeneinander ist, wenn man sich, mit der nötigen Konsequenz, dem Banne des Gedankens an "Tempora im Sinne objektiver Zeitstufen" entzieht[12], so schwerverständlich nicht. Jedenfalls sind Nivellierungsversuche so unnötig wie ein Kropf. Es bedarf der Anstrengung nicht, die verba finita samt und sonders in den Duktus des Jussivs hineinzuzwingen und also, in *v.* 7a, "a precative perfect" anzunehmen, um im "national lament"(!) respektive im Bittgebet (gar um Regen!) alles zusammenbringen zu können[13]. Auch besteht weder Grund noch die Möglichkeit der

---

[11]   Sie sind, entsprechend nur anmerkungsweise gesagt, vom כ-Satz *v.* 5 einmal abgesehen, im Dienste hymnischer Lobaufrufe stehend, *Jussive.*
[12]   R. Meyer, Hebräische Grammatik, III, 3. A. 1972, *SG* 5765, 39. Dazu etwa auch C. Brockelmann, a. a. O. 37ff.
[13]   M. Dahood, Psalms II, *AncB* 17, 3. A. 1970, 126f (A comparison ... with Pss IV, LXV, LXXXV - all prayers for rain - discloses that the present poem specifically prays for rain, even though this term does not explicitly appear ..."); ihm folgend (vom Regen allerdings abgesehen) A.A. Anderson, The Book of Psalms, I, *NCeB*, 1972, 478ff sowie (zuletzt) H.-J. Kraus, Psalmen, *BK* XV/2, 5. A. 1978, 621f.

Rechtfertigung, unter Inkaufnahme einer Textänderung[14] alles auf die
Zeitstufe der Vergangenheit zu bringen und - unter das gemeinsame
Dach eines vermeintlichen Volksdanklieds[15]. Wer's damit versucht, "daß
die verbale Syntax auf aspektualer Grundlage beruht"[16], hat ungezwun-
gen die Lösung: Perfekt נתנה in v. 7a konstatiert als Punktual, daß das
Land - gemeint ist Palästina - seinen Ertrag gegeben hat[17]. Nicht etwa
stets, jahrein, jahraus, sozusagen "durativ". Nein, "punktuell" eben jetzt,
aber abgeschlossenermaßen; so, daß sich's konstatieren läßt. Im einge-
tretenen Ereignis solchen Gegebenhabens wird der Punkt erblickt und
fixiert, an welchem es greifbar geworden ist, daß Jahwe tatsächlich Israel
segnet. Im Text um diesen Punkt (diesen Angelpunkt) herum kommt die
Präformativkonjugation zum Zug, sozusagen als Durativ. Denn nunmehr
ist, über besagten Punkt hinaus, doch *breiterhin* vom Segnen zu reden: Ja,
Jahwe segnet uns erwiesenermaßen im Ereignis der wohlgelungenen Ernte; aber sicherlich *auch* - so wagt der Glaube zu folgern - "kursiv". Wobei
eben auch der Zusammenhang, der weitergreifende, in dem dieses Segnen
steht, zur Sprache zu bringen ist: Jahwe segnet Israel, damit es dann
weiterwirkt, "auf daß man auf Erden deinen Weg erkenne, in der Gesamtheit der Völker dein Heil", v. 3. Wie anders als durativ könnte man
überhaupt von Israels Segnung sprechen, wenn Weiterung und Folge-
wirkung *mit* bedacht und zur Sprache gebracht werden sollen, *vv.* 2-3.7b-
8[18]? - So ist die hier anliegende Frage frappant problemlos im Duktus

---

[14]   Abwandlung der bezeugten Präformativkonjugation, wenigstens in *v.* 2a, in Perf.
und Imperf. cons. Dazuhin, in *v.* 2b, die Annahme eines "dichterischen Aorist(s)"!
[15]   So H. Gunkel, Die Psalmen, *HK* II 2, 4. A. 1926, 280f: Jahwe *war* uns gnädig und
segnete und *ließ* leuchten sein Antlitz ... Das Land *gab* seinen Ertrag, uns segnete Jahwe,
unser Gott, *vv.* 2.7.
[16]   R. Meyer, a. a. O. 40. Dazuhin beachtenswert die in Anm. 1 ebd. angeführte
Literatur.
[17]   Die verba finita, welche in den Versionen entsprechen, liegen auf dieser Linie:
ἔδωκεν in *LXX*, dedit in (Psalterium Gallicanum und) Vulgata.
[18]   Was das verbum finitum *v.* 8b anlangt, so dürfte in der Tat zu beherzigen sein,
was F. Crüsemann, Studien zur Formgeschichte von Hymnus und Danklied in Israel,
WMANT 32, 1969, 200 (unter Ziffer 1) geltend zu machen versucht hat: Die aufgereihten
verba finita der Präformativkonjugation "dürfen *nicht verschieden* aufgefaßt werden"; nicht
am Anfang und Schluß des Psalms allgemein; natürlich schon gar nicht die, die im
Schlußvers, auf engstem Raum, unmittelbar aufeinanderfolgen. Ist *v.* 8a "Es segnet uns
Jahwe" zu übersetzen, so wird man sich's, trotz der Suggestion, welche von *vv.* 4-6 ausgeht,
versagen müssen, *v.* 8b (parallelisierend im weiteren Sinn) jussivisch wiederzugeben (" ... es
sollen ihn fürchten alle Enden der Erde"). Eher meint hier das Imperfekt in einer Art Antizipation des Glaubens "... es *müssen* (oder: es *werden*) ihn fürchten alle Enden der Erde." -
Bei diesen Weiterungen freilich ist Rückhalt an den Versionen nicht zu erlangen.

dessen, was in der Grammatik hauptsächlich gilt -in *dem* Sinne zu ent-
scheiden, daß *erstens* Israels Segnung "in, mit und unter" der Erlangung
des diesjährigen agrarischen Ertrags als faktisch *vollzogen* festgestellt wird
und *zweitens*, aus diesem Grund und Anlaß heraus, die Segnung durch
Jahwe auf das hin reflektiert wird, was sie *im weiteren* intendiert: auf den
Erkenntnisprozeß hin, welcher im weltweiten Anerkannt- und Gepriesen-
werden Jahwes, eingeschlossen "die Enden der Erde", gipfelt; auf den
Prozeß hin, welchen Israel selbst, auch und gerade durch diesen Psalm
und seine Verlautbarung, mitzutragen und zu fördern verpflichtet und
verantwortlich ist[19].

c)   Eine Winzigkeit ist dem entwickelten Verständnis im Weg: An einer
Stelle ist eindeutig Jussiv punktiert: beim verbum finitum יָאֵר, *v.* 2, "er
lasse sein Antlitz leuchten ...!" Klar ist, daß die voranstehenden Verben,
beide, obwohl sich's so in der Art der Vokalisation nicht zeigt, gleicherweise jussivisch aufgefaßt worden sind. Klar ist entsprechend, daß die
Masoreten den Eingang des Textes, allerwenigstens diesen, als *Wunsch*
begriffen haben. Dabei ist im Konsonantentext, so wie sie ihn reproduziert haben, diese Auffassung nicht zwingenderweise begründet; vollends
nicht, wird die Möglichkeit der "scriptio defectiva" eingerechnet, oder
besser gesagt, der Umstand, daß die Aussprache durch matres lectionis
nur mitunter signalisiert worden ist[20]. Anders gesagt: die *konsonantische*
Dimension des überkommenen Textes ermöglicht das entwickelte Verständnis jener verba finita der Präformativkonjugation durchaus - genausogut wie das der Punktatoren. Was die *Vokalisation* dieser Leute angeht,
so ist sie erst frühmittelalterlich; möglicherweise später als bislang
vermutet[21]. Sie ist indes, auch wenn sie traditioneller Aussprache
folgt[22], im Grunde genommen bloß *Interpretation*. Zudem liegt auf der
Hand, *was* zu der Deutung geführt hat: Es ist der Blick zur Seite auf den
aaronitischen Segen, - die Suggestion und Verführung, an den geläufigen
Segensspruch Num. vi 24ff (bona fide natürlich) soweit wie möglich anzu-

---

[19]   In die Richtung der skizzierten Lösung geht, anerkennens- und nennenswerter-
weise, am ehesten D. Michel, *Tempora und Satzstellung in den Psalmen*, 1960, 115f.

[20]   E. Würthwein, *Der Text des Alten Testaments*, 5. A. 1988, 26.

[21]   E. Würthwein, a. a. O. 25/26. Allerdings ist anzunehmen (im Hinblick auf Versionen wie Septuaginta, Psalterium Gallicanum, Vulgata und Peschitta), die Masoreten seien
im Duktus *überlieferter* Aussprache zu Werke gegangen.

[22]   Was eine Reihe antiker Übersetzungen annehmen läßt: Die *LXX* hat sich bei
allen drei Verben für Aorist Optativ entschieden. Psalterium Gallicanum und Vulgata haben
entsprechend Präsens Konjunktiv. Auch andere Versionen verstehen *v.* 2 als Wunsch.

gleichen. Ist *er* Segens*wunsch*, warum sollte dann, was ihm in Ps. lxvii entspricht, nicht gleichfalls als Wunsch zu verstehen und entsprechend zu vokalisieren sein?

Wer allerdings traditionsgeschichtlich und -kritisch erfahren ist, wird wissen, daß beim Vorgang der Rezeption von Tradition stets auch, mehr oder weniger erheblich, mit *Variation* zu rechnen ist[23], mit *Abwandlung* gemäß der Intention, die die Neuanwendung des Traditionellen beseelt. Es ist mehr als selbstverständlich, daß die masoretischen Punktatoren (und die Texttradenten und -übersetzer vor ihnen) diesen Gesichtspunkt heutiger Methodik weder gekannt noch berücksichtigt haben. Weniger begreiflich ist, daß die historisch-kritisch Geschulten von heute fast bedenken- und ausnahmslos[24] im Banne der Erwartung geblieben sind, Ps. lxvii müsse mit seinem Bezug auf den aaronitischen Segen selbst-verständlich, genau wie dieser, jussivisch angelautet haben. - Indes, er muß das mitnichten: Hat er, verglichen mit Num. vi 24ff, auch sonst ver-schiedentlich, wie leicht zu sehen, *variiert* (umrangiert[25] und umformu-liert, ausgewählt und weggelassen, kontrahiert und komprimiert[26], so ist's ohne Zweifel auch "drin", daß es zur Aspektverschiebung vom Jussi-vischen hin zum "Indikativischen" gekommen sein kann, zur Abwandlung des Jussivs in der Vorgabe der Tradition (der des aaronitischen Segens) in den Indikativ, den das Gesamtverständnis des Psalms gebieterisch ver-langt. Die masoretischen Punktatoren (und die Texttradenten und -über-setzer vor ihnen) haben, so betrachtet, nur eins getan: Sie haben das Maß, in welchem der traditionelle Segen *frei* rezipiert und zitiert worden ist, weder erkannt noch berücksichtigt. Sie haben sich vielmehr hinreißen lassen, allzusehr, weil *gegen* die Intention des Psalmisten, an den ver-trauten Wortlaut des aaronitischen Segens anzugleichen[27]. - Summa summarum ist's am Tag, daß die Fehleinschätzung der Punktatoren ver-schiedentlich (und besagter Texttradenten und -übersetzer) die hier entwickelte Sicht der Dinge nicht zweifelhaft zu machen vermag. Auch

---

[23] Darauf zu achten wird schon im Proseminar gelehrt. Vgl. beispielsweise H. Barth/ O.H. Steck, *Exegese des Alten Testaments. Leitfaden der Methodik*, 11. A. 1987, 87!

[24] Nennenswert exzeptionell am ehesten noch D. Michel, ebd. (Anm. 18) und in seinem Gefolge F. Crüsemann, a. a. O. 201.

[25] Siehe Anm. 10!

[26] Wir kommen darauf noch zu sprechen. Siehe unsere Ziffer 2.8 sowie Anm. 42!

[27] Eine Versuchung, die über die Masoreten hinaus bis hinein in dieses Jahrhundert virulent geblieben ist. Siehe die textkritisch unhaltbare Adaptionsbestrebung bei Briggs & Briggs (Anm. 6)!

darum nicht, weil diese, wie schon gesagt, im Einklang mit dem überkommenen Konsonantentext ist.

Zudem ist evident: Wer mit den Masoreten - bis aufs letzte Pünktchen
ihrer Punktation - durch dick und dünn zu gehen wünscht, muß wohl
oder übel bereit sein, im Dickicht der dann schwierigen Textauffassung
sich herumzuschlagen, bei welcher zuerst(!) erfleht und erbeten wird, was
wenige Atemzüge hernach als gewährt und gegeben vorausgesetzt wird,
ohne daß dieses Mit- und Nacheinander ersichtlich vermittelt sein würde[28]. Es ist dann klar, daß lediglich der fragwürdige Ausweg bleibt, von
dem eingangs die Rede gewesen ist: der nämlich, auf Biegen und Brechen
zu nivellieren[29]. Wie aber sollte dieser den Vorzug verdienen vor der
hier erarbeiteten Sicht der Dinge, die hundertprozentig mit Grundmög-
lichkeiten hebräischer Grammatik auskommt?

1.5.   Was sich ergab, ist am besten in **vorläufiger Übersetzung** zusammenzufassen. Ausgangspunkt ist der Primärbestand:

>   *v. 2*   *Jahwe* ist uns gnädig und segnet uns;
>   er läßt sein Antlitz leuchten ...,
>
>   *v. 3*   damit man auf Erden Deinen Weg erkennt,
>   bei allen Fremdvölkern Dein Heil.
>
>   *v. 4*   Preisen sollen Dich die Völker, Jahwe;
>   preisen sollen Dich die Völker allesamt!
>
>   *v. 5*   Sich freuen und jubeln sollen die Nationen,
>   denn Du richtest die Völker gerecht
>   und die Nationen führst Du auf Erden!
>
>   *v. 6*   Preisen sollen Dich die Völker, Jahwe;
>   preisen sollen Dich die Völker allesamt!

---

[28]   Man vgl. nur etwa Übersetzung und Kommentierung bei H.-J. Kraus, *BK* XV/1,
1960, 461ff! Verständlich und signifikant, daß der Genannte in der 5. A., 1978, 620ff von
dieser Konzeption ganz abgerückt ist. - Nicht hilfreich kann der Einfall sein, den A.A.
Anderson, a. a. O. 478 referiert, nicht aber selbst vertritt: daß sich da, im Nacheinander von
Erflehen und Konstatieren, der Blick in die Zukunft mit dem in die Vergangenheit verbinde:
"A partial answer is the suggestion that the Feast of Tabernacles does not only look back to
the past but also forward to the future." Was so allgemein nicht unrichtig ist, kann den jähen
Wechsel im kurzen Text gewiß nicht plausibilisieren.

[29]   Es spricht für sich, daß H.-J. Kraus in der Neufassung der 5. Auflage, 621ff den
Ausweg so eröffnet, daß er das Perfekt *v.* 7a - ohne sich grammatikalisch irgendwie zu
erklären - jussivisch übersetzt und auf Vordermann bringt.

v. 7   Das Land hat seinen Ertrag gegeben.
          Es segnet uns Jahwe, unser Gott.
v. 8   Es segnet uns Jahwe.
          Also müssen ihn fürchten alle Enden der Erde.

1.6.   Noch ehe besagtes Licht aus der Richtung der Traditionen einfällt, ist, **formkritisch** betrachtet, eine bemerkenswerte Struktur zu erkennen[30]; eine, die dem, was sich inhaltlich ergab, frappant genau entspricht.

Da hebt sich - zunächst - der jussivisch gehaltene *Mittelteil, vv.* 4-6, als wohlüberlegtes kohärentes Gefüge ab. Die zentrale Partie ist, relativ zum Kontext, durch Refrain, *vv.* 4.6, inclusiohaft gerahmt und zusammengehalten. Was die Kehrreim-Rahmenleisten umschließen, zeichnet sich gegenüber der distichischen Umgebung mit vorherrschendem Doppeldreier[31] durch triadische Gliederung, als Tristichos mit dem Rhythmus 3 + 3 + 3, in auffallender Weise aus, *v.* 5. Was so in der Mitte des Psalms verlautet, ist zudem auch substantiell solitär: Hier werden, wie sich noch zeigen wird, ganz eigenartig Grund und Gegenstand für die Gotteslobpreisung der Völker genannt. Der zugehörige Lobappell wird durch flankierenden Refrain, *vv.* 4.6, massiv verstärkt (in fast tautologischen Impulsen, die intensiviert auslaufen[32] in der Art a b c / a b d). Dergestalt wird der die Mitte des Psalms ausmachende universelle Lobaufruf forciert. - Mithin ist klar am Tag: der universalistische Impetus ist, allein nach dem Mittelstück bemessen, alles andere als nebensächlich.

Andererseits fehlt auch im *Eingang* und am *Schluß*, in *vv.* 2-3 und 7-8, die universalistische Ausrichtung nicht. Ja, es ist gar so: Was die Jahwegemeinde, auf sich selber bezogen, in *vv.* 2 und 7-8a aussagt, ist dem Engagement für weltweite Jahwe-Erkenntnis und -Anerkenntnis *untergeordnet. V.* 3 ist, syntaktisch gesehen, nicht eigenständig, von vorneherein vielmehr Zielpunkt dessen, was in *v.* 2 anhebt. Von Israels Segnung durch Jahwe ist nur die Rede, weil sie Voraussetzung und Vorbedingung

---

[30]   Die Einschätzung des an sich vorzüglichen Psalmenkommentators G. Ravasi, Ps. lxvii erscheine literarisch eher farblos, "letterariamente piuttosto scolorito", trifft m. E. nicht recht zu, *Il libro dei Salmi,* II, 1983, 350.
[31]   Er weicht lediglich am Schluß, *v.* 8, leichter Variation (insgesamt zwar auch 6 Hebungen, aber anders unterteilt, wahrscheinlich in 2 + 4), was mit dem Zu-Ende-Kommen in Verbindung zu bringen sein wird.
[32]   H. Ringgren, The Omitting of *kol* in Hebrew Parallelism, in: *VT* 32, 1982, 100.

fürs Jahwe-Erkennen der Völker ist. *Vv.* 2-3 ist auf diese Weise so etwas wie ein Großsatzgefüge[33]. - Bemerkenswerterweise ist *vv.* 7-8 mutatis mutandis ebensoeng verkettet: *V.* 7b ist vermittels der Stilfigur der ἐπανάληψις[34] in 8a "wiederaufgenommen". Im so gezimmerten Großsatzgefüge *vv.* 7-8, welches, was Kohärenz anlangt, *vv.* 2-3 entspricht, läuft wieder alles auf den Zielpunkt hinaus, es müßten, in der Folge des Ausgesagten, "alle Enden der Erde", alle Völker, inklusive der periphersten, Jahwe fürchten, will sagen: ihn verehren[35]. - So sind die Flanken des Psalms, der zentralen Partie affin, universalistisch ganz ähnlich zugespitzt und, miteinander verglichen, im wesentlichen gleichstrukturiert. Die Anlage des Psalmes ist, seine Mitte als Achse genommen, symmetrisch[36]. Fast läßt sich auch hier, bei den Flanken des Psalms, von inclusio-Gestaltung sprechen. Um so mehr, als im Eingang und am Schluß gleich mehrere Wörter - nicht irgendwelche, sondern ausgesprochen signifikante - wiederholt werden, in jedem Falle gleich doppelt: ארץ wird am Anfang gebraucht, *v.* 3, und im Schlußabschnitt (gar doppelt) repetiert, *vv.* 7.8[37]. Genauso verhält sich's bei der Formulierung יברכנו "er segnet uns". Diese wird in *v.* 2 ein erstes Mal angewandt und findet in den Versen 7.8 (exakt in derselben Weise) zwiefachen Widerhall. All das ist kein Zufall, vielmehr gewollte Gestaltung. Es ist nicht bloß um inclusio zu tun gewesen, um Geschlossenheit und Abrundung unsres Gedichts, sondern auch um Leitmotivik: Es geht einerseits um ארץ in seiner Bedeutungsvielfalt, andererseits um Israels *Segnung* durch Jahwe. - lxvii ist durch und durch wohldisponiert und -artikuliert.

---

[33]   Zur Erläuterung L. Köhler, Deuterojesaja ... stilkritisch untersucht, *BZAW* 37, 1923, 67ff. Es fehlt nicht viel und man könnte auf Enjambement erkennen.
[34]   W. Bühlmann / K. Scherer, Stilfiguren der Bibel, *BiBe* 10, 1973, 25.
[35]   H.F. Fuhs, יָרֵא *jāre'*, in: *ThWAT* III, 1982, 888.
[36]   Am Rand interessant die Angaben (sowohl zum primären Text, als auch zu weiterer Sekundärliteratur) bei R.L. Alden, Chiastic Psalms (II): A Study in the Mechanics of Semitic Poetry in Psalms 51-100, in: *JETS* 19, 1976, 194f.
[37]   Semantisch nicht beidemal gleichgewandt. Dies beeinträchtigt indessen nicht den Effekt!

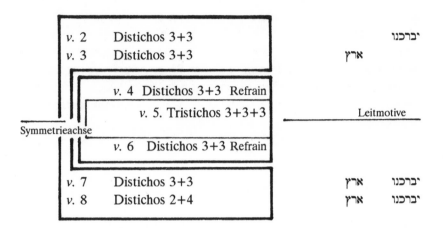

Gattungskritisch betrachtet ist klar, daß die Rede von Israels Segnung durch Jahwe wohl wichtig, nicht aber hauptsächlich ist. Sie bestimmt den Charakter des Psalms nicht so, daß die Kennzeichnung "Segenspsalm"[38] zutreffende Vorstellungen wecken würde. Kennzeichnender im ganzen ist, daß der Psalm, in seiner Mitte hymnisch geformt, einer Verpflichtung der Jahwegemeinde gegenüber den Völkern Rechnung zu tragen trachtet, zutreffender noch, gegenüber Jahwe selbst und seinem Ziel, Gott zu sein alles in allem[39]. - Richtig ist andererseits, daß die im Erlebnis gelungener Ernte neuerlangte Gewißheit, von Jahwe gesegnet zu werden, Grund und Anlaß abgibt, besagte Verpflichtung, Selbstisches überwindend, neuerdings wahrzunehmen. Entsprechend richtig dürfte die Annahme sein, daß unser Psalm in der Erntezeit, ausschließlich in ihr, zum Vortrag gebracht werden wollte. Es versteht sich von selbst: in gemeindegottesdienstlichem Rahmen. Ob zur Frage nach dem **Sitz im Leben** noch mehr und Spezielleres ausgemacht werden kann und muß, darf dahingestellt bleiben.

---

[38]   In letzter Zeit gerne gebraucht; siehe etwa F. Crüsemann, a. a. O. 208 oder C. Westermann, La création dans les Psaumes, in: F. Blanquart (Hg.), La création dans l'Orient Ancien, *LeDiv* 127, 1987, 314! Besagte Kennzeichnung ist, am Rande bemerkt, recht alt; vgl. R. Stier, *Siebzig ausgewählte Psalmen, nach Ordnung und Zusammenhang ausgelegt*, Erste Hälfte, 1834, XII, Zweite Hälfte, 1836, 369f!

[39]   1 Kor. xv 28

Überhaupt dürfte nachgerade erfaßt und umschrieben sein, was abseits des Lichts, das traditionskritisch zu zünden ist, klar genug in Erscheinung tritt. Zum **historischen Ort** etwa ist außerhalb dieses Lichts so wenig auszumachen, daß sich davon zu handeln nicht lohnt. Hingegen gibt's Grund zu der Hoffnung, daß sich auch zu dieser Frage Antworten im Gefolge traditionsgeschichtlicher Feststellungen ermöglichen lassen. Ergo ohne Verzug zu den Betrachtungen unter dem Aspekt **Traditionskritik und -geschichte**!

2.

WAS IM LICHT DER TRADITIONEN DEUTLICHER WIRD

2.1. Vorab ist klarzustellen, daß bei lxvii *verschiedene* Traditionen eingewirkt haben, nicht etwa bloß solche prophetischer Provenienz. Anzeichen liegen, mehr oder weniger deutlich zutage, die darauf schließen lassen, daß Einflüsse **priesterlicher Überlieferung** *mit* eine Rolle gespielt haben.

Am bekanntesten - und deshalb im Voranstehenden vorausgesetzt - ist, daß der zum Schatze priesterlicher Tradition gehörende aaronitische Segen, der in einem der Nachträge zur Priesterschrift[40] bezeugt vorliegt, Num. vi 24-26[41], im Eingangsbereich unsres Psalms (indirekt auch an seinem Schluß) produktiv geworden ist[42]. - Nicht ebenso im Bewußtsein ist, daß auch in den Worten *v.* 7a "Das Land hat seinen Ertrag gegeben",

---

[40] Der, der hier schreibt, neigt immer noch dazu, eine solche anzunehmen. Er sieht in ihr, selbstredend, eine Hervorbringung aus dem Zusammenhang weitergreifender, Generationen durchziehender priesterlicher Tradition, die in der Tat letzten Endes einen P-Komplex zeitigt, der Schichten und besondere Teile zu unterscheiden erlaubt. Siehe einerseits - etwa - W.-H. Schmidt, *Einführung in das Alte Testament*, 4. A. 1989, 93ff, andererseits - etwa und beispielsweise - E. Blum, Studien zur Komposition des Pentateuch, *BZAW* 189, 1990, 219ff.

[41] Siehe etwa K. Seybold, *Der aaronitische Segen. Studien zu Numeri 6,22-27*, 1977.

[42] Wobei Beachtung verdient, daß er bei weitem nicht einfach reproduziert worden ist. Wiewohl er als "verbum certum" nach damaliger Überzeugung seine Wirkung nur zeitigen konnte, wenn er "so", im gegebenen Wortlaut, auch ausgesprochen wurde, כה תברכו Num. vi 23, ist auf ihn mit *Veränderungen* Bezug genommen. Veränderungen (Verkürzungen, Straffungen, Umformulierungen) waren ohne weiteres *möglich*, weil die Segnung bereits bewirkt, sozusagen schon fait accompli war (lxvii 7a). Und Veränderungen waren *nötig*, weil, so wie die Dinge lagen (erschließbar aus lxvii 5), nicht an allen Segenswirkungen gleicherweise gelegen sein konnte. War der Völkerwelt (durch Jahwes erfreuliches "Richten" und Führen) bereits in der Lage, Gott über all dem zu loben, so gab's in ihr nicht mehr Gefahr und Konflikt. Ergo konnte es auch nicht mehr um die Segenserweise Bewahrung und Friedensstiftung gegangen sein. Warum hätte noch auf die Momente שמר und שים שלום im aaronitischen Segen Bezug genommen werden sollen? Es drehte sich bloß noch und alleinentscheidend um den Segenserweis in agrarischer Fruchtbarkeit (lxvii 7a). Folglich konnte sich's nur noch empfehlen, auswahlweise - eklektisch - auf die *übrigen* Momente im aaronitischen Segen abzustellen, auf יחנך und פניו ... יאר. *Sie* waren auf den Erweis in der Fruchtbarkeit des Landes beziehbar. - Könnte es evidenter sein, daß und warum mit der Rezeption eines Elements der Tradition auch seine Variation verbunden sein mußte? - Selbst bei der Umformulierung von אליך Num. vi 25f in אתנו Ps. lxvii 2 wird die Eigenart der Neuanwendung und -beziehung Berücksichtigung verdienen. Dazu unsere Ziffer 2.8.

ארץ נתנה יבולה, Geprägtes aus letztlich priesterlicher Tradition zum Tragen gekommen ist. Es ist zu beachten, daß die Wendung, ziemlich gleichformuliert, auch im Heiligkeitsgesetz erscheint, (dort eher im primären Bestand als in Bearbeitungsschichten), Lev. xxvi 4[43]. Allerdings ist hinzuzusetzen, daß auch Anklänge im prophetischen Schrifttum wahrzunehmen sind; einerseits in Ez. xxxiv 27, andererseits in Sach. viii 12[44]. Indessen, der Vergleich *aller* Parallelen[45] läßt letzten Endes erkennen, daß nicht die Prophetenstellen dem Quellort am nächsten sind, sondern die Worte jener Segensverheißung Lev. xxvi 4. Nicht wenig spricht für die Annahme, daß aus dem Fundus priesterlichen Wissens geschöpft, aus priesterlich tradiertem Formular zitiert worden ist[46]; zunächst einmal hier, beim Primärtext des Heiligkeitsgesetzes, im weiteren auch bei unserem Psalmvers 7a. - Der Eindruck insgesamt überzeugt: Die Jahwegemeinde von lxvii hat die Erfahrung gemacht, daß Segenswunsch und -verheißung erfüllt sind. Warum sollte sie dann nicht Rückbezug nehmen auf die entsprechenden Elemente priesterlicher Tradition, sich einerseits anlehnen an den aaronitischen Segenswunsch, andererseits an die priesterlich tradierte Segensverheißung, die (sicher nicht nur, aber eben auch und prominent) in der Grundschicht des Heiligkeitsgesetzes zum Zuge gekommen ist? - Zudem: wird in lxvii die Verleihung des Segens in der Konkretion der Gabe des Heilsguts der Fruchtbarkeit des Landes erfahren, *v.* 7, so entspricht gerade auch dies (nächst deuteronomischem) priesterlichem Denken, wie es in dem im Heiligkeitsgesetz verarbeiteten Formular greifbar geworden ist[47]. -

Nachgerade ist evident, wie verfehlt es wäre, traditionskritisch und -geschichtlich alles über einen Leisten schlagen zu wollen. *Diverse* Über-

---

[43]   Zur literarkritischen Analyse und literargeschichtlichen Einordnung K. Elliger, Leviticus, *HAT* I 4, 1966, 363ff.

[44]   Es darf nicht unerwähnt bleiben, daß diese Berührungspunkte - vor nunmehr fast hundert Jahren - bereits von Franz Delitzsch notiert worden sind, *Biblischer Kommentar über die Psalmen*, 5. A., hg. v. Friedrich Delitzsch, 1894, 440.

[45]   Ergänzend K. Elliger, a. a. O. 373, Anm. 8.

[46]   K. Elliger, a. a. O. 371.

[47]   Vergleichenswert vor allem G. Wehmeier, *Der Segen im Alten Testament. Eine semasiologische Untersuchung der Wurzel brk*, Diss. Basel, 1970, (206ff.) 214f. Kontrastweise verdient die Umschreibung des Sachverhalts "Segen bei den Propheten" Beachtung, a. a. O. 218ff.

lieferung hat bei der Entstehung unsres Psalmes Wirkung gezeigt, ohne Zweifel *auch* solche aus Priesterkreisen[48].

2.2.   Es leidet andererseits keinen Zweifel, daß wesentliche gedankliche Substanz **genuin prophetischer** Herkunft ist. Vorrangig ins Auge gefaßt werden will: die für die gedankliche Verknüpfung im Großsatzgefüge lxvii 2-3 so grundlegende Glaubensüberzeugung, daß, was die Jahwegemeinde zum eigenen Heil von ihrem Gott her erlebe, nicht priviligierender Selbstzweck sei, nicht Ziel der Wege Gottes, sondern lediglich Zwischenetappe auf weiterführenden Wegen, in die Weite der Völkerwelt, Zwischenstadium in einem über Israel hinaustendierenden Prozeß zu universellerem Heil. Die Glaubensüberzeugung schließt ein, daß die Jahwegemeinde sich wohl des ihr zuteilgewordenen Heils erfreut, sich aber zugleich ihrer Funktion, auch ihres Mandats bewußt zu sein hat, Anhaltspunkt für die Völker im nämlichen Prozesse zu sein, mehr noch als dieses, Angeld, ἀρραβών für das, was fällig, bis dato jedoch "ausständig" ist. Im Hinblick auf Israel, auf sein von Jahwe Gesegnetsein, soll ausdrücklich auf Erden, bei allen bis dahin nicht-jahweverehrenden Völkern erkannt werden, was Jahwes Weg hienieden sei, welcher Art sein Heil, sein Segen, Ps. lxvii 2-3. -

Soweit man auch schaut und so sehr man auch damit rechnet, daß derlei Überzeugungen, wenn die Zeit für sie reif ist, an mehr als *einer* Stelle aufbrechen können, so ist sicherlich nicht zu bezweifeln, daß besagte Konzeption entscheidend bei Deuterojesaja, jenem namentlich unbekannten Propheten der Zeit des babylonischen Exils, zum Durchbruch gekommen ist[49]. In *seiner* Verkündigung ist wichtig, daß Jahwes Heilshandeln Israel zugut "vor den Augen aller Völker" geschieht, daß "alle Enden der Erde das Heil unsres Gottes sehen", Jes. lii 10. Es häufen sich Imperative aus *seinem* Munde, die in gleicher Tendenz darauf dringen, daß die Kunde von Jahwes Heilstat seinem Volk zugut "bis ans Ende der Erde" zu Gehör gebracht wird, Jes. xlviii 20. Dieses nicht etwa bloß, auf daß die reactio hominum im Lobpreis auf Jahwe groß sei, sondern, vielmehr und vor allem, um die Voraussetzung für weltweite Jahwe-Erkennt-

---

[48]   Mag sein, deren Einfluß ist so noch nicht völlig erfaßt. Ergänzung bleibt vorbehalten.

[49]   2 Kön. xix 19 ist als Teil des Gebetes Hiskijas bereits unter dem Einfluß Deuterojesajas abgefaßt worden. In Übereinstimmung mit G. Hentschel, 2 Könige, *NEB*, 1985, 93ff.

nis und -Anerkenntnis zu schaffen. Deuterojesaja will von den Völkern,
daß sie, die Kunde von Jahwes Heilstat im Ohr und ebendiese vor Augen, die unvergleichliche Geschichtsmächtigkeit des nämlichen Gottes
erkennen, ja, sein alleiniges Gottsein, xlv 20ff[50]. Dieses mit der
Konsequenz, daß "alle Enden der Erde", כָּל־אַפְסֵי־אָרֶץ[51], sich ihm, dem
allein geschichtsmächtigen Gott, zuwenden, xlv 22, auf daß letztlich alles,
was Mensch ist, in weltumgreifender Proskynese ausschließlich auf Jahwe
hin ausgerichtet ist, xlv 23. - In der Zusammenschau wird ersichtlich, daß
hier, von der Ausgestaltung im einzelnen abstrahiert, derselbe gedankliche Grundriß vorliegt, der auch Ps. lxvii bestimmt. Vergleichsweise wird
zudem klar, daß die Ausprägung dieses Grundrisses in der Verkündigung
Deuterojesajas ursprünglicher anmutet[52] als diejenige in unserem
Psalm. So dürfte die Annahme nicht fehlgehen, daß die Konzeption
letzten Endes vom Propheten herrührt und in Ps. lxvii weiterwirkt[53].

Zugleich liegt auf der Hand, daß besagter Gedankengang Deuterojesajas in unserem Psalm nicht einfach reproduziert worden ist. Er ist nur
in nuce rezipiert, im einzelnen aber beachtlich und charakteristisch
variiert: Es ist nun nicht mehr die Erfahrung des Heils in den Wechsel-
fällen der Weltgeschichte, nicht mehr die Errettung Israels vermittels der
Zerschlagung der neubabylonischen Herrschaft durch die Perser, die Anhalt und Hinweis abgibt für die bis dato nichtjahweverehrenden Völker.
Es ist jetzt - weniger spektakulär, so ist man versucht zu sagen -jenes fait
accompli von lxvii 7a, daß das Land seinen Ertrag gegeben, seine Fruchtbarkeit erwiesen hat. Israel weiß sich, hic et nunc, nicht durch Jahwes
Geschichtstat gesegnet, sondern durch seine Gabe agrarischer Fruchtbarkeit. Es ist nunmehr - so steil's auch zunächst erscheint - das derart
gesegnete Jahwevolk, das im Zustand solchen Gesegnetseins allen Völkern der Welt zu denken gibt und eine Bewegung anstößt, die in universeller Erkenntnis und Anerkenntnis Jahwes ausläuft.

Die Folgerung ist unumgänglich, daß der Urheber von Ps. lxvii sowie
die Jahwegemeinde, für welche er spricht, dem Banne der geschichtlichen

---

[50]   Abzüglich des nachdeuterojesajanischen Einschubs xlv 20b.c. Zur Begründung
H.-J. Hermisson, Deuterojesaja, *BK* XI/7, 1987, 51.56f.
[51]   Zur Abklärung noch einmal Hermisson, a. a. O. 73f.
[52]   In ihr kommen diese Grundgedanken immer wieder zum Tragen! Vgl. z. B. xlv
1-7!
[53]   Unsere Annahme steht praeterpropter im Einklang mit der Einschätzung anderer:
Siehe etwa A. Weiser, Die Psalmen, *ATD* 14/15, 8. A. 1973, 324; E. Beaucamp, Le Psautier.
Ps. 1-72, *SBi*, 1976, 276, vor allem aber auch A. Deissler, *Die Psalmen*, 1964.1977, 257!

Großtat, der Wende zu Beginn der Perserepoche so gründlich entzogen sind, daß ein *Wechsel des Mediums* der Heilserfahrung möglich geworden ist. Kein Geschichtsereignis - weder das der Befreiung aus dem Exil noch irgendein anderes danach oder auch davor - dominiert in Israels Bewußtsein. Es ist das Ereignis wohlgeratener Ernte, welches jetzt in seinen Bann schlägt. Was wunder im Grunde genommen! Hängt doch von einer solchen, damals und dort, die Existenz der Jahwegemeinde kaum weniger ab als vom großen historischen (politischen, militärischen) Befreiungsschlag!

Zudem ist ins Kalkül zu ziehen, daß gerade in jenem priesterlich tradierten Formular, das im Heiligkeitsgesetz zum Zuge gekommen ist[54], das Heilsgut der Fruchtbarkeit des Landes demjenigen des Siegs über Feinde gleichrangig koordiniert ist[55]. So ist's wohl *auch* der Wertung und Systematisierung der *Priester* gemäß, daß in Ps. lxvii von einem Erfahrungsmedium zum anderen umgestellt worden ist. - Nichts an dieser Vermutung kann eigentlich überraschen. Denn in der zugleich vollzogenen Anlehnung an die Vorgabe des aaronitischen Segens kommt ohnehin priesterlicher Einfluß zutage.

So nötig es ist, auf die *Krasis* verschiedener Einflüsse zu achten, so will doch im Auge behalten werden, daß Ps. lxvii im großen ganzen und wesentlichen im Duktus *Deuterojesajas* liegt, augenscheinlich von seinem historischen Ort ein beträchtliches Stück weit abgerückt. Der Impetus freilich, der dessen Verkündigung eigen ist und von Israels Heilserfahrung zur universellen Vollendung drängt, ist gleichwohl im Text unsres Psalms, eingerechnet seine jussivische Mitte, unabgeschwächt erhalten[56].

2.3. Im Finalsatz lxvii 3 ("damit man auf Erden deinen Weg erkennt, bei allen Völkern dein Heil") ist, zu allem hin, eine speziellere Vorgabe im Spiel: das geprägte Motiv, welches als *"Erkenntnisaussage"* bekannt ge-

---

[54]   Wie gezeigt - siehe Ziffer 2.1!
[55]   Lev. xxvi 4.5b.7, entsprechend xxvi 20.25 ... Vgl. K. Elliger, a. a. O. 360ff!
[56]   Mag sein, daß auch Diktionelles wie die Wörterverbindung כל אפסי ארץ zusammen mit gedanklicher Substanz, sozusagen dieser verhaftet, von Deuterojesaja her in den Text von Ps. lxvii hinein sich durchzuhalten vermocht hat. Bedenkenswert S. Mandelkern, *Veteris Testamenti Concordantiae ...*, I, 2. A. 1955, 137. Unbestreitbar ist, daß vom diktionellen Befund her allein noch keinesfalls auf Abhängigkeit zu erkennen sein würde. Inzwischen aber ist ja klar, daß Diktionelles im vorliegenden Fall im Kontext substantieller Entsprechung zu beurteilen ist.

macht worden ist[57]. Im genannten Psalmvers wird diese nicht, wie präzisiert werden muß, in strenger Ausprägung laut (nicht in der Fassung "... erkennen, daß ich Jahwe bin" / ידע + Objektsatz כי אני יהוה). Die Erkenntnisaussage ist *freier* gehalten und weiterentwickelt. So spricht sie von Jahwe in der dritten Person, handelt nicht mehr davon, daß *Israel* seinen Gott erkennt, meint stattdessen die Jahwe-Erkenntnis der anderen Völker, גוים. - Gleichwohl steht's außer Frage, daß noch immer das nämliche Motiv - wesentliche Merkmale beibehaltend - zugrunde liegt.

Kennzeichnend *im ganzen* ist, daß nicht nur von Jahwe-Erkenntnis unter Verwendung des Verbums ידע gesprochen wird, sondern stets auch ein *Kontext*, ein ganz bestimmter, voransteht. Hier läßt sich nicht alles, was diesen ausmacht, umschreiben[58]. Es genügt aber völlig hervorzuheben, daß er, wie gesagt vorab, Jahwes Tun zur Sprache bringt, daß er dieses als Erkenntnismittel versteht, als unerläßliche Vorbereitung. Im Gegenüber zu ihm, irgendeinem Handeln Jahwes, wird ihn zu erkennen erst möglich[59]. Ziel ist und bleibt die Erkenntnis Jahwes. Finale Ausrichtung und (latent) imperativische Akzentuierung sind entprechend im Spiel[60]. Denn: ist die Voraussetzung für Jahwe-Erkenntnis gegeben, so will diese auch verwirklicht werden. - Alles, was zur Charakterisierung der Erkenntnisaussage (ihren Kontext inklusive) angeführt ist, findet sich, ohne Frage und Ausnahme, in Ps. *lxvii* 2f wieder. Ergo darf es als sicher gelten: das geprägte Motiv ist wirklich im vorliegenden Psalmtext angewandt.

Zu fragen bleibt, wie es hereinvermittelt worden ist: Bekannt ist, wo es im alttestamentlichen Schrifttum schwerpunktlich anzutreffen ist: mit Vorrang im Buche Ezechiel, im weiteren bei Deuterojesaja sowie in der Priesterschrift[61], weniger häufig in sonstigen Textbereichen[62]. Um abzuklären, auf welchem Wege jenes Motiv in unseren Psalm hineingekom-

---

[57]   W. Zimmerli, Erkenntnis Gottes nach dem Buche Ezechiel. Eine theologische Studie, AThANT 27, 1954, neuabgedruckt in: Gottes Offenbarung. Gesammelte Aufsätze zum Alten Testament, TB 19, 1963, 41-119. Ergänzend W. Zimmerli, Das Wort des göttlichen Selbsterweises (Erweiswort), eine prophetische Gattung, in: FS. f. A. Robert, TICP 4, 1957, 154-164, neuabgedruckt in: Gottes Offenbarung, TB 19, 1963, 120-132. Zitationen im folgenden nach dem Neuabdruck.

[58]   Zur Ergänzung: W. Zimmerli, Erkenntnis Gottes ..., in: Gottes Offenbarung ..., TB 19, 1963, 45ff.

[59]   W. Zimmerli, a. a. O. 49.

[60]   W. Zimmerli, a. a. O. 51.

[61]   Siehe Anm. 40!

[62]   Eingehender Aufweis bei Zimmerli, a. a. O. 42ff.69ff.57ff und anderwärts.

men ist, muß an den Besonderheiten seiner Ausprägung in lxvii 2f Maß genommen werden. - In *formaler* Hinsicht gehört zu ihnen, daß besagte finale Ausrichtung ausdrücklich geworden ist: sie wird in der Konstruktion לדעת explizit. In *inhaltlicher* Hinsicht ist eigentümlich, daß es um Jahwe-Erkenntnis und -Anerkenntnis durch die bislang nicht-jahwe-verehrenden Völker zu tun ist, was logischerweise Abwendung von anderen Göttern einschließt. - Was letztere Besonderheit anbelangt, so entspricht ihr die Motivausprägung ausschließlich in *einem* Textbereich: in Worten - ausgerechnet - des Propheten Deuterojesaja, welche von der Gattung der Gerichtsrede beeinflußt sind und im Gegenüber von Jahwe und den Götzen (quasi-forensisch-richterlich) die Entscheidung herbeiführen wollen, diejenige nämlich für jenen und wider diese, Jes. xli 23.26, xliii 8ff[63]. Die substantielle, tendenzielle Verwandtschaft und die Freiheit, in der das Motiv hier und dort entwickelt worden ist, lassen schon die Annahme wagen, es werde wohl am ehesten - mit dem vorhin verhandelten Gut zusammen[64] - vom Zweiten Jesaja her und durch seine Vermittlung dem Autor unsres Psalms zugänglich geworden sein.

Bezieht man die *formale* Besonderheit der Motivausprägung in Ps. lxvii 2f in unsere Überlegung ein, so könnte zu denken geben, daß ein Teil der übrigen Belege besagter Erkenntnisaussage, welche gleichfalls לדעת formulieren[65], sich ziemlich nahe bei Deuterojesaja gruppiert. Dies ist von den Texten zu sagen, die auf den Sabbat abheben und in diesem ein Zeichen für die Aussonderung Israels durch seinen Gott aus dem Kreis der Völker erblicken, zum einen also von der priesterschriftlichen Stelle Ex. xxxi 13, zum anderen von Ez. xx 12 und xx 20. Diese Texte, die auch untereinander in engster Beziehung stehen[66], sind Deuterojesaja historisch und situativ benachbart. Im Passus der Priesterschrift, die ebenfalls exilisch ist, gibt die Erkenntnisaussage in einer Weise, die unsrer Psalmstelle affin ist, dem Bewußtsein Israels Ausdruck, durch seinen Gott im Gegenüber zu den Völkern "geheiligt" und so auch ausgezeichnet zu sein. Man mag sich wohl fragen, ob nicht von diesem P-Text her ein Einfluß ausgegangen und mit ins Spiel gekommen sein könnte. Nach Lage der Dinge ist hinzuzuerwägen, ob er nicht durchs Medium der Verkündigung Ezechiels gegangen und vermittelt sein könnte (Ez. xx 12.20). Hat es

---

[63] W. Zimmerli, a. a. O. 70.
[64] Ziffer 2.2.
[65] S. Mandelkern, a. a. O. 461.
[66] Siehe im einzelnen etwa W. Zimmerli, Ezechiel, *BK* XIII/1, 1969, 447!

nicht alle Wahrscheinlichkeit für sich, daß Nachwirkungen von exilischen Propheten nicht schiedlich-friedlich sortiert auf die Späteren gekommen sind, sondern kaum unterschieden fusioniert? Sollten so nicht - vorzugsweise auf prophetischer Schiene - Erkenntnisaussagen mit verwandter Substanz und zugleich mit der Neigung, der finalen Ausrichtung mit לדעת Ausdruck zu geben, in die Nähe unseres Psalmisten transportiert worden sein? Zeigt nicht zu allem hin die Erkenntnisaussage Jer. xxiv 7, wie weit hier transportiert worden ist, wie tief hinein in den Zeitraum nach dem Exil[67]? - Es hat doch viel Plausibilität, daß das in Ps. lxvii 2f gebrauchte Erkenntnismotiv im Bündel der Lichtstrahlen gesehen werden will, welche vielleicht z. T. aus priesterliche Quelle herrühren, vorwiegend jedoch von prophetischen Texten ausgehen.

Bleibt zu fragen, *was* in diesem Lichtschein besser zu erkennen ist. Im wesentlichen *zweierlei: zum einen* (im Lichte der Texte Ex. xxxi 13 und Ez. xx 12.20) das Selbstverständnis der Jahwegemeinde, das unseren Psalm bestimmt. Versteht sie ihr Sabbatfeiern Woche um Woche als ein Zeichen vor den Augen der Völker der Erde, לדעת, daß man Jahwe erkenne als den "heiligenden", aussondernden Gott, so ist's von da aus nicht weit, daß entsprechend die Ernteeinbringung der Jahweverehrer ein Zeichen vor den Völkern abgibt: ein solches, das *Jahwes* Heilsmächtigkeit, augenscheinlich als einzigartige, zu erkennen gibt. - *Zum andern* ist (im Licht der deuterojesajanischen Texte, Jes. xli 23.26 und xliii 8ff) die Verve festzustellen, mit der um die Jahwe-Erkenntnis und -Anerkenntnis der Völker gerungen wird: Da blitzt die Glaubensüberzeugung hervor, das Faktum des Gesegnetseins der Jahwegemeinde, greifbar geworden im Beschenktsein mit der Ernte des Landes, werde sich nun als prozeßentscheidendes Zeichen erweisen, als *Beweiszeichen* in der quasi-forensischen Auseinandersetzung zwischen Jahwe und den Völkern respektive den Göttern der Völker[68]. Diese *können* jetzt nicht mehr umhin, Jahwes Weg und Heil zu erkennen und anzuerkennen. Damit ist's nun auch an der Zeit, Appelle an sie zu richten, Jahwe - ihn ganz allein - zu bekennen und zu lobpreisen, Ps. lxvii 4-6.

---

[67] Wobei der Vf. das Fazit der Datierungsbemühung in Ziffer XI B seiner Studie *Reflexe der Amosvisionen im Jeremiabuch*, *OBO* 93, 1989, 60ff zugrunde legt.

[68] W. Zimmerli, Erkenntnis Gottes ..., in: Gottes Offenbarung ..., *TB* 19, 1963, 70f.95f.98.

2.4.   In der Mitte unseres Psalms, am Ende des 5. Verses, ist als Grund und Gegenstand des geforderten Völker-Lobpreises angegeben, Jahwe *führe die Nationen* auf Erden. Wer zu orten versucht, wo diese Überzeugung ein erstes Mal verlautet, kann keineswegs sicher sein, daß die Urheberschaft bei den Unheilspropheten des 8. Jh. liegt. Die rhetorischen Fragen im Finale des Amosbuches, im Passus ix 7b[69], entstammen zu deutlich "dem Umkreis deuteronomischer Theologie" und sind redaktionell eingetragen[70]. Andere Textelemente, an die man hier denken möchte, Jes. v 26f und x 5f, könnten entsprechend Hervorbringungen späterer Geschichtstheologie sein[71]. Andererseits ist eine gewisse Nähe zu Dtn. xxviii 49ff, einer der nachträglichen "Ausspinnungen" des dort angeschlagenen Fluchthemas[72], nicht zu übersehen. - Gleichwohl hat es den Anschein, der Gedanke der Führung der Völker durch Jahwe sei zuerst *prophetisch* gedacht worden - nicht im 8., sondern um die Mitte des 6. Jh.: am originellsten und originärsten bei *Deuterojesaja*. Bei ihm in der Konzeption, Jahwe handle durch Kyros, den Perser, ziehe vor ihm und seinem Heer einher, Jes. xli 1ff, xlv 1ff. Gerade bei diesem Propheten des babylonischen Exils ist die tragende Grundüberzeugung zum Durchbruch gekommen, geschichtsmächtig sei und wirke allein und ausschließlich Jahwe. - So scheint sich das Bild einmal mehr und überzeugend zu runden: Die universalistische Aussage, Jahwe führe die Nationen, berührt sich zwar auch mit Gedanken, welche aus dem Umfeld deuteronomischer Theologie sich entwickelt haben. Sie ist aber - zusammengesehen mit anderen universalistischen Momenten in unserem Psalm - am ehesten wieder aus den Wirkungen abzuleiten, welche die prophetische Verkündigung Deuterojesajas gehabt hat.

2.5   Es könnte kaum überraschen, würde das im Parallelismus membrorum gekoppelte Lobelement, lxvii 5b, entsprechend zu deduzieren sein. Indessen, zunächst retardiert, daß der Stichos am meisten und engsten mit Passagen zweier Jahwe-Königs-Hymnen zusammengesehen wird, mit

---

[69]   "Habe ich (so redet Jahwe) nicht Israel aus Ägyptenland heraufgeführt, (genauso) aber auch die Philister aus Kaphtor und Aram aus Qir?!"
[70]   H. Gese, Das Problem von Amos 9,7, in: A.H.J. Gunneweg / O. Kaiser (Hg.), *Textgemäß*, FS. f. E. Würthwein, 1979, 33-38.
[71]   Bedenkenswert O. Kaiser, Das Buch des Propheten Jesaja. Kapitel 1-12, *ATD* 17, 5. A. 1981, 114-117.218-226.
[72]   G. v. Rad, Das fünfte Buch Mose. Deuteronomium, *ATD* 8, 1964, 126.

Ps. xcvi 10.13 zum einen, mit xcviii 9 zum andern. Ja, es hat der Vorschlag Anklang gefunden, lxvii 5 aus besagten vermeintlichen Parallelen heraus zu erweitern, zu "ergänzen"[73]. Klar ist: wer diesem Vorschlag folgt, dem muß (in der Auswirkung) der Zusammenhang um so enger erscheinen. Was wunder, wenn ihm (in der Folge) der adaptierte Text von lxvii 5 ins Verständnis der Psalmen xcvi und xcviii hineinverschlungen wird[74]! - Indessen, es kommt darauf an, sich dem Sog, der hier wirkt, zu entziehen und die Eigenart des Stichos lxvii 5b zu erhalten und zu ermitteln[75]. Im übrigen empfiehlt sich's nicht, die Psalmpassagen - sozusagen in der Horizontalen - voneinander abzuleiten. Mehr hat für sich, sie nebeneinander stehen zu lassen und - in der Vertikalen - sich von ihnen aus in parallelem Rekurs zurückzutasten und (wohlunterschieden) nach den traditionsgeschichtlichen Ausgangspunkten zu fahnden. Wird derart vorgegangen, kommt zustatten, daß gerade bei den Psalmen xcvi, xcviii jüngst erst zurückgeforscht worden ist[76]; so differenziert, wie dies nötig ist; bemerkenswerterweise mit dem Ergebnis, daß sie (alle beide, im einzelnen freilich verschieden) aus dem "Umkreis der deuterojesajanischen Theologie" herrühren[77]. Ist, vom Stichos lxvii 5b zunächst einmal abgesehen, von lxvii erwiesenermaßen dasselbe zu sagen, so ist, was wir angenommen haben, bestätigt: Von den Psalmen lxvii und xcvi, xcviii gehen parallel-laufende Linien zurück, welche im Umkreis um Deuterojesaja - nicht unbedingt an derselben Stelle - münden. Gesetzt den Fall, eine Linie verliefe dorthin auch von lxvii 5b zurück, so gehörte, was sich zwischen lxvii und xcvi, xcviii berührt, traditionsgeschichtlich in Wurzelverwandtschaft zusammen.

---

[73]   Siehe einerseits etwa A. Rahlfs, *Septuaginta, X, Psalmi cum Odis*, 3. A. 1979, 187 und entsprechend H. Bardtke, in: *BHS*, 1969, andererseits beispielshalber H.-J. Kraus, Psalmen, *BK* XV/2, 5. A. 1978, 620! Zur Textkritik obige Ziffer 1.1.

[74]   Leider ist diese Bemerkung auch auf das im weiteren wichtige und an sich so verdienstvolle Buch von H. Niehr zu beziehen: Herrschen und Richten. Die Wurzel špṭ im Alten Orient und im Alten Testament, *FzB* 54, 1986, 116f.

[75]   Um ein Beispiel herauszugreifen: Unser Versglied geht, ziemlich anders als die Passagen von xcvi und xcviii, nicht vom Gedanken einer (im Perfekt zu konstatierenden) Herbeikunft Jahwes aus (... כִּי בָא xcvi 13, xcviii 9). Es bezieht sich vielmehr (imperfektisch, kursiv) auf ein dauerndes Gotteshandeln. Schon alleine ein Grund, die vermeintlichen Parallelen nicht einfach in eins zu setzen!

[76]   Von J. Jeremias, in: Das Königtum Gottes in den Psalmen, *FRLANT* 141, 1987, 121-136.

[77]   A. a. O. 121.

Geht's darum, diese weitere Linie zurückzuverfolgen, so ist zunächst der Ausgangspunkt, lxvii 5b, soweit bereits möglich, dem Sinne nach zu umreißen. - Hinderlich ist, daß die Bedeutung des Schlüsselworts שפט im gegebenen Kontext nicht leicht zu erkennen ist. Es geht, wie gezeigt, nicht an, vom Wortgebrauch in xcvi 13 und xcviii 9 sich leiten zu lassen und ans "Regieren und Aufrichten des Erdkreises" zu denken[78]. Zwar hat שפט *auch* damit zu tun, kann aber - dem Hi. נחה parallel - nicht allgemein bloß "regieren" meinen, sondern muß wohl, spezieller, eine konkrete Wahrnehmungsweise von Herrschen / Regieren umschreiben; eine, welche *wenigstens* so konkret ist wie das "Führen der Nationen auf Erden", lxvii 5c. Zudem läßt der Kontext keinen Zweifel daran, daß die gemeinte Wahrnehmung von Regieren Grund zum Lobpreisen, zum jubelnden Sich-freuen im Kreise der Nationen ist, lxvii 5a. Also muß sie für diese *wohltätig* sein; nicht nur mit Maßen, sondern übers Normale, die Gemüter begeisternd, hinaus. Ergo legt sich's nahe, daß שפט im gegebenen Fall ein *Rechtverschaffen* bezeichnet[79], welches bisherige Defizite im Miteinander der Völker ausgleicht und Störungen, die belasten[80], beseitigt. Logischerweise geht dieses nicht ohne den Einschluß von Forensischem ab. Denn Rechtverschaffen kann nur so geschehen, daß in der Beseitigung der Störung derjenige, von dem sie verursacht worden ist, in die Schranken verwiesen, der von ihr Beeinträchtigte indessen entsprechend entlastet wird. Ist somit zwingenderweise auch ein Moment von *Richten zwischen* den Völkern impliziert, so darf dies den Blick darauf nicht verstellen, daß es primär und vor allem - eben um *Rechtverschaffen* zu tun ist. Die positive (weil entstörende, entlastende) Wirkung dieser Wahrnehmungweise von Regieren / Herrschen steht im Vordergrund, wäre sonst doch gar kein Grund zum Sich-freuen gegeben. - Wird das Augenmerk darauf gerichtet, daß dem Verbum שפט (im Akkusativ adverbieller Bestimmung[81]) das Nomen מישור beigegeben ist, so kommt, vorerst und vorläufig gesagt, hinzu, daß das Rechtverschaffen qualifiziert geschieht. - Natürlich ist besonders beachtlich, daß Jahwe solches Rechtverschaffen (nicht Israel exklusiv, vielmehr) *den Völkern*, עמים, zuteil

---

[78]   H. Niehr, a. a. O. 116f. Vergleichenswert en passant H.W. McAvoy, *A Study of the Root špt with Special Reference to the Psalter*, Diss. Edinburgh 1973, 128.

[79]   Zu dieser Bedeutung schreitet ja auch Niehr in seinen Überlegungen fort, a. a. O. 117.

[80]   Zu alledem auch G. Liedke, שפט *špt* richten, in: *THAT*, II, 1976, 1001!

[81]   Siehe dazu etwa R. Meyer, Hebräische Grammatik, III, *SG* 5765, 3. A. 1972, 78!

werden läßt. So können diese, auch soweit sie bis dahin Jahwe noch nicht verehrten, sein Heil nicht bloß erkennen und anerkennen, lxvii 3, sondern durchaus auch selbst erfahren - als *ihnen* geltend, sie entstörend, entlastend, heilend. Es liegt auf der Hand, daß, was da ins Auge gefaßt ist, im Alten Testament nicht gang und gäbe, sondern relativ selten und erst allmählich gewagte Sicht der Dinge ist.

Ehe der Frage nachgegangen wird, wo sie ansonsten zutage tritt und Vorbereitung gewesen sein kann, ist schließlich zu verzeichnen, daß jenes Rechtverschaffen, das den Völkern zugute kommt, in lxvii 5b *imperfektisch* ausgedrückt ist[82]. Es scheint nicht als Folge einer bestimmten Herbeikunft Jahwes, einer Wende in der Geschichte begriffen zu sein, sondern - kursiv, durativ - als fortdauerndes Gotteshandeln. Sowenig wie im Stichos 5c einmaliges Führen der Nationen gemeint ist, vielmehr der Sachverhalt, daß Jahwe zu allen Zeiten führt, sowenig ist in *v.* 5b ein bestimmter, einmaliger Akt jenes Rechtverschaffens ins Auge gefaßt, vielmehr wiederholtes Gotteswirken bezeichneter Art, auf welches sich setzen läßt - heute und morgen und stets. Die verläßliche Fortdauer dieses Wirkens gehört nicht zuletzt zum Gottesheil, welches Grund und Gegenstand des geforderten Völkerlobpreises ist.

Ist der Sinn des Stichos 5b, soweit möglich und tunlich, umschrieben, bleibt zu erheben, ob und wo er im Alten Testament ansonsten zur Sprache kommt, ob und wo die Umstände annehmen lassen, er sei *vorgegeben* gewesen. - Es stellt sich, wenn alles bedacht ist, heraus, daß er, weit genug entsprechend, nur ein einziges Mal, in einem Komplex aufeinander bezogener Texte wieder verlautet; in einem, der so oder so mit Deuterojesaja zu tun hat; sei es, daß sich dessen Verkündigung niedergeschlagen hat, sei es, daß sie weiter- und nachgewirkt hat. Die Texte, die so zusammengehören, sind 1.) das Gottesknechtslied Jes. xlii 1-4[83], 2.) die Heilsansage Jes. li 4b-5[84] und 3.) das Wort der Verheißung Jes. ii 2-4, das, ziemlich identisch und funktional parallel, noch ein weiteres Mal zum

---

[82]   Vergleichenswert obige Anm. 75, dazuhin J. Jeremias, a. a. O. 130f.
[83]   Es ist weder möglich noch nötig, die Abgrenzung zu begründen. Es kommt hier in zunehmendem Maße zu übereinstimmender Einschätzung. Beachtenswert allerdings die gleich folgende Anm. 87.
[84]   Unter formkritischem Aspekt für sich genommen. Nicht zuletzt, um Schwierigkeiten, soweit es schadlos geht, beiseite zu lassen. Vergleichenswert etwa C. Westermann, Das Buch Jesaja. Kapitel 40-66, *ATD* 19, 1966, 189ff. Zur Abklärung des Sinns zuletzt auch D.W. van Winkle, The relationship of the nations to Yahweh and to Israel in Isaiah xl-lv, in: *VT* 35, 1985, 447f.

Zuge gebracht ist: in Mi. iv 1-3[85]. - Prima vista mögen diese Stücke
disparat erscheinen. Beim zweiten Hinsehen zeichnet sich aber ab, was
sie miteinander verbindet. Einerseits ein gewisser Zusammenhang bei
ihrer Einbringung ins sich formierende Jesajabuch: zwar an verschiedenen Flanken desselben, aber in zeitlich nahen redaktionellen Integra-
tionen[86]. Andererseits verbindet auch substantielle Verwandtschaft. Sie
beruht auf der Entwicklung bestimmter Gedanken im Fortgang der Geschichte. Es scheint aber auch mit dem Vorgang der Adaption zu rechnen zu sein.

Natürlich ist es kaum möglich, en passant alles abzuklären. Andeutun-
gen müssen und können genügen. - So dürfte sich festhalten lassen, daß
diachron differenziert werden muß: An den *Anfang* der zeitlichen Folge
gehört das erste Gottesknechtslied. Nicht etwa der ganze überkommene
Text xlii 1-4. Lediglich sein primärer Bestand, xlii 1-3a.4a[87]. - *Später* als
dieses "Lied", das seinerseits schon aus den Endstadien Deuterojesajas
herrührt[88], hat die Verheißung Jes. ii 2-4 (Mi. iv 1-3) Gestalt angenommen. Wahrscheinlich erst, nachdem's zur Wiederherstellung des Tempels
auf Zion gekommen war; also nach 515 v. Chr.[89] Gegenüber der Konzeption unseres ersten Gottesknechtslieds ist in nämlicher Verheißung

---

[85]   Zur Literatur: siehe etwa H.W. Wolff, Dodekapropheton 4. Micha, *BK* XIV/4,
1982, 82.
[86]   Zur Erläuterung und Begründung - etwa - M.A. Sweeney, Isaiah 1-4 and the Post-
Exilic Understanding of the Isaianic Tradition, *BZAW* 171, 1988.
[87]   Jeweils bis zum Atnach. Zur Begründung dieser literarkritischen Einschätzung: E.
Haag, Die Botschaft vom Gottesknecht. Ein Weg zur Überwindung der Gewalt, in: N. Lohfink (Hg.), Gewalt und Gewaltlosigkeit im Alten Testament, *QD* 96, 1983, 160f. Haags
Begründungen lassen sich vermehren. Wenigstens um das Argument, daß es, stilkritisch
gesehen, kaum vorstellbar ist, es könnte die so perfekt symmetrische אל-Reihe (am Anfang
und am Schluß inclusiohaft mit doppeltem אל je Stichos) durch einen affirmativen Satz
zergliedert abgefaßt worden sein. Auch wird das Ganze, abermals inclusiohaft, per Rückkehr
zum Leitwort מטפט, v. 4a, überzeugend abgerundet (eingangs Umschreibung der Aufgabe;
abschließend: "bis zur Erfüllung der Aufgabe"). Was könnte wohl plausibilisieren, daß da
noch ein weiterer Stichos, gedanklich und diktionell gar nicht angebahnt, anschließt und
überschießt?
[88]   Die Übereinstimmug reicht hier weit und besteht schon einige Zeit. Siehe etwa
W. Rudolph, Der exilische Messias. Ein Beitrag zur Ebed-Jahwe-Frage, in: *ZAW* 43, 1925,
111ff! Siehe andererseits eben jetzt W.H. Schmidt, *Einführung in das Alte Testament*, 4. A.
1989, 265ff!
[89]   Zur Abwägung der Argumente etwa H.W. Wolff, a. a. O. 87ff. Vergleichenswert
andererseits: H. Wildberger, Jesaja, *BK* X/1, 1972, 78ff, nicht zuletzt aber auch die
Auseinandersetzung mit ihm bei W. Werner, Eschatologische Texte in Jesaja 1-39. Messias,
Heiliger Rest, Völker, *FzB* 46, 1982, 152ff.235.

hinzugekommen: nicht nur die Erwartung einer Völkerwallfahrt mit dem Zielpunkt Zion / Jerusalem, sondern auch der Gedanke, den Völkern sei's, eben bei ihrer Wallfahrt, darum zu tun, Jahwes Weisung, תורה, die tempelkultisch erteilt wird, zu erlangen, Jes. ii 3 (Mi. iv 2). So liegt auf der Hand: seit der Neuformulierung der Völkerhoffnung im Weichbild des Zweiten Tempels gehört zu dieser die Vorstellung, die Völker *warteten* auf Jahwes *Weisung*, die Erteilung seiner תורה.

Wenn's nun so ist, daß besagtem erstem Gottesknechtslied ein Stichos just mit dem Wortlaut angehängt worden ist "auf seine Weisung (תורתו) warten die Inseln (die Völker, gar die der weitesten Ferne[90])", Jes. xlii 4b, so drängt sich die Annahme auf, dieses Sätzchen sei dann - von der Ebene aus, die mit Jes. ii (Mi. iv) erreicht war - zurückprojiziert und eingefügt worden - zum Behufe der Adaption. - Es scheint, daß Jes. li (4a.)4b-5 erst nach dem Abschluß dieser Entwicklung zustande gekommen ist. Der Passus ist nicht nur inhaltlich der vorerwähnten Verheißung nahe. Er ist vielmehr auch, was bezeichnender ist, im Hinblick auf *mehrere* Gottesknechtslieder abgefaßt worden[91], in synoptischem Rückbezug sozusagen. Er setzt hierbei, was vielleicht am sprechendsten ist, den bereits *erweiterten* Text des ersten Gottesknechtsliedes voraus[92]. Also ist er erst *nach* besagter Adaption und erst recht *nach* der Abfassung der Verheißung Jes. ii (Mi. iv) zustande gekommen. Er ist *später* als Deuterojesaja[93], mehr oder minder frühnachexilisch. - So erstreckt sich der Textkreis, welcher die Entsprechung - die einzige weit genug gehende - zu unserer Psalmpassage, lxvii 5b, umschließt, von der Spätzeit des Wirkens Deuterojesajas bis in die Anfänge nach dem Exil. Er setzt z. T.,

---

[90]   Siehe R. Dussaud, Ile ou rivage dans l'Ancient Testament, *AnSt* 6, 1956, 63-65.

[91]   Was schon öfter gezeigt worden ist. Vergleichenswert etwa A. Schoors, I Am God Your Saviour, *VT.S* 24, 1973, 156, nicht zuletzt auch P.-E. Dion, L'universalisme religieux dans les différentes couches rédactionelles d'Isaïe 40-55, *Bib.* 51, 1970, 161-182.

[92]   Vgl. Jes. li 4b.5b mit xlii 4b!

[93]   Im Endeffekt mit C. Westermann, a. a. O. 190f. Beachtenswert, nicht in allem, wohl aber in manchem, K. Elliger, Deuterojesaja in seinem Verhältnis zu Tritojesaja, *BWANT* 63, 1933, 202ff. Es ist sehr schwer zu sehen, wie sich der Folgerung "*nach*deuterojesajanisch" ausweichen läßt, wenn wahrgenommen wird, daß li 4-5 *Echo* auf *mehrere* Ebed-Jahwe-Lieder gibt. Sind diese den Endstadien Deuterojesajas zuzuordnen (Anm. 88!), wie sollte dann wohl ein Text, der vom Ebed-Jahwe bereits wieder abstrahiert, *auch* noch vom Zweiten Jesaja stammen können? Diese Frage (mehr exemplarisch) zu J. Muilenburg, The Book of Isaiah. Chapters 40-66, in: *IntB* 5, 1956, 592f: "The prophet obviously echoes the servant passages". - An dieser Überlegung liegt, um darzutun, daß keineswegs alles an der literarkritischen Ausgrenzung von xlii 4b hängt.

in *einem* Segment, die Gestalt des Gottesknechtes voraus; z. T. rechnet er unvermittelt mit Jahwe. Z. T. ist er im Zionskult zentriert; z. T. ist davon nichts zu spüren. Natürlich bedingt, was differiert, die Aussagen von שפט / משפט, relativ zu den Völkern der Erde. Andererseits halten sich freilich *Grundzüge* durch[94]:

So ist allenthalben, in sämtlichen Texten des umschriebenen Kreises, mit שפט / משפט etwas angesprochen, was von Jahwe ausgeht, was zum Auftrag, zur Aufgabe auf Erden wird, was den Völkern zugedacht ist. Es hat mit Rechtsordnung zu tun. Mit einer, die nicht (oder nicht primär) dem Forensischen dient und nicht zum Strafgericht führt, die vielmehr auf eins aus ist: auf einen Zustand der in Ordnung gebrachten Verhältnisse, derjenigen zwischen den Völkern der Erde; oder anders gesagt: auf שלום in der Völkerwelt; weshalb diese ihrerseits auf שפט / משפט der umschriebenen Art aus ist.

Bei zwei der drei Texte sind besondere Einflüsse festzustellen: solche vom Rechtsbrauch *mīšarum*[95], welcher im alten Zweistromland - in mehr als einer Epoche - im Schwange gewesen, aber auch im antiken Israel zur Anwendung gekommen ist. Ein König oder eine analoge Herrschergestalt hat ihm zufolge beim Herrschaftsantritt *mīšarum* proklamiert und im ganzen Land, im betreffenden Hoheits- und Herrschaftsbereich, augenblicklich realisiert; gottgegebene Rechtsordnung, welche, von Barmherzigkeit bestimmt, nicht eigentlich auf Forensisches aus ist, vielmehr auf Erleichterung der Lage im Herrschaftsbereich, auf Entlastung durch Erlaß von Abgaben, Auflagen usf., auf Verbesserung der Verhältnisse derer, die unter Druck geraten sind. - Unfraglich ist, daß die geheimnisumwitterte[96] Gestalt eines Gottesknechts, welche von Jahwe, nach Jes. xlii, wie ein König eingesetzt wird, משפט in *mīšarum*-Weise durch-

---

[94] Beim folgenden Versuch, ebendiese zu skizzieren, sind u. a. berücksichtigt: W.A.M. Beuken, Mišpāṭ. The first Servant Song and its context, in: *VT* 22, 1972, 1-30; J. Jeremias, Mišpāṭ im ersten Gottesknechtslied, in: *VT* 22, 1972, 31-42; M. Wada, Reconsideration of Mišpāṭ in Isaiah 42:1-4, in: *Seisho-Gaku-Ronshu* 16, 1981, 46-79; M. Weinfeld, 'Justice and Righteousness' in Ancient Israel against the Background of "Social Reforms" in the Ancient Near East, in: H.-J. Nissen/ J. Renger (Hg.), Mesopotamien und seine Nachbarn, *BBVO* 1, 1982, 491-519 und, last but not least, H. Niehr, Herrschen und Richten. Die Wurzel špt im Alten Orient und im Alten Testament, *FzB* 54, 1986.

[95] Diesem Wort der akkadischen Sprache entspricht im biblischen Hebräisch מישׁור. Zum Sprachlichen sonst etwa: W. v. Soden, *Akkadisches Handwörterbuch*, II, 1972, 659f und I, 1965, 254ff. Zur Sache speziell: M. Weinfeld, a. a. O., nicht zuletzt aber auch F.R. Kraus, Ein Edikt des Königs Ammi-saduqa von Babylon, *SDIO* 5, 1958, insbesondere 238-247.

[96] C. Westermann, a. a. O. 78.

setzt. Es entspricht hier nicht bloß der Zeitpunkt - alsbald beim Amts-
antritt -, sondern auch die Wendung ישים בארץ משפט, xlii 4a[97]. Der
Schluß ist zu ziehen, daß hier der Erlaß und die Durchsetzung einer
Rechtsordnung ins Auge gefaßt ist, welche - bezeichnenderweise - erbar-
mungs- und schonungsvoll gegenüber Angeschlagenen und Bedrückten,
xlii 3 - Erleichterung in den Verhältnissen intendiert, im gegebenen Falle
zwischen den Völkern der Erde[98]. - Ohne Zweifel im selben Duktus, in
demjenigen solchen Heils, liegt der andere, zweite Text unseres Kreises,
Jes. li 4b-5: In ihm lassen die Formulierungen קרוב צדקי und יצא ישעי, die
parallel zu שפט / משפט gewählt sind, kaum einen Zweifel daran, daß auch
hier, unter Einfluß des Brauchtums mīšarum, Rechtsordnung zum Behuf
der Erleichterung, zum Heil und zur Hilfe gemeint ist, "Rechtverschaffen
für die Völker"[99]; was zugleich erklärt, daß diese (auf nämliches שפט-
Handeln Jahwes) harren. - Im dritten Text unserer Gruppe, insbesondere
in Jes. ii 4 (respektive Mi. iv 3), sind mīšarum-Einflüsse weniger greifbar.
Auch kommt kein Begriff für Heil oder Frieden zur Sprache. Es könnte
gleichwohl kaum deutlicher sein, daß das verheißene שפט-Handeln des
Ziongottes - als שפט בין, parallelisiert durch Hi. יכח - aufs "Inordnung-
bringen eines gestörten Gemeinschaftsverhältnisses"[100] zwischen den
Völkern hinausläuft. Der Endeffekt wird zwar nicht durch שלום ausgedrückt, wohl aber durchs Symbol des Umschmiedens der Schwerter in
Pflugscharen unmißverständlich gekennzeichnet. Der Waffen und des
Kriegshandwerks bedarf es nicht länger, wenn die Verhältnisse zwischen
den Völkern in Ordnung gebracht sind. - So fügt sich auch die dritte
Passage in den umschriebenen Textkreis, was den Sinn der Verwendung
von שפט anbelangt, überzeugend ein. - Soviel da auch different ausge-
staltet ist[101], so geht's allenthalben ums selbe: um die Durchsetzung
und Aufrechterhaltung der von Jahwe herrührenden Rechtsordnung,
welche - barmherzig, nicht eigentlich forensisch-richtend - im gesamten

---

[97]   Ihr akkadisches Gegenstück: *ina mātim šakānum*. Vergleichenswert im Edikt des
Königs Ammiṣaduqa von Babylon: *aššum šarrum mīšaram ina mātim iškunu*. M. Weinfeld,
a. a. O. 513, Anm. 23.25; F.R. Kraus, a. a. O. 26ff.

[98]   Zur Ergänzung H. Niehr, a. a. O. 250-255.

[99]   H. Niehr, a. a. O. 117.256. Beachtlich noch immer P. Volz, Jesaja II, *KAT* IX,
1932, 115.

[100]   H. Niehr, a. a. O. 354.

[101]   Auf der einen Seite der gewaltlos schonend vorgehende Gottesknecht (E. Haag,
a. a. O. 200ff!), auf der anderen Seite der handfester (mit dem Arm / den Armen) wirkende
Gott, li 5, oder der, der im Medium des Tempelkults wirkt, ii 4.

Herrschaftsbereich dieses Gottes, zwischen allen Nationen auf Erden, die Verhältnisse in Ordnung bringt - in Erübrigung der Schwerter, des Kriegs.

Nachgerade ist klar, daß diese im Kern durchgehaltene Konzeption sich auch im mittleren Stichos von Ps. lxvii 5 wiederfindet. Was voraufgehend und vorläufig zur Umschreibung seines Sinns skizziert worden ist, hat im Kreis der prophetischen Texte seriöse Entsprechung. Auch erscheint nun in klarerem Licht, daß in lxvii 5b das שפט-Handeln Jahwes an den Völkern durch den Akkusativ von מישור präzisiert ist[102], durch Beiordnung eines Worts, welches, wie anzunehmen, dem Einfluß der *mīšarum*-Tradition noch nicht entwachsen gewesen sein wird[103]. Das שפט-Handeln, von welchem der Psalmdichter spricht, ist darauf aus, die Verhältnisse zwischen den Völkern - in *mīšarum*-Art - in Ordnung zu bringen. Wer wollte in Abrede stellen, daß unsere Psalmpassage - auch dem "Leitfossil" מישור zufolge - im selben Überlieferungsstratum mit den prophetischen Texten zusammengehört?

Bleibt abzuklären, *wie* der Zusammenhang zustande gekommen ist. Sicher nicht so, daß sich alles aus dem Psalmelement - als der Keimzelle sozusagen - entwickelt haben würde. Allein schon an der Hymnus-Struktur ist abzulesen, daß *hier* verkürzt und verdichtet ist, was anderwärts, im Medium anderer Gattungen, expliziter ausgeführt wird. Es ist - im Stichos des Psalms und unter seinem Zwang zur Knappheit - auf den kürzestmöglichen Nenner gebracht, was, um begriffen werden zu können, schon einige Worte mehr erfordert. - Auf der anderen Seite ist klar, daß die Psalmpassage verständlich ist, insofern sie vorbereitet ist: durch vorgegebene Texte, durch solche von der Art der vorerwähnten prophetischen Stücke. Es liegt auf der Hand: *sie* hängt von *diesen* ab. - Was nicht etwa heißt, sie gehe punktgenau auf einen der drei genannten prophetischen Texte zurück. Sie geht auf den Überlieferungskreis zurück, welcher durch diese Texte markiert ist. Sie wurzelt irgendwo in diesem Kreis, irgendwo zwischen dem Gottesknechtslied Jes. xlii 1-4 und den Verheißungen li 4b-5 sowie ii 2-4.

Mithin ist klar: auch der Stichos Ps. lxvii 5b leuchtet - im eingangs gebrauchten Bild des Brillanten gesprochen - erst dann in seiner Strahlkraft

---

[102] Anm. 81!
[103] So sieht es ja auch M. Weinfeld, a. a. O. 506. Beachtenswert bleibt die Möglichkeit der Bedeutungswandlung. Interessant F.R. Kraus, a. a. O. 242f.

auf, wird er ins rechte Licht, in das der prophetischen Überlieferung, gerückt, von der er herrührt und abhängt. Es ist nicht so, daß er, im Überschwange hymnischen Redens, Universalistisches zusammentönt, was nun, im nachhinein, nicht auf die Goldwaage gelegt werden dürfte. Im Gegenteil ist es so, daß er, gefüllt und bestimmt, Glaubensüberzeugung ausdrückt. Eine, die Folgendes umfaßt: Jahwe ist - als Gottkönig der ganzen Welt[104] - dabei, in *mīšarum*-Art Rechtsordnung zu schaffen. Im gesamten Hoheits- und Herrschaftsbereich: unter allen Völkern auf Erden. Hoheitlich und barmherzig zugleich. In der Absicht, die Verhältnisse zwischen ihnen in Ordnung zu bringen, Konflikte und Belastungen, welche aus ihnen erwachsen, aus der Welt zu schaffen. Nicht bloß momentan. Vielmehr fortan, kursiv und durativ (so, wie es dem präformativen תשפט entspricht). Also auch mit der Wirkung, daß es zwischen den Völkern nichts mehr zu kämpfen gibt, Schwerter und Kriegshandwerk - auch dieses ist dann impliziert - erübrigt werden.

Die Fülle des hier Gemeinten ist fast wie in Abbreviaturen ausgedrückt, anders gesagt, prägnant. Gleichwohl ist unser Stichos, eingebettet in jene prophetischen Texte, verständlich, ja, so bewegend, daß Freude aufkommen muß, Jubel bei den Nationen der Erde - just so, wie dies, nicht von ungefähr, im voraufgehenden Stichos, lxvii 5a, vorausgesetzt ist. - Was ausgeführt worden ist, fügt sich überzeugend in den engeren Kontext ein[105].

2.6.   Wird, was erarbeitet ist, ins Verhältnis zum weiteren Kontext gesetzt, zu den Rahmenpartien lxvii 2-3 und 7-8, kann's kaum noch wundernehmen, daß, abweichend vom deuterojesajanischen Vorbild, die Segnung Israels durch Jahwe, Anhalt und Anstoß zur Jahwe-Erkenntnis und -Anerkenntnis der Völker, nun nicht mehr im Erfahrungsmedium eines politisch-geschichtlichen Rettungserlebnisses anvisiert wird, nicht mehr in der Erfahrung einer Befreiung aus Feindeshand, sondern im Erleben der Einbringung einer *Ernte*, der Erlangung agrarischer Fruchtbarkeit

---

[104]   Stillschweigende Implikation, die Ps. lxvii an die Gruppe der Jahwe-Königs-Hymnen heranrückt. Was andererseits nicht bedeutet, daß diese Texte denselben Ursprung haben.
[105]   Im Blick auf den folgenden Stichos, lxvii 5c, ließe sich noch fragen, ob er nicht enger, als es bisher den Anschein hatte, mit v. 5b zusammenhängen könnte: Führung der Nationen auf Erden - vielleicht auch und gerade im Zusammenhang der Schaffung besagter *mīšarum*-Ordnung? Wie immer, zu sehr für sich sollten die beiden letzten Stichen in v. 5 nicht genommen werden. Dazu auch M. Weinfeld, ebd.

("Das Land hat seinen Ertrag gegeben", *v.* 7a). Wie sollte's denn noch zum völkergeschichtlichen Rettungsbedarf und -ereignis kommen können, wenn's Gegenstand der Völkerlobpreisung ist, daß Jahwe alle Nationen - *mīšarum*-artig, durch *mīšarum*-Akte - befriedet und befriedet erhält (der Präformativkonjugation תשפט entsprechend kursiv, durativ, fortdauernd)? Es ist im Rahmen unseres Psalms, der in diesen Gedanken zentriert ist, folgerichtig, daß die Erfahrungsgrundlage für die Erkenntnis der Völker mit dem Effekt ihrer Hinkehr zu Jahwe in Israels *agrarisch* gemachter Segenserfahrung gesucht und gefunden wird.

2.7.   Der Einwand dürfte nicht stichhaltig sein, es handle sich beim Element lxvii 5b lediglich um Erwartung, um Antizipation, Vorwegnahme dessen, was das Eschaton bringen werde. Nein, hier ist auch bereits die Überzeugung im Spiel, besagtes שפט-Handeln Jahwes an und zwischen den Völkern sei - nicht anders als das parallel ausgesagte Führen der Nationen auf Erden - erfahrbare Gegenwart. Der **historische Ort**, an dem unser Psalm entstanden ist, wird diese Überzeugung nicht nur erlaubt, sondern auch befördert haben.

Um ihn festzustellen, ist in Erinnerung zu rufen, daß unser Psalm zum einen den aaronitischen Segen voraussetzt, dessen Bezeugung Bestandteil eines Nachtrags zur Priesterschrift ist[106], zum andern die prophetische Tradition, die von Texten wie Jes. ii 2-4 und li 4-5 markiert ist. So läßt sich, obige Ansetzung dieser Stücke eingerechnet[107], als terminus post quem[108] das Jahr der Weihe des Zweiten Tempels auf Zion, 515 v. Chr., bestimmen. Dies führt, fast wie von selbst, zur Annahme einer Entstehungszeit, die sich als so friedvoll beurteilen läßt, daß die Konzeption Ps. lxvii 5b aus ihr erklärlich erscheint: Gedacht ist an Phasen nach der Stabilisierung der Verhältnisse im persischen Riesenreich durch Dareios I. (522-486); an Zeitspannen, in denen die Völkerwelt - im ganzen Orient! - als im wesentlichen befriedet erscheinen konnte; jedenfalls, soweit die Augen unseres Psalmdichters damals reichten[109]. Hier scheinen, in

---

[106]   Siehe Ziffer 2.1!
[107]   Anm. 89.93!
[108]   Trotz der Argumentationsversuche der H.G. Jefferson, The Date of Psalm LXVII, in: *VT* 12, 1962, 201-205.
[109]   Vgl. etwa H. Donner, Geschichte des Volkes Israel und seiner Nachbarn in Grundzügen, *ATD.E* 4, 1987, 397ff.403 oder K.R. Veenhof, in: A.S. van der Woude (Hg.), *The World of the Bible*, I, 1981.1986, 318.

Zeitabschnitten, auf welche traditionskritische Wahrnehmungen bei
unserem Psalm verweisen, die Dinge so gelegen haben, daß die Überzeugung zu keimen vermochte, Jahwe schaffe und erhalte - *mīšarum*-artig
- eine Völkerfriedensordnung.

2.8.   Zu denken gibt, daß - im Text, so wie er bezeugt ist - der Wechsel
der Dimension, in der die Segnung der Jahwegemeinde durch ihren Gott
erfahren wird, erst spät, fast am Ende des Psalms, in *v.* 7a, zutage tritt,
nicht dort, wo dieses Motiv eingeführt und in seiner Bewandtnis vorgebracht wird, nicht also in *vv.* 2-3. Die These, die hier vertreten wird, ist,
daß dieses mehr an der Text*auf*fassung als an der Textfassung selber liegt.
Ein Signal, welches auf den Wechsel der Erfahrungsdimension, auf den
anderen Horizont verweist, ist, bislang übersehen, schon im Eingang des
Psalms beschlossen, genauer gesagt, im letzten Wort der Eröffnungszeile:
אתנו.
Das Wissen, daß hier im Anschluß an den Wortlaut des aaronitischen
Segens formuliert worden ist, hat nicht bloß zum besseren Verständnis
verholfen, sondern doch wohl auch Streiche gespielt. Von einem derselben ist früher bereits[110] die Rede gewesen. Von einem *weiteren* ist
nun zu sprechen. - In diesem wie im vorigen Fall irritiert die Meinung,
die Wiederverwendung eines Überlieferungselements bedeute mehr Reproduktion als Variation. Dabei wissen wir an sich sehr wohl, daß auch
Variation in erheblichem Maße hereinspielen kann[111]. Es hält sich indes das Vorurteil, ja, es herrscht bis auf diesen Tag, bei der Wiederverwendung des aaronitischen Segens in lxvii 2 werde dessen Wunsch-
charakter, seine Jussivform, nicht beseitigt worden sein. Demgegenüber
genügt's, in Erinnerung zu rufen, daß diese Meinung, auch wenn sie aus
dem Altertum herrührt, nicht aufrechtzuerhalten ist[112]. - Worum's nun
im *zweiten* Falle geht, das ist, ein genau entsprechendes Vorurteil ins
Bewußtsein zu erheben, das ebenso unaufhörlich gehegt worden ist. Es
setzt, ohne ernsthaft in Frage gestellt zu sein[113], bis auf diesen Tag
voraus, daß am Ende der Reproduktion des aaronitischen Segens nichts
anderes als ein präpositionaler Ausdruck gebraucht sein könne, einer, der

---

[110]   In Ziffer 1.4, unter Buchstabe c.
[111]   Anm. 23!
[112]   Siehe Ziffer 1.4, Buchstabe c, dazuhin die Übersetzung, 1.5!
[113]   Am ehesten noch - Ehre, wem Ehre gebührt! - von M. Dahood, Psalms II, *AncB*
17, 3. A. 1970, 127.

dem אֵלֶיךָ in Num. vi 25(.26) entspricht: Leuchten lassen des Antlitzes -
wenn schon nicht אֵלֵינוּ (was die genaueste Entsprechung gewesen wäre)
und wenn schon nicht עָלֵינוּ (was als wohlfeile Variante belegt[114] und
im Gemüte des Kirchgängers verwurzelt ist), dann eben die präpositionale Wendung אִתָּנוּ! Von selbigem Vorurteil beflügelt, hat kaum ir-
gendjemand[115] an dieser Stelle gehakt und Anlaß gefunden, tiefer zu
fragen[116]. Vom nämlichen Vorurteil durchdrungen, hat manch einer
reichlich frei übersetzt[117] und so die Stelle, ohne mit dem Fuß an
einen Stein zu stoßen, übersprungen. Der Stein, der aber doch wohl im
Wege liegt, dürfte darin bestehen, daß bei der unterstellten Präposition,
der Vokabel אֵת, von der Grundbedeutung "an der Seite von" auszugehen
ist[118]. Wie aber geht diese mit dem Akte Jahwes zusammen, sein Antlitz leuchten zu lassen, seine Gunst, sein Wohlwollen zu erweisen[119]?
Kann denn beabsichtigt gewesen sein, im Eingang des Psalmes auszu-
sagen, Jahwe lasse sein Antlitz leuchten, erweise seine Gunst, sein
Wohlwollen "an der Seite von" denen, die zu Israel zählen, in ihrem Beisein, ihrer Gegenwart? Das präpositionale אֵת hätte Sinn, ginge es ums
Zugegensein von Zeugen dieses Aktes Gottes, so wie es in Jes. xxx 8 um
eine Niederschrift אִתָּם geht, - übersetzt: "vor ihnen / in ihrer Gegenwart",
so, daß sie eben (wie Zeugen) zugegen sind. Erweckt diese Wortwahl, im
letzteren Fall, nicht den mindesten Zweifel, so tut es jene in Ps. lxvii 2
durchaus. Denn schwerlich kann's darum gegangen sein, daß Jahwes

---

114   Siehe Ps. xxxi 17 und Dan. ix 17! אַל ist zuzeiten tatsächlich für עַל gebraucht
worden - und umgekehrt. Vgl. etwa H. Gese, Die hebräischen Bibelhandschriften zum
Dodekapropheton nach der Variantensammlung des Kennicott, in: *ZAW* 69, 1957, 60, vor
allem aber auch W. Baumgartner, *Hebräisches und aramäisches Lexikon zum Alten Testament*, I, 1967, 49!
115   Anm. 113!
116   Es ist schon viel, wenn einer - nach einem Moment des Stutzens - findet, es
brauche da "wohl nicht in אֵלֵינוּ geändert zu werden". B. Duhm, Die Psalmen, *KHC* XIV,
2. A. 1922, 254.
117   D.N. Freedman / J. Lundbom haben beispielsweise so, als hätten sie עָלֵינוּ vor
sich, übertragen: "... lasse sein Antlitz über uns leuchten", in: *ThWAT* III, 1982, 40. Der Text
der *Lutherbibel* in der revidierten Fassung von 1984 hat: "er lasse uns sein Antlitz leuchten".
Genauso neutralisieren W. Gesenius / R. Meyer / H. Donner, *Hebräisches und Aramäisches
Handwörterbuch über das Alte Testament*, 18. A., 1, 1987, 114. Die *Zürcher Bibel* wählt die
Wiedergabe, die auch bei Kommentatoren Verwendung findet: "er lasse sein Angesicht bei
uns leuchten".
118   So zuletzt W. Gesenius / R. Meyer / H. Donner, ebd.
119   Dies meint der Ausdruck Hi. אוֹר + פנים. Dazu etwa A.S. van der Woude, פָּנִים
pānīm Angesicht, in: *THAT* II, 1976, 449-451.

Gunsterweis, der Erweis seines Wohlwollens, im *Beisein* der Glieder der Jahwegemeinde geschieht. Sinnvollerweise kann nichts anderes gemeint sein, als daß er ihnen, wie auch immer im einzelnen, selber gilt, sie zum *Objekt*, zu Empfängern, zu Benefiziaren hat (und nicht etwa bloß zu dabeiseienden Zeugen der Handlung). Man kann es wohl drehen und wenden, wie man will: Wer sich einläßt aufs präpositionale אֶת und auf dessen Grundbedeutung und nicht bloß ungefähr-vage אִתָּנוּ überspielt, dem wird wohl zweifelhaft werden müssen, daß überhaupt an *dieses* אֶת - an die Präposition - zu denken ist[120].

Wer die Zweifel nicht unterdrückt, muß sich der Frage stellen, was denn - in aller Welt - den Dichter unseres Psalms veranlaßt haben könnte, eine passende, eingebürgerte und wohlvertraute Präposition[121] gegen eine nicht halb so gut passende, gänzlich unübliche Präposition zu tauschen. Auf diese Frage ist, *wenn* man sie erst einmal stellt, eine Antwort schwerlich möglich[122]. - Dies liegt nicht etwa daran, daß unser Psalmist bei seiner Umformulierung zu irrational gewesen sein würde (solches zu unterstellen empfiehlt sich nicht). Dies liegt vielmehr daran, daß die Absicht seiner Abwandlung ebensowenig wie die Vokabel אֵת, die Wendung אִתָּנוּ, verstanden worden ist. Man hätte längst daran denken sollen, daß das Homonym אֵת, das ein "eisernes schneidendes Ackergerät" oder kürzer gesagt die "Pflugschar" bezeichnet[123], hier, zu Beginn von lxvii, sich um einiges *näherlegt*. Die Absicht, den Wortlaut des aaronitischen Segens zugunsten einer Erwähnung "unserer Pflugscharen" abzuwandeln, vermag doch ganz ohne Zweifel mehr einzuleuchten als die Vertauschung einer ganz klaren in eine weit weniger klare Präposition. - Um nun aber schön sachte der Reihe nach vorzugehen:

1.) steht fest, daß der Konsonantentext אתנו aufweist. Diese Buchstabengruppe ist allenthalben, auch in den Versionen, vorausgesetzt. Sie ist wohlbezeugter, unangefochtener Ausgangspunkt.

---

[120]   Fällt nicht die Sperrigkeit der vermeintlichen Belegstelle auch in den Wörterbuchartikeln auf? Siehe etwa auch H.D. Preuß, אֵת עִם, in: *ThWAT* I, 1973, 489!

[121]   Was für אֶל und עַל in gleichem Grade zutrifft: Zuwendung Jahwes - אֵלֵינוּ (im Sinn einer Richtungsangabe) "zu uns hin", - עָלֵינוּ "über uns" oder "auf uns herab / hernieder". Zum Vergleiche nochmals: Num. vi 25 zum einen, Ps. iv 7, xxxi 17; Dan. ix 17 zum andern. Vgl. auch S. Mandelkern, a. a. O., I, 23; H. Simian-Yofre, פָּנִים *panîm*, in: *ThWAT* VI, 1989, 640f!

[122]   M. Dahood hat völlig Recht: "the construction yā'ēr 'ittānū has never been satisfactorily explained", a. a. O. 127.

[123]   W. Gesenius / R. Meyer / H. Donner, a. a. O. 115.

2.) ist schlecht zu bestreiten, daß sie, ohne um ein Jota geändert werden zu müssen, auch ittēnū gelesen, אִתֵּנוּ punktiert und mit "unsere Pflugscharen" übersetzt werden kann. Der Konsonantenbestand gibt, getreulich
bewahrt, auch diese Lesart und Bedeutung her.

3.) ist, ohne daß es problematisch wäre, vorstellbar, daß sich irgendwann, in der Zeit vor den Masoreten, ja, vor der Entstehung der Versionen[124], eine Lautverschiebung in der Aussprachetradition, eine solche
geringfügigster Art, eingebürgert hat ('ittēnū → 'ittānū); wobei, um dies
nochmals zu sagen, der Konsonantentext blieb, wie er war.

4.) liegt auf der Hand, was die phonetische Veränderung gesteuert hat:
Es war die allmählich übermächtig gewordene Erwartung, lxvii 2 werde
doch wohl nichts anderes als der aaronitische Segen besagen. Was kreativ
variierend ins Spiel gekommen war, vermochte sich unter einer Art Konformitätsdruck nicht zu behaupten. Es ging in der Assimilation an den
traditionellen Wortlaut verloren. Je klarer es ist, was die Entstellung des
ursprünglich Gemeinten bewirkt hat, desto plausibler wird unser Rekon-
struktionsversuch.

5.) ist klarzulegen, daß die ursprüngliche Lesart auch syntaktisch
problemlos ist: Jahwe läßt sein Antlitz leuchten, erweist seine Gunst und
will wohl[125] "bezüglich unserer Pflugscharen". אִתָּנוּ ist neben פָּנָיו ein
weiterer Akkusativ; ein adverbieller; einer, der dieses Mal die *Beziehung*
ausdrückt[126]. Kein Mensch kann dawider einwenden, solches sei dem
Autor unseres Psalms nicht zuzutrauen. Es ist ja bereits am Tag[127],
daß er sich auch sonst - nämlich im mittleren Stichos von *v.* 5, beim
Wort מִישׁוֹר - *derselben* Art Akkusativ bedient hat. Ergo entspricht es
geradezu seiner sprachlichen Eigenart, daß er *auch* in der Eingangszeile
diese Möglichkeit hebräischer Grammatik nützt. "Jahwe segnet uns gnädig, zeigt sein Wohlwollen (erweist seine Gunst), was unsere Pflugscharen betrifft."

---

[124]   Wie es scheint, gar vor der Zusammenstellung der Psalmen lxvi und lxvii - oder
just zu der Zeit, da es zu dieser gekommen ist. Denn es sieht so aus, als spiele bei der
Konstellation dieser beiden von Hause aus selbständigen Texte die Verklammerung per
Stichwortassoziation מֵאִתִּי lxvi 20 / אִתָּנוּ lxvii 2 eine Rolle. Sollte dem so sein, so ließe sich's
nicht gegen unsere Argumentation verwenden. Denn: auch Sammler und Tradenten können
sich bei der Rezeption des konsonatischen Textes irren.

[125]   Anm. 119!

[126]   R. Meyer, Hebräische Grammatik, III, *SG* 5765, 3. A. 1972, § 106, Buchstabe d,
77.

[127]   Siehe Ziffer 2.5 (Anm. 81)!

6.) ist einzurechnen, daß die Rede von Pflugscharen, אִתִּים, in "Glaubensaussagen" auch anderwärts zum Zuge gekommen ist. Sie ist nachweisbar - ausgerechnet! - in einem der Texte, die die prophetische Tradition widerspiegeln, welche, wie dargetan[128], ohnehin unsren Psalm mitbestimmt: אִתִּים kommt auch in Jes. ii 4 (respektive Mi. iv 3) zur Sprache, hilft dort die prophetische Erwartung ausdrücken, Jahwe werde zwischen den Völkern Friedensrechtsordnung wirken - mit dem logischen Effekt, daß sie Schwerter zu Pflugscharen umschmieden können. Natürlich ist dies nicht derselbe Gedanke wie Ps. lxvii 2b. Indessen, Pflugscharen werden hier wie dort aus demselben Grunde genannt: weil Jahwes שׁפט-Handeln zwischen den Völkern die Dimension der Kriege, der Schwerter zum Verschwinden bringt; selbstverständlich nicht bloß in der Relation zwischen den anderen Nationen; nein, auch in der zwischen diesen und Israel. Ergo kann ebendieses auch nicht mehr sein Gesegnetsein in jener Dimension, der der Schwerter, wahrnehmen, sondern nur noch in der der Pflugscharen - ganz so wie es in lxvii vorausgesetzt ist.

7.) ist evident, daß die Lesart אִתֵּנוּ sich auch sonst ihrem Sinne nach ausgezeichnet in den Kontext dieses Psalms einfügt: Läßt v. 7 erkennen, wie Jahwes Segnung und der agrarische Ertrag, der sich feststellen läßt, zusammengesehen sind, so weiß auch bereits v. 2 um den nämlichen Zusammenhang: Wenn Jahwe Israel segnet, so bedeutet dies konkret, daß der zugewandte Gott bezüglich der Pflugscharen der Seinen, dem Grundinstrument der Agrikultur[129], wohlgesinnt ist[130]. Schließt v. 7 aus dem fait accompli der wohlgelungenen Ernte, daß Jahwe seine Gemeinde segnet - nicht einmalig, sondern kursiv-durativ -, so setzt v. 2 diese Schlußfolgerung von Anbeginn an voraus: unter Kenntlichmachung der Erfahrungsdimension, aus der die Gewißheit gewonnen ist. Man kommt kaum umhin zu sagen: Man würde den Hinweis, den Fingerzeig auf den

---

[128] Ziffer 2.5!

[129] G. Dalman, *Arbeit und Sitte in Palästina*, II, 1932, 74ff; (K. Galling /) D. Irvin, Pflug, 1. Pf.schar ..., in: *BRL*, 2. A., 1977, 255.

[130] Beachtet zu werden verdient, wie theologisch akkurat und sensibel der Psalmdichter formuliert: Er verfällt nicht etwa darauf, von einer Segnung zu sprechen, deren Objekt die Pflugscharen wären. Er weicht nicht davon ab: Jahwes Segnen bleibt strikt personenbezogen ("Jahwe segnet *uns* gnädiglich ..."). Wohl aber wird auch der praktisch-konkrete Aspekt bedacht: "... bezüglich unserer Pflugscharen". Vergleichenswert J. Scheftelowitz, *Alt-Palästinensischer Bauernglaube in religionsvergleichender Beleuchtung*, 1925, 35ff. Interessant nicht zuletzt die Dokumentierung der hier lauernden Gefahr: der des Aberglaubens, der Pervertierung ins Magische. Ihr ist der Psalmist in sorgsam-gekonnter Formulierung nicht erlegen.

neuen Empiriehorizont vermissen, wäre er nicht, wahrhaft meisterlich, gegeben.

8.) sei nicht vergessen, daß sich formkritisch betrachtet herausgestellt hat, wie sehr bei lxvii auf Symmetrie und Inclusio geachtet worden ist[131]. Geht nachgerade nicht die Entsprechung zwischen Eingangs- und Schlußstück nicht noch um einiges weiter als s. Zt. angenommen? Hier wie dort ist erst von Israels Segnungserfahrung im Horizonte der Agrikultur die Rede, *v.* 2 und *v.* 7. Hier wie dort kommt sodann, an zweiter Stelle, die universalistische Weiterung zur Sprache, *v.* 3 und *v.* 8. Auch entspricht sich perfekt, daß die aus erfahrener agrarischer Fruchtbarkeit abgeleitete Gewißheit, gesegnet zu sein, hier wie dort nur Prämisse, bloß Vorspann ist, Anhalt und Anstoß für die eigentlich angelegene Jahwe-Erkenntnis und -Anerkenntnis - "auf Erden", "unter allen Völkern", *v.* 3, gar an "allen Enden der Erde", *v.* 8.

Erst wenn erkannt und anerkannt ist, wie אתנו gemeint und zu lesen ist, leuchtet das Kunstwerk Ps. lxvii in seiner Schönheit auf.

---

[131] Ziffer 1.6 inklusive Graphik!

3.

WAS IM RÜCKBLICK AM WICHTIGSTEN IST

3.1. Nachgerade läßt sich vollständiger und besser **übersetzen:**

v. 2	J a h w e segnet uns gnädiglich, ist uns wohlgesinnt, was unsere Pflugscharen betrifft,
v. 3	auf daß man auf Erden Deinen Weg erkennt, bei allen Fremdvölkern Dein Heil.
v. 4	Preisen sollen Dich die Völker, Jahwe, preisen sollen Dich die Völker allesamt!
v. 5	Freudig sollen jubeln die Nationen, denn Du verschaffst den Völkern zu ihrer Entlastung Recht und führst die Nationen auf Erden!
v. 6	Preisen sollen Dich die Völker, Jahwe, preisen sollen Dich die Völker allesamt!
v. 7	Das Land hat seinen Ertrag gegeben. Es segnet uns Jahwe, unser Gott.
v. 8	Es segnet uns Jahwe. Also müssen ihn fürchten alle Enden der Erde.

3.2. Nach allem tritt - einigermaßen deutlich - der **historische Ort** ins Licht, an welchem lxvii entstanden ist. Den Traditionselementen zufolge, die in ihm primär, in seinem ursprünglichen Bestande[132], vorausgesetzt sind, kommt als *terminus a quo* in Betracht:

Erstens der Zeitabschnitt, in welchem der aaronitische Segen Anerkennung und Anwendung gefunden hat; so sehr, daß er nachträglich, in einer Erweiterung, im P-Komplex berücksichtigt worden ist[133].

Zweitens ist der Schluß des Wirkens Deuterojesajas vorausgesetzt: die Spätzeit des babylonischen Exils, in der die Gottesknechtslieder gedichtet worden sind[134].

Drittens spielt die Zeit herein, in der die Erwartung Jes. ii / Mi. iv - so oder so - gehegt worden ist. Dieses führt ins Stadium der Wiederherstellung des Ziontempels, wahrscheinlich sogar über die Jahre 520.515 hinaus[135].

Viertens läßt der Umstand, daß im Text unsres Psalms auf den Umbruch von der Babylonier- zur Perserherrschaft in keiner Weise Bezug genommen worden ist, den terminus a quo um einiges unter die Marke der Jahre 539.538 herunterrücken, wenigstens um die Zeitspanne einer ganzen Generation, allermindestens in die Gegend des Jahres 500.

Andererseits wird der Versuch, einen *terminus ad quem* zu ermitteln, von der Tatsache ausgehen müssen, daß der uns angehende Psalm zum Elohistischen Psalter gehört und, wie durchgängig wahrzunehmen, elohistisch redigiert worden ist[136]. Also muß es den Primärbestand von lxvii *vor* diesem Vorgang gegeben haben, welcher in der zweiten Hälfte des 4. Jh. vonstatten gegangen ist[137]. Da das Psalmgedicht nicht isoliert redigiert worden ist, sondern[138] *integriert* in der Teilsammlung David II, Ps. li-lxxi(-lxxii), ja, einbezogen im weiterausgreifenden Komplex Ps. xlii-lxxxiii, sind auch die Zeiten für die Prozesse dieser Sammlung und Komplexbildung einzurechnen, die zwischen der Entstehung des Einzeltexts und der E-Redaktion sich erstrecken. Dies aber läßt's geraten er-

---

132   Siehe Ziffer 1.2!
133   Ziffer 2.1 und Anm. 40.
134   Ziffer 2.5.
135   Siehe Anm. 89 und noch einmal Ziffer 2.5.
136   Auch dazu Ziffer 1.2.
137   Vergleichenswert H. Gese, Die Entstehung der Büchereinteilung des Psalters, in: *Vom Sinai zum Zion*, 1974, 161-165.
138   Zusammen mit Ps. lxvi.

scheinen, den terminus ad (respektive ante) quem für lxvii am Anfang des 4. Jh. anzusetzen, in der Nähe des Jahres 400.

Somit schält sich heraus, daß unser Psalm im 5. Jh. gedichtet worden sein wird; in der Perserepoche, im mittleren Abschnitt derselben. - Just diese Ortung hat auch vom Inhalt im Zentrum des Psalms her viel für sich. Denn lxvii 5 setzt voraus, daß dank der göttlichen Führung und rechtverschaffenden Schlichtung die Völkerwelt friedlich ist; friedlich in einem Maß, daß Gott darüber freudig zu preisen ist. Nun weiß man allerdings von der Perserepoche historisch nicht eben viel[139]. Soviel aber läßt sich wohl sagen, daß gerade in der mittleren Perserzeit, beginnend *nach* den ersten Regierungsjahren des Achämeniden Dareios des Großen, von Phasen die Rede sein kann, die von den Völkern im persisch geeinten Vorderen Orient als friedvoll erlebt und empfunden worden sein können[140]. Auch mag's so sein, daß die schließlich einsetzenden Expansionen der Perser "über das hellenisierte Westkleinasien auf europäisches Territorium"[141] *zu* weit entfernt gewesen sind, um in Palästina Eindruck machen und die Impression des Friedlichen stören zu können. Jedenfalls - der historische Ort der mittleren Perserära erscheint vergleichsweise wohlgeeignet als Hintergrund und Exposition für den Aufruf Ps. lxvii 5, Gott über seinem die Völker befriedenden "Führen" und "Richten" zu preisen.

3.3. Wie immer sich's auch im einzelnen verhält, der Dichter des Psalms - daran läßt lxvii 5 keinen Zweifel - hat an seinem historischen Ort genug Grund gefunden, den Glauben zu wagen, Gott handle universell, nicht provinziell und partikular, nicht lediglich am Jahwevolk, sondern überhaupt und umfassend an den Völkern und Nationen auf Erden[142]; er bestimme und mache ihre Geschichte, "führe" sie in diesem Sinn; mehr noch als dies: er "richte" sie, nicht forensisch bestrafend, sondern (positiv) in *mīšarum*-Art[143]; er entlaste ihre Beziehungen zueinander, "inter-

---

[139]   K.R. Veenhof, in: A.S. van der Woude (Hg.), *The World of the Bible*, I, 1981.1986, 319.

[140]   Veenhof, a. a. O. 318.

[141]   H. Donner, Geschichte des Volkes Israel und seiner Nachbarn in Grundzügen, *ATD.E* 4, 1987, 403.

[142]   Nicht von ungefähr ist's, daß der Psalmdichter hier, in *v.* 5 (und entsprechend in *vv.* 4.6) die Israel einschließenden Wörter עמים und לאמים verwendet und nicht (wie zuvor in *v.* 3) die vom Jahwevolk absehende (pluralisch gefaßte) Vokabel גוים.

[143]   Anm. 95!

national", verschaffe ihnen schlichtend Recht, errichte und erhalte
Friedensrechtsordnung; nicht einmalig, sondern (wie die imperfektischen
Verben anzeigen) iterativ und durativ, in diesem Sinne endgültig und auf
Dauer.

Nachgerade erwiesen ist, daß der Psalmist Punkt für Punkt **prophetischen Traditionen** entspricht. Er basiert auf deuterojesajanischer Glaubenseinsicht. Zunächst und grundlegend auf der, daß Jahwe allein geschichtsmächtig ist, ausschließlich Geschichte wirkt, - außer ihm kein anderer Gott, Jes. xlv 18ff[144]. Er läßt sich entsprechend von Deuterojesajas Einsicht leiten, daß *dieser* Gott, kein anderer als er, die Völker - gar die Vormacht - führt, Jes. xli 1ff, xlv 1ff[145]. Auch hat's der Psalmist aus prophetischer Tradition, daß Jahwe, wie umschrieben, "richtet": rechtverschaffend und universell, schlichtend und entlastend, helfend und heilend, Friedensrechtsordnung durchsetzend und aufrechterhaltend, Jes. xlii 1ff, li 4b-5; ii 2-4; Mi. iv 1-3[146].

Bewunderung verdient, wie der Psalmdichter es verstanden hat, diese Glaubensaussagen prophetischer Provenienz - trotz ihrer Gewichtigkeit und Tragweite - in zwei knappen Stichen (von sechs, sieben Wörtern) zusammenzufassen, lxvii 5b.c. - Bemerkenswert andererseits, daß die Fülle des Ausgesagten nicht anders als im Lichte prophetischer Traditionen zu erkennen und zu ermessen ist. Außerhalb besagten Lichts und ohne die betreffenden Hintergrundtexte droht die Gefahr erheblicher Unterschätzung[147].

Frappant nicht zuletzt, daß der Autor des Psalms in dem, was er da komprimiert, sein Ziel noch gar nicht erreicht. Er baut die geballte Ladung prophetischer Glaubensmomente ein[148], um mit der Brisanz, welche ihnen eignet, die Wucht und den Schub zu erzeugen, die alle, Israel voorneweg, aber auch alle anderen Völker, in universelle Gotteslobpreisung hineinreißen, lxvii 4-6.8a. Damit in ihr letzten Endes alle eins würden und eins seien. - Auch was diese Intention, diesen Skopus anbelangt, leidet es keinerlei Zweifel, daß wieder prophetischer Durchblick, prophetisch konzipierte Zielvorstellung maßgeblich geworden sind. Hier

---

[144] Insbesondere *vv.* 18b.21b.22b.
[145] Dazu Ziffer 2.4.
[146] Ziffer 2.5.
[147] So könnte man meinen, da äußere sich, irgendwie zweifelhaft, monotheistisches Dogma. So beispielsweise B. Duhm, Die Psalmen, *KHC* XIV, 2. A. 1922, 254f.
[148] Nota bene: in einem ‎כ‎-Satz!

ist ein weiteres Mal auf die schon genannte Einheit deuterojesajanischer Rede Bezug genommen, die in Jes. xlv 18 anhebt und in *v.* 23 gip-felt[149]: Vor Jahwe, dem Gott, der allein geschichtsmächtig ist, beugt sich - weil dem so ist - jedes Knie, vereinigen sich, in weltumspannender Proskynese, alle, alle Menschen. Was Deuterojesaja als Ziel der Entwick-lung vor Augen hat, betreibt der Psalmist in nachdrücklich wiederholten Lobaufrufen *vv.* 5 und 4.6. Er hält - an seinem historischen Ort - die Zeit für erfüllt und gekommen, daß sich nun die universelle Erwartung, die prophetisch geweckt worden ist, tatsächlich realisiert.

3.4. Er erhebt, sozusagen flankierend, in den Rahmenpartien des Psalms ein movens ins Bewußtsein, das auf seine Art die Realisierung mit an-treibt: den Beweggrund, daß Israel durch Jahwe in der Dimension voll-führter Ernte gesegnet ist und - kursiv[150] - auch weiter gesegnet wird, *vv.* 2 und 7.8a. Dieser Sachverhalt hat's in sich. Er will signalhaft weltweit wirken, den anderen Völkern, גוים, zum Erkenntnisanstoß und -mittel ge-reichen, auf daß auch sie letzten Endes Jahwe und seinen Weg, Hilfe und Heil zu wirken, für sich selbst verbindlich erkennen, *v.* 3 und *v.* 8b. Ein-mal mehr ist am Tag, daß der Grund zu diesen Gedanken prophetisch gelegt ist: Nicht nur die Elemente der verarbeiteten Erkenntnisaussage (einschließlich der Formulierung לדעת) sind prophetisch vermittelt wor-den, Jes. xli 23, xliii 8ff; Ez. xx 12.20[151]. Es stammt auch der Grundzug des Gedankengangs, daß Israels Heils- (und Segens-)erfahrung auf die übrigen Völker einwirken soll, um diese zu universeller Jahweverehrung hinzuzugewinnen, eindeutig aus prophetischer Quelle: aus der der Ver-kündigung Deuterojesajas, xlv 20ff, in Verbindung mit xlviii 20 und lii 10[152].

In summa läßt sich zusammenfassen, unser Psalm wurzele nirgends mehr als in dem von Israels Propheten der exilischen Zeit und der früh-nachexilischen Ära bereiteten Boden, am meisten in dem von Deutero-jesaja bestimmten Überlieferungsbereich.

---

149   Zur Abgrenzung H.-J. Hermisson, Deuterojesaja, *BK* XI 7, 1987, 51ff. - Verglei-chenswert am Rande überdies: die universellen Hymnusverse Jes. xlii 10ff. Zu diesen auch F. Matheus, *Form und Funktion der Hymnen in Jesaja 40-55*, Diss. Heidelberg 1986, 17ff.
150   Ziffer 1.4, der dortige Abschnitt b.
151   Ziffer 2.3.
152   Ziffer 2.2; im einzelnen auch noch einmal Anm. 49.

3.5.   Die Verwurzelung ist nicht derart, daß der Autor des Psalms -
mehr oder weniger bewußt und direkt - vorgegebene Texte *zitiert* haben
würde, wortwörtlich oder auch freier[153]. Er lebt und webt vielmehr in
einer Sphäre des Glaubens und Denkens, in welcher, was besagte Propheten, vor allem der Zweite Jesaja, glaubten und dachten, eingegangen
ist. Da ist zugleich und daneben anderes - auch priesterliches - Gut rezipiert und ins Arsenal der gedanklichen und sprachlichen Möglichkeiten
integriert: einerseits der aaronitische Segen, andererseits jene Überzeugung, daß Segen sich auch und gerade in der Gabe des Heilsguts der
Fruchtbarkeit konkretisiert, selbstverständlich auch der des Landes[154].
Alles in allem ist klar, daß der Dichter des Psalms lxvii, seiner fort-
geschrittenen Zeit gemäß, in einer komplexen Sphäre beheimatet ist; in
einer, in welcher **auch priesterliche Elemente** gang und gäbe sind, andererseits freilich, was von jenen Propheten überkommen und übernommen
ist, besonders bestimmend nachwirkt.

In toto geht's wohl nicht an, den Psalmisten als Prophetenschüler
einzustufen, als einseitig ausgerichteten, exklusiven Verfechter prophetischen Erbes. Er ist nur eben - an seinem historischen Ort und
diesem entsprechend - der Glaubensüberzeugung, was besagte Propheten
ins Auge faßten, sei jetzt dabei, sich so auch zu realisieren; und das
Jahwevolk sei in der Pflicht, bei diesem Prozeß, soviel an ihm ist, seine
Rolle zu spielen und sein Mandat wahrzunehmen.

3.6.   Der Psalm, um den es hier geht, ist Niederschlag der Bestrebung,
dem Israel zuteil gewordenen Mandat zu entsprechen: War's nicht an
ihm, lobpreisend zu bezeugen, das friedlich erscheinende Miteinander der
Völker - unter der Ägide der Perser - gehe auf keinen anderen als Jahwe
zurück, den einzig geschichtsmächtigen Gott, auf sein Führen, seine
mīšarum-Art, Friedensrechtsordnung zwischen den Nationen zu schaffen?
War's nicht entsprechend geboten, alle Nationen zur Lobpreisung des
alleinigen Gottes Jahwe aufzurufen, mehr noch als dies, ihre Integration
in universell sich vollendender Jahweverehrung zu wollen (*vv.* 4-6 und
8b)? War nicht zugleich das Gesegnetsein des bisherigen Jahwevolkes, in
vollführter Ernte aktuell gewiß geworden (*vv.* 2 und 7-8a), zusätzlich

---

[153]   Vergleichenswert beispielsweise die Verhältnisse im Anhang Ps. cvii 33-43 sowie,
was der, der hier schreibt, zu ihm ausgeführt hat - in: Werden und Wesen des 107. Psalms,
BZAW 153, 1978.1979, 107f.
[154]   Ziffer 2.1.

werbender Hinweis auf Jahwe, den einzigen, allwirksamen Gott, Werbung, ihn - auf Grund seines segnenden Handelns am Jahwevolk - zu erkennen und anzuerkennen (*v.* 3)? War nicht, wohin man auch sah, ob in die Völkergeschichte oder in die Dimension der Fruchtbarkeit der Natur, wirklich *alles* transparent für ein und denselben Gott, für Jahwe (außer ihm kein Gott)? Ist nicht lxvii, priesterlich und, mehr noch als dies, prophetisch gedacht und gedichtet, ein Schwergewicht, gewollt und geformt und dazu bestimmt, als Israels Beitrag - in Akten des Rezitiertwerdens, je nach Vollführung der Ernte - in die Waagschale geworfen zu werden - im Prozeß zur Vollendung hin, auf daß endlich alle eins seien in universeller Lobpreisung und Verehrung Jahwes?

3.7.   Nachgerade bestätigt sich[155], daß der Text als "Segenspsalm" nicht treffend gekennzeichnet ist. Vielmehr ist er im Kernbestand, *vv.* 4-6, gattungskritisch betrachtet, hymnisch bestimmt. Wobei zu präzisieren ist, daß Elemente des Hymnus - jussivische Lobaufrufe[156] und -begründungen - im Dienste des "universalistischen", quasi-missionarischen Zeugnisses stehen. - Diesem dienen zugleich, an den *Flanken* des Psalms, *vv.* 2-3 und 7-8, sich weithin entsprechende Großsatzgefüge, welche, zum nicht geringen Teil, auf Jahwes Wirken seinem Volke zugut bezogen, erzählen und konstatieren und im wesentlichen hymnisch anmuten[157]. Am meisten übersteigt, was hymnisch möglich erscheint, einerseits das finale Erkenntnismoment *v.* 3, andererseits der Schluß, *v.* 8b, der entsprechende Erwartung bekundet. Es zeigt sich auch hier und ein weiteres Mal[158], wie sehr symmetrisch angelegt ist. Es stellt sich zudem, viel wichtiger noch, heraus, daß das, was den Hymnuscharakter transzendiert,

---

[155]   Rückbezogen auf Ziffer 1.6.

[156]   Lobwünsche. F. Crüsemann, a. a. O. 199f.

[157]   Dies gilt, genauer gesagt, von *vv.* 2 und 7-8a. Dabei ist in Erinnerung zu rufen, was in Ziffer 1.4 eruiert worden ist: Das Perfekt konstatiert (und erzählt) in *v.* 7a als Punktual, was aktuell, jedoch abgeschlossenermaßen, eingetreten ist. Es fixiert aber so bloß den Ausgangs- und Angelpunkt für die breitergreifende Erzählung mit Verben der Präformativkonjugation, welche aus jenem Ereignis folgert, was Jahwe - kursiv und durativ - an Israel wirkt. So kommt nicht eigentlich Dank zustand, vielmehr und wesentlicher aber hymnisches Zeugnis von Jahwes Segnen, welches über den Augenblick hinaus, als evident verläßliches Gotteswirken vergewissert ist. Mit F. Crüsemann, a. a. O. 200 gesprochen: nicht eigentlich Danklied-Charakter. Abweichend von ihm: auch in den Rahmenpartien, wenigstens in *vv.* 2 und 7-8a, hymnische Redeweise. Abweichend von ihm zudem und nochmals: Im ganzen und wesentlichen bestimmt kein "Segenspsalm" (a. a. O. 199ff).

[158]   Auch dazu Ziffer 1.6!

der Leitaspekt ist, der univeralistisch quasi-missionarisch genannt worden
ist.

Quasi-missionarisch deshalb, weil, wenigstens in alttestamentlicher
Zeit, unser Psalm wohl kaum in praxi an nichtisraelitische Hörerschaft
herangetragen und als werbendes Zeugnis tatsächlicher Mission verwendet worden sein dürfte. Soweit zu sehen, hat's - alttestamentlich - Mission im Sinne auftragsgemäßen, bewußten Hinausgehens zu den "fremden" Völkern, "um sie für den Glauben an Jahwe zu gewinnen", noch in
keiner Form gegeben[159]. So bleibt nur anzunehmen, lxvii sei *innerhalb*
der Jahwegemeinde zu Gehör und zum Zug gebracht worden. Nichtsdestoweniger mit Effekt. Mit dem, den Horizont der Gemeinde - dem
Durchblick bei Deuterojesaja und anderen späten Propheten gemäß[160]
- in universalistischer Erwartung und Verantwortung auszuweiten[161].

Was den **Sitz im Leben** anlangt, so ist bei einem - weitgehend hymnisch strukturierten - Psalm, der dem aaronitischen Segen verhaftet ist,
kaum etwas anderes als Rezitation im Festkult auf Zion anzunehmen[162]. Er läßt sich nirgendwo besser als an diesem Zentrum der Jahwegemeinde einordnen und verstehen. Näherhin läßt die Konstatierung
der glücklich vollzogenen Ernte in *v.* 7a - in der Tat[163] - annehmen,
ein Festkultablauf zum Abschluß der Erntezeit habe wohl am meisten für
sich. Da scheint der Psalm, der fraglos als Wiedergebrauchsrede gewollt
und verfaßt worden ist[164], nicht bloß erstmalig, sondern wieder und
wieder vorgetragen worden zu sein. War den Festkultteilnehmern die

---

[159]   F. Hahn, Das Verständnis der Mission im Neuen Testament, *WMANT* 13, 2. A.
1965, 12-14. Beachtenswert - von seiten der alttestamentlichen Wissenschaft - immer auch
noch M. Löhr, *Der Missionsgedanke im Alten Testament. Ein Beitrag zur alttestamentlichen
Religionsgeschichte*, 1896. Vergleichenswert im weiteren etwa R. Martin-Achard, Israël et les
nations. La perspective missionnaire de l'Ancien Testament, *CTh* 42, 1959, 9ff.75f.
[160]   Unter Umständen ist, nebenbei gesagt, etwa auch Jes. xix 16ff. in Betracht zu
ziehen.
[161]   En passant die bloß andeutende Reflexion, der Psalmdichter werde, seiner Wert-
schätzung für den aaronitischen Segen gemäß, aus dem Gravitationsfeld des Tempels auf
Zion nicht freigekommen sein. Hatten sich die Völker nicht dorthin zu kehren und so mit
Israel jahweverehrend eins zu werden? Steht nicht ohnehin zu vermuten, daß die prophetische Tradition von Jes. ii / Mi. iv mit ihrer Völkerwallfahrtserwartung den auf Ps. lxvii ein-
wirkenden Faktoren zuzurechnen ist? Klar also wohl, was dieses Gedicht in den Grenzen des
Quasi-missionarischen festgehalten hat.
[162]   Dazu, daß jener Segenswunsch dort seinen Haftpunkt gehabt hat, noch einmal
etwa K. Seybold, a. a. O. 55ff.59ff.65f.
[163]   Wie schon bemerkt.
[164]   Vgl. H. Lausberg, *Elemente der literarischen Rhetorik*, 8. A. 1984, 17 u. ö.

Erntefreude im Herzen, so sollten sie aus ihr heraus die Manifestation
ihres Gottes Jahwe erfassen und feiern, welcher, vom Zion aus segnend,
draußen im Lande, außerkultisch, das Heilsgut dieser Fruchtbarkeit
wirkt[165]. Steht ihnen zudem der Frieden zwischen den Völkern vor Augen, so sollten sie mit vom Zeugnis des Psalms geschärftem Blicke tiefer-
sehen: Auch aus *dieser* Dimension die Manifestation ein und desselben
einzigen Gottes, - Jahwes, der segnet und führt und "richtet", der Fruchtbarkeit und Frieden, kurz alles wirkt, was heiles Leben ausmacht! Klar,
daß das Zeugnis des Psalms, Resultante aus priesterlicher und - vor allem
- prophetischer Tradition, im umschriebenen Jerusalemer Sitz im Leben,
der als Teil des Zionkultes seinerseits mit "Frieden" zu tun gehabt und
שלום im umfassenden Sinne befördert hat[166], adäquat untergebracht
und aufgehoben gewesen ist. Psalmsubstanz und Sitz im Leben sind -
mindestens - kompatibel.

3.8.   Bei allem Respekt - es lohnt sich im vorliegenden Falle nicht, dem,
was **Redaktoren** hinzugefügt oder geändert haben[167], im einzelnen
nachzugehen[168]. Es dürfte genügen, zwei Feststellungen allgemeinerer
Art zu treffen.

Erstens die, daß der größte Teil der Vermerke - wenn nicht alle -,
welche in *v.* 1 voran- und am Ende von *vv.* 2.5 dazwischengestellt worden
sind, so oder so mit der *gottesdienstlichen* Verwendung des Psalms zu tun
gehabt hat. Implikation ist dann, daß unser Gedicht von einem bestimmten Zeitpunkt an zur Verwendung im Kult auf dem Zion zugelassen und
mit Notizen, welche das Nähere der Vortragsweise und -begleitumstände
festschreiben, versehen worden ist. Mithin ist klar, ja, mit Händen zu
greifen, daß lxvii zu guter Letzt, in noch alttestamentlicher Zeit, tempelgottesdienstlich rezitiert worden ist. Nimmt man, was schon plausibel geworden, hinzu[169], die Annahme nämlich schon anfänglicher Verwen-

---

[165]   Zur "Brückenfunktion vom kultischen zum profanen Lebensbereich" noch einmal
K. Seybold, a. a. O. 68f. Bedenkenswert ferner H.-P. Müller, Segen im Alten Testament.
Theologische Implikationen eines halb vergessenen Themas, in: *ZThK* 87, 1990, 19ff.
[166]   Zum besseren Verständnis (mit ergänzenden Literaturhinweisen) O.H. Steck,
Friedensvorstellungen im alten Jerusalem, *ThSt* 111,1972, 25ff.
[167]   Siehe, was in Ziffer 1.2 literarkritisch festgestellt ist!
[168]   Eher schon dem, was kompositorisch (durch Zusammenstellung mit Ps. lxvi) wei-
tergeschehen sein könnte. Siehe ergänzend Ziffer 6.10! Vgl. einstweilen C.Th. Niemeyer, *Het
problem van de rangschikking der Psalmen*, Diss. Groningen 1950, 94.130.153.155.
[169]   Schluß der Ziffer 3.7.

dung im Festgottesdienst auf Zion, so zeichnet sich ab, daß unser Text, von einem Termin in der mittleren Perserzeit an[170], *längerhin* gemeindegottesdienstlich gebraucht worden ist, wieder und wieder - und zweifellos: im Wandel der Situationen, in sich ändernden Zeitläuften.

Sie läßt *zweitens* herausstellen, daß der Psalm - **nachinterpretatorisch** - nicht immer ganz gleich verstanden worden sein kann. Die Beziehungen zwischen den Völkern blieben mitnichten so friedlich, daß die Lobaufrufe an die Nationen in der mittleren Partie des Psalms eben nicht konstant im zeitgeschichtlichen *Ist*-Zustand begründet erscheinen konnten. Es hat, wenn Gewitterfronten im Verhältnis der Völker aufzogen, nicht ausbleiben können, daß die weltweiten Lobappelle, *vv.* 4ff, eher in der *Erwartung und Antizipation* als in der Konstatierung "schon jetzt" Begründung und Beweggrund fanden. Der Kursivaspekt der Verben im Imperfekt innerhalb der begründenden Stichen, *v.* 5b.c[171], hat durchaus auch den *Ausblick* auf Jahwes *künftiges* Rechtverschaffen und Führen zulassen können[172]. Die Annahme hat alles für sich, daß hier, im Zentrum des Psalms, je nach der sich wandelnden Lage - nachinterpretatorisch - Oszillation eingetreten ist. Oszillation weg von dem Glaubensverständnis, Jahwes universelles "Richten" und Führen habe sich schon, *in der Gegenwart*, in bestehenden Beziehungen zwischen den Völkern zum Vorteil derselben ausgewirkt. Oszillation hin zu der anderen, vorherrschend gewordenen Glaubensauffassung, Jahwe werde, was augenscheinlich z. Zt. noch nicht sei, *kursiv-zukünftig* in weiteren Akten seines "Richtens" und Führens, über kurz oder - deo volente - lange, bewirken; so sicher mit erfreulichem Effekt, daß Jahwelobpreisung antizipando durchaus schon am Platze und nicht unbegründetermaßen möglich sei. In derlei Pendelschlägen im Nachverständnis - mehr als einmal hin und her in der Länge der verbleibenden alttestamentlichen Zeit - hat unser Psalm, was die völkergeschichtliche Vollendung anlangt, sich notwendigerweise auch immer wieder zum Hoffnungsträger gewandelt: Das gesegnete Jahwevolk darf, auch wenn's in der Sphäre der Völker noch nicht soweit ist, in der Antizipation seines Glaubens, die Forderung an diese lebendig erhalten, in die Jahwelobpreisung - endlich und universell vollendend - einzufallen.

---

170 Ziffer 3.2.
171 Siehe nochmals Ziffer 1.4!
172 Mit Händen zu greifen ist, daß zumindest die griechischsprechende Jahwegemeinde - wahrscheinlich aber nicht bloß sie - sich auf diese Art Ausblick eingestellt hat. Die Handschriften der *LXX* übersetzen eindeutig futurisch: κρινεῖς ... und ... ὁδηγήσεις.

Läßt sich dann nicht noch sagen, es habe sich in lxvii, nachinterpretatorisch, auch immer wieder einmal das Erbe aus prophetischer Tradition, grundlegend in ihm verarbeitet, situationsentsprechend aktiviert?

In der Tat - lxvii hat's in sich, funkelt, aus der Tiefe seiner traditionsgeschichtlichen Dimension je nach Lage der Nachgeborenen, mit der Glut einer Zukunftserwartung und freudiger Antizipation, leuchtet, in anderer Situation, seinem Primärsinn neu entsprechend, in der Helle der Glaubenseinsicht, Jahwe habe jetzt schon, im Jahwevolk und in der Welt der Völker, alles vollendet, sei drum von allen zu preisen und zu verehren. - Wer könnte nach allem am Reichtum, an der Vielfalt des Feuers in diesem Brillanten unter den Psalmen des Psalters noch zweifeln?

TEIL II

PSALM CXV

EINFÜHRUNG

Leicht ersichtlich ist's nicht, was cxv dem bislang verhandelten Text zuzuordnen erlaubt. *Gattungsverwandtschaft* ist's am allerwenigsten. Vorausgesetzt, man bleibt an den klassischen Kriterien und Kategorien der Gattungsforschung ausgerichtet. Dann ist, was die Gattungsbestimmtheit von cxv angeht, auch das Resümee nicht falsch, in der Kommentierung herrsche Ratlosigkeit[173]. An dieser Einschätzung ändert der Umstand nicht viel, daß oft und gern auf «Liturgie» erkannt worden ist[174]. Abgesehen davon, daß bedacht werden will, wie sinnvoll es eigentlich ist, die Einstufung «Liturgie» auch auf relativ kurze Texte anzuwenden[175], ist hier, im gegebenen Falle, nicht zu verkennen, daß die Einschätzung kaum mehr als ein Notbehelf ist, um, was in cxv "brockenweise nebeneinander"[176] erscheint, ohne tieferschürfende Verstehensbemühung gleichwohl als eine Art Einheit gelten lassen zu können. Indessen, selbst *wenn*'s anginge, unseren Text als «Liturgie» zusammenzuschauen, so ist's auf der anderen Seite nicht möglich, *Ps. lxvii*, ein noch konziseres Gedicht[177], entsprechend «liturgisch» aufzufassen[178]. Ergo findet sich unter gattungskritischem Aspekt auch nicht annähernd eine Rechtfertigung für die Bündelung beider Psalmen.

---

[173]   O. Loretz, Die Psalmen, II, *AOAT* 207/2, 1979, 183. (Zur Beurteilung, die sich im Verlaufe unserer Untersuchung ergibt, Ziffer 6.5 - sowie der Schluß von 6.6.)

[174]   Einzelhinweise in Auswahl bei O. Loretz, ebd., Anm. 2. Freilich wird J.P.M. van der Ploeg, *Psalmen*, II, 1974, 273(f), aufs Ganze seiner Erklärung gesehen, zu Unrecht angeführt. Bemerkenswert andererseits, daß beim Letztgenannten zusätzliche Hinweise auf Verfechter der Auffassung «Liturgie» zu finden sind.

[175]   van der Ploeg hat mit seinem Einwand recht, a. a. O. 273.

[176]   H. Gunkel, Die Psalmen, *HK* II 2, 4. A. 1926, 498.

[177]   Primär umfaßt es bekanntlich nicht mehr als 7 Verse (7 Zeilen)! Auch hierzu Anm. 175!

[178]   Zwar hält sich H.-J. Kraus die Option, das zu tun, noch offen; obschon er letztlich ja alles (vereinheitlichend!) in den Duktus des Jussivs gezwungen hat. Er verfährt so gar, indem er zugleich, im selben Atemzug, cxv als «liturgisches Tempellied» verbucht. Jedoch versäumt er es wenigstens nicht, auch gleich auf die Schwierigkeiten dieser Art Einschätzung hinzuweisen. Psalmen, *BK* XV/1, 5. A. 1978, 68. Der, der hier schreibt, ist jedenfalls auf Grund seiner Analysen außerstande, die wenigen Verse vom Primärtext lxvii, welche kunstvoll verfugt, auf engste zusammengehören, sich als Wechselgesang, auf verschiedene Stimmen verteilt, vorzustellen.

Bleibt mithin die Möglichkeit, die Zusammenordnung nach *Inhalt*
(Thema / oder Motiv) zu begründen[179]. In dieser Hinsicht ist zu verzeichnen, daß es zur Zusammenstellung unserer beiden Texte, lxvii und
cxv, als "Segenspsalmen" gekommen ist[180], einer fraglos *inhaltlich* orientierten Art der Gruppierung. Freilich ist's bei weitem nicht so, daß,
was in den beiden Gedichten übers Segnen respektive Gesegnetwerden
ausgesagt wird, so einfach das Ganze dieser Psalmen ausmachen würde.
Wichtig ist's wohl. Es ist aber nicht alleinbestimmende Mitte. Zu fragen
bleibt, ob, wenn die Fülle, ja, Vielfalt der sonstigen Gedanken in den
beiden Texten richtig bewußt und ermessen sind, die Bündelung, auf den
Inhalt hin gesehen, noch immer gerechtfertigt erscheinen kann. Was bisher an Auffassungen zur Sprache gekommen ist, ermutigt bis dato noch
nicht, eine Bejahung dieser Frage für möglich zu halten[181].

Gleichwohl, im vorliegenden Buch wird die Konstellierung unserer beiden Psalmen, *inhaltlich* gesehen, als möglich, ja, gar als nötig erachtet.
Nachdem das Gefüge der Gedanken bei lxvii - adäquater als es bislang
der Fall war - erfaßt ist, bricht sich in der Folge die Einsicht Bahn, ebendieses Gefüge finde sich, mutatis mutandis, von veränderten Ausgangspunkten her variiert, auch im Text von cxv wieder, biete sich, bis dato
weder erkannt noch genutzt, als eine Art Verstehensschlüssel bei diesem
diffizilen Textgebilde und seinen Problemen und Rätseln an.

Auch wenn's vorderhand dahingestellt bleiben muß, ob Ps. cxv im selben Maß wie lxvii einem Edelstein verglichen zu werden verdient, so
kommt eben doch schon der Eindruck auf, jener habe es wie dieser nötig,

---

[179]   Eine Art der Zusammenordnung, welcher zu Recht wieder mehr Beachtung ge-
schenkt wird. Gerade auch und vor allem - gar programmatisch - von H.-J. Kraus, a. a. O.
36-43.
[180]   Vor allem bei C. Westermann, *Der Psalter*, 4. A. 1980, 84f.
[181]   J.W. Rogerson und J.W. McKay meinen alles in allem von "Prayers for blessing
and continued protection" sprechen zu können, *Psalms 1-50, CNEB*, 1977, 13. Sie treffen
so freilich weder beim einen noch beim anderen Gedicht das Richtige; bei Ps. lxvii erwiesenermaßen nicht. - Wo in der *älteren* Kommentierung nach dem Inhalt gruppiert worden
ist, figurieren unsere beiden Texte eher in *verschiedenen* Rubriken. Beispielhaft von
Interesse: R. Stier, *Siebzig ausgewählte Psalmen, nach Ordnung und Zusammenhang ausgelegt.*
Erste Hälfte ...*, 1834, XI.XII (Ps. lxvii: Segenswunsch; Ps.cxv: Der Heilige in Israel) oder
auch E. König, *Die Psalmen*, 1927, VII (lxvii: Erntedanklied; cxv: Gedicht "von Gottes
Erhabenheit über die Schranken der Zeit, des Raums, sowie über alle außer ihm liegenden
Hemmnisse").

ins rechte Licht gerückt zu werden, damit die bisherigen Zweifel an der Zusammengehörigkeit seiner Facetten, ja, überhaupt an seiner literarischen Integrität[182] sich lichten und sein gedanklicher Zusammenhang und mit ihm sein Feuer aufleuchtet. - Nach Lage der Dinge ist's klar, woher jenes Licht im gegebenen Falle zunächst herkommen muß: aus der Richtung des lxvii. Psalms, der Klarheit, die über den Grundriß *seiner* Gedanken inzwischen gewonnen ist. Im weiteren wird dann - so wie bei lxvii - Licht aus derselben Richtung hinzutreten können, aus der auch der letztgenannte Psalm erheblich erhellt worden ist: aus der Dimension prophetischer und priesterlicher Traditionen. - Womit unser Vorgehen, das *procedere* der weiteren Untersuchung, angesagt sind.

---

[182]   Sie ist, wo auf «Liturgie» erkannt worden ist, nicht sonderlich hochgeschätzt gewesen, anderwärts vollends, nicht etwa bloß peripher, bestritten worden; letzthin von O. Loretz, a. a. O. 183-188; anfangs des 20. Jhdts. bereits von C.A. und E.G. Briggs, A Critical and Exegetical Commentary on the Book of Psalms, II, *ICC*, 1907(.1960), 392-397. - Nicht versäumt sei gleich noch die Klarstellung, daß die Frage, was *peripher* hinzugesetzt worden sein könnte, auf einem ganz anderen Blatte steht und im Augenblick nicht mit im Sinn ist.

4.

WAS VOM LXVII. PSALM HER ERSICHTLICH WIRD

4.1. Nicht alles, was in cxv[183] übers Segnen und Gesegnetwerden (Gesegnetsein) ausgesagt wird, ist a limine klar und unumstritten. Die Chance indes, einen einigermaßen verläßlichen Ausgangspunkt festzumachen, scheint beim Nominalsatz *v.* 15a am ehesten zu bestehen. Bei diesem, der schon als solcher "eine Aussage über den Zustand des Subjekts" erwarten läßt[184], bedürfte es beträchtlicher Voreingenommenheit, sollte aus dem Part. Pass. (אַתֶּם) בְּרוּכִים ein Segens*wunsch* hervorgehen (formuliert etwa: "May you be blessed ..."[185]). Die Regel ist, daß "zur Beschreibung des Zustandes, der aus einer Handlung folgt, das Part. Pass. verwendet wird"[186]. Also sind die hier Apostrophierten schwerlich mit einem Wunsche bedacht und eher auf den *Zustand* hin angesprochen, gesegnet zu *sein*[187]. Auf Grund der vollzogenen Handlung göttlichen Segnens, versteht sich.

Unnötig ist's, herumzurätseln, wie und wo, in welcher Erscheinungsweise und welchem Erfahrungsmedium, jene Handlung des Segnens zur Bewirkung besagten Zustands vonstatten gegangen sein könnte. Aufschluß wird gleich im Anschluß gegeben, in den Stichen *vv.* 15b.16b: Was durch das Part. Pass. בְּרוּכִים zum Ausdruck gelangt, hat - augenfällig entsprechend! - mit dem zu tun, was per Part. Akt. angezeigt ist: mit dem,

---

183 Speziell in den Versen 12–15.
184 R. Meyer, Hebräische Grammatik, III, *SG* 5765, 3. A. 1972, 6.
185 So (beispielsweise) die Auffassung und Wiedergabe bei M. Dahood, Psalms III. 101-150, *AncB* 17A, 1970, 139.142. Zugrunde liegt die (in diesem Fall explizierte) Meinung, es gebe auch "precative participles". - Wer erinnert sich nicht alsbald? Ebenderselbe Gelehrte war auch bei dem (seiner Absicht, jussivisch zu nivellieren, im Wege stehenden) Perf. נָתְנָה lxvii 7a nicht minder behend mit der Behauptung zur Stelle, es handle sich um "precative perfect". Vgl. oben S. 6!
186 R. Meyer, a. a. O. 65/66.
187 Erfreulicherweise fehlt es nicht ganz an Kommentatoren, die dem Rechnung zu tragen bereit waren. Bemerkenswert etwa die Hervorhebung durch Kursivdruck bei A.F. Kirkpatrick, The Book of Psalms, *CBSC*, 1906, 686.

was durch עֹשֵׂה שָׁמַיִם וָאָרֶץ umschrieben ist. "Grundregel" ist[188], "daß zur Wiedergabe einer Dauerhandlung das Part. Akt. dient". Also ist's die "Dauerhandlung" der Erschaffung der Welt durch Jahwe, welche seine Segenshandlung einschließt. Entsprechend bezeugt auch die Schöpfungs-erzählung der Priesterschrift[189], daß zur Welterschaffung die Segnung der Menschen dazugehört - und im innigsten Kontext mit ihr, bemer-kenswerterweise, auch die Verleihung und Überantwortung der Erde, in concreto, dieses und jenes Landes[190], Gen. i 28. Es spricht für die Richtigkeit dieser Auffassung, daß der andere jener beiden Stichen, cxv 16b, unverzüglich die Verleihung der Erde / des Landes hinzuerwähnt. Der, welcher Himmel und Erde macht, v. 15b, verleiht, indem er die Menschen segnet, diesen die Erde / das Land, v. 16b. - Bezeichnend ist, daß gerade hier Afformativkonjugation auftaucht und Perf. נתן gebraucht ist: Die Verleihung des Landes (unter Umständen auch seine *Wieder*ver-leihung) ist, soweit's die Israeliten betrifft, überdies, was die Menschen anderer Völker anlangt, abgeschlossenermaßen erfolgt und konstatier-bar[191]. Also wird hier, in cxv 15.16, auf ein fait accompli (eben weil es ein solches ist!) rekurriert: auf die vollzogene actio dei der Verleihung der Erde / des Landes, welche Segnung einschließt. Weil sie vollzogen und (perfektisch) konstatierbar ist, taugt sie (was da auch immer anficht) dazu, aus ihr die Gewißheit, gegenwärtig gesegnet zu sein, zu entwickeln.

Daß diese Auffassung richtig ist, geht schließlich auch aus dem in den Schlußversen 17-18b zu greifenden Faktum hervor, daß nicht etwa erst zukünftig, sondern jetzt und, wie es heißt, מֵעַתָּה reactio hominum fällig ist und geschuldet wird: Jahwe-Lobpreisung durch alle, nicht bloß durch Israel, *weil allen* Menschenkindern הָאָרֶץ und damit zugleich auch Segnung zuteil geworden sind, v. 16b. Der Handlung von *Jahwes* ברך hat, weil sie vollzogen ist, jetzt und fortan - in genauer Korrespondenz - der *Men-*

---

[188]   So läßt sich bei R. Meyer - im selben Zusammenhang, auf welchen bereits Bezug genommen worden ist - nachlesen: a. a. O. 65.
[189]   Zur Geltung gebracht sei noch einmal Anm. 40.
[190]   Beachtet sein will, daß הָאָרֶץ hier beides in einem bezeichnet. Bedenkenswert auch, was W. Brueggemann aufgezeigt hat: The Kerygma of the Priestly Writers, in: *ZAW* 84, 1972, 397-414.
[191]   Siehe obige Ziffer 1.4, unter Buchstabe b!

schen ברך[192] zu entsprechen. - Allerdings, es deutet sich an, daß da etliche sind, die diese Entsprechung schuldig bleiben: also *nicht* lobpreisen, sondern ins Schweigen "absteigen" und so im Grunde schon "tote Leute" sind, *v.* 17[193]. Im Kontrast zu ihnen geloben die Jahweverehrer, die hinter den Psalmversen stehen: "Was uns hingegen anlangt, *wir* preisen Jah, ab sofort und fortan[194]." Beides - sowohl die Versagung der reactio hominum, der Ausführung der geschuldeten Gegenbewegung ברך, als auch die Bereitschaft zu dieser - zeigt, daß Jahwes ברך, sein Segnen, als *vollzogen* vorausgesetzt ist. Es ist, um zusammenzufassen, nach *vv.* 15–18b *vollendete Gegebenheit*.

Wie sollte dann - so ist weiterzufragen - im unmittelbar voraufgehenden Text, *vv.* 12–14, Jahwes Segnen erst herbeigewünscht oder (als erst künftiges Ereignis) angekündigt werden?[195] Sollte da die Annahme, der Text sei eben «Liturgie» und auf gottesdienstliche Handlungsabfolge bezogen, die Beantwortung jener Frage ermöglichen? Indes, die Segnung durch den Schöpfergott, die mit der Verleihung der Erde / des Landes zusammenhängt, ist nicht liturgischem Ereignis zuzuordnen. Sie ist, *ehe* gottesdienstliche Handlung anhebt, immer und stets schon Gegebenheit, auf welche sich rekurrieren läßt. Spielraum für Segens*wunsch* und -*an*-

---

[192]   Dazu auch G. Wehmeier, *Der Segen im Alten Testament*, Diss. Basel 1970, 160ff.

[193]   Nebenbei gesagt wird hier geistvoll-geschickt mit der alten Überzeugung gespielt, daß diejenigen, die im Totenreich sind, Jahwe zu preisen nicht mehr imstande sind. Ps. vi 6, xxx 10, lxxxviii 12-13; Jes. xxxviii 18 - und eben auch die vorliegende Stelle. Umgekehrt muß dann gelten: wer statt zu lobpreisen schweigt, muß bereits in der Sphäre der Toten sein. Daß zugleich ein Berührungspunkt mit Ps. cxv 8 vorliegt, ist nicht zu übersehen. Hierauf wird zurückzukommen sein.

[194]   Zur verwendeten Formel: S.E. Loewenstamm, The Formula me'attā w^ead 'olām, in: Comparative Studies in Biblical and Ancient Oriental Literatures, *AOAT* 204, 1980, 166-170.

[195]   So zu fragen ist im Hinblick auf die opinio plurium in der Kommentierung erforderlich. In der Auffassung und Wiedergabe des repetiert (und alles in allem 4 x) gebrauchten יברך herrschen Optativ und Jussiv, Voluntativ und Futurum vor: er möge -, er will -, er wird segnen; in englischsprachigen Psalmenkommentaren: mit Vorliebe may oder will; niederländisch (van der Ploeg, a. a. O. 272f): laat ... zegenen oder zegene ... Gelegentlich wird selbst dort, wo mit indikativischem "er segnet" übersetzt worden ist, an aktuelle Kultvorgänge gedacht (siehe etwa A. Weiser, Die Psalmen, *ATD* 14/15, 8. A. 1973, 491.493). In all den hier angedeuteten Fällen ist יברך im Sinn futurischen oder sich in actu ereignenden Segnens aufgefaßt. Oftmals so, daß es für den Segens*wunsch* Raum hat. Letzteres gilt natürlich entsprechend auch für יסף, *v.* 14.

kündigung tut sich hier überhaupt nicht auf. Ergo bleibt - auch bei den Versen 12-14 - kaum etwas anderes übrig, als eine jene Gegebenheit meinende Rede vom Segnen anzunehmen, welche, derart Gesegnete apostrophierend[196], nichts anderes tut, als besagte Gegebenheit (und Zuständlichkeit) in entsprechender Zusprache als permanent wirksam ins Bewußtsein zu erheben, zu aktualisieren, zu vergewissern.

Es ist ja auch, wie bereits im ersten Teil dieses Buches erwähnt, verkehrt, ein *verbum finitum* der Präformativkonjugation zu schnell als Jussiv oder Futurum auszudeuten. Was die erstere Möglichkeit (Jussiv) anlangt, so ist wohl nicht zu bestreiten, daß die Masoreten mit ihrem יֹסֵף, *v.* 14, jussivisch vokalisiert haben[197]. Indes, es ist abermals[198] zu hinterfragen, ob sie die Textintention getroffen und nicht unter Konformitätsdruck (mit Wünschen in der Art des aaronitischen Segens) gestanden haben. Sicher ist, daß יסף im Konsonantentext (scriptio defectiva vorausgesetzt) genausogut *indikativisch* gemeint gewesen sein kann[199]. Bedacht und berücksichtigt werden will, daß das benachbarte (4 x gebrauchte) יברך ohne Wenn und Aber *Indikativ* zu sein vermag[200]. Präformativkonjugation hebt aber, aspektual verstanden, nicht auf einen punktual konstatierbaren Vorgang ab, sondern, unter kursivem Aspekt, auf ablaufende, ("durativ") dauernde Handlung[201]: Jahwe segnet[202] jetzt und das Jetzt übersteigend seine Gemeinde in all ihren Teilen - Jahwevolk, das im Augenblick des Psalmvortrags sich gottesdienstlich zusammengefunden hat, *v.* 12bff. Er tut dies als עֹשֵׂה שָׁמַיִם וָאָרֶץ, *v.* 15, als der, der in Dauerhandlung erschuf, erschafft und erschaffen wird. Der Fortgang des

---

196   V. 15a!

197   Wie es scheint, vorgegebener Aussprachetradition folgend. Schließlich sind da ja auch Versionen vorangegangen: *LXX* hat beispielsweise aor. opt. προσθείη, cxiii 22 (= *MT* cxv 14): "Kyrios *möge* zu uns hinzufügen / uns vermehren...!"

198   Wie in Ziffer 1.4, insbesondere unter Buchstabe c.

199   Vgl. W. Baumgartner, *Hebräisches und aramäisches Lexikon zum Alten Testament*, 3. A., II, 1974, 399!

200   Bemerkenswert auch, daß *LXX* (u. a.) nicht optativisch verstanden und wiedergegeben haben, sondern durchweg und im ganzen 4 x mit εὐλόγησεν.

201   Noch einmal mit R. Meyer, a. a. O. 39ff.

202   Eine Minderheit unter den Kommentatoren bringt diese Übersetzungsmöglichkeit zum Zug. Siehe etwa A. Weiser, a. a. O. 491! (Allerdings nimmt er, wie schon bemerkt, auf Kultvorgänge Bezug. Anm. 195.)

Psalmtexts stützt, eben weil ja das Segnen - integral! - zum Welterschaffen gehört[203], die Durativdeutung von יברך. Alles paßt hier, exakt und fest verfugt, zusammen.

Auch der Zuspruch fortdauernder Mehrung - derer, die als Hörer zugegen sind, aber auch, ausdrücklich, der Generation der Kinder, Mehrung, die so als "dauernd" gekennzeichnet ist -, *v.* 14, fügt sich diesem Zusammenhang ein. Denn: ebenjenes Segnen des Schöpfers ist, wie auch in Gen. i 28P bezeugt[204], gerade aufs Fruchtbarsein und Sich-mehren aus; auf Momente, derer es, soll Gottes Gabe der Erde / des Landes wahrgenommen werden, unumgänglich bedarf. - Kann's evidenter sein, daß in cxv 12ff vom Segnen des *Weltschöpfers* (עֹשֵׂה שָׁמַיִם וָאָרֶץ *v.* 15) die Rede ist, welches Mehrung einschließend - Generation um Generation - als solches "durativ" ist? Klar nachgerade, wie יברך (und יֹסֵף!) aufzufassen sind. Klar zudem, daß die in und mit diesem Psalm Angesprochenen in jenem Sinne durchaus bereits Gesegnete *sind, v.* 15a. Klar überhaupt von *v.* 12 an so gut wie alles[205].

4.2.   Weiter und tiefer führt die Exploration, ob und inwieweit, was eruiert worden ist, **Ps. lxvii entspricht**; genauer gesagt, dem Verständnis, welches von diesem Gedicht erarbeitet worden ist. - Auszugehen ist von folgender Entsprechung: Beiden Psalmen, lxvii und cxv, ist's (nicht nur, aber auch und nicht zuletzt) darum zu tun, ein Unterpfand für die Gewißheit, von Jahwe gesegnet zu sein, aus- und festzumachen. In lxvii wird's in der aktuellen Erfahrung gefunden, daß das Land seinen Ertrag gegeben, seine Fruchtbarkeit erwiesen hat. Insofern es dazu - nach der Glaubensauffassung des Jahwevolks - deo volente gekommen ist, steht für diese Art Logik neuerlich fest: Jahwe segnet die Seinen; nicht bloß jetzt, sondern überhaupt und über den Augenblick hinaus. - In cxv wird jenes Unterpfand, im Grunde genommen, ziemlich genau an derselben Stelle

---

[203]   Gen. i 28P!

[204]   "Gott segnete sie, und Gott sprach zu ihnen: «Seid fruchtbar und mehret euch und füllet die Erde / das Land ...!»"

[205]   Abgesehen vom eigenartigen וְכָרֵנוּ im ersten Stichos (Monostichos?), was den sperrigen Gedanken "er hat unser gedacht" einbringt und mehr nach geschichtlicher (oder kultdramatischer?) Wende klingt. Es hat's auf sich mit diesem vereinzelt dastehenden Stichos! Weshalb auf ihn zurückzukommen sein wird. Ziffer 6.7.

gefunden: Es wird, nur ein wenig tiefer und prinzipieller gegriffen, vom aktuellen Erleben abstrahiert, im Sachverhalt festgemacht, mit הארץ begabt zu sein; allgemein gesagt, mit der Erde; konkreter, mit diesem oder jenem Land. Insofern's nach Israels Schöpfungsglauben der עשֹׁה שׁמים וארץ ist, der den Menschen die Erde / das Land, die Fruchtbarkeit in jeglicher Hinsicht inklusive, gegeben hat, läßt sich aus besagtem Landbesitz deduzieren: Der עשֶֹׁה שׁמים וארץ segnet; er hat's getan und tut's und wird es auch fürderhin tun; ganz so wie's ja auch in Gen i gemeint ist. In der Tat - cxv geht bei dem Bestreben, die Gewißheit, gesegnet zu sein und zu werden, in festem Grund zu verankern, verblüffend punktgenau von derselben Stelle wie lxvii aus: von der im Lichte des Schöpfungsglaubens gedeuteten Grunderfahrung, mit Boden und Fruchtbarkeit beschenkt zu sein.

Zielpunkt des gedanklichen Bogens, der von dieser Stelle ausgeht, ist hier wie dort, bei beiden Psalmen, der in eine gewisse Breite führende Versuch, die Gewißheit, über den Moment hinaus gesegnet zu sein und zu werden, zu vermitteln (um nicht zu sagen: einzubleuen). Um die Zielsetzung zu erreichen, wird hier wie dort repetiert[206].

Bei alledem sticht zudem grammatische Entsprechung ins Auge: bei lxvii und cxv dasselbe Nebeneinander, das gleiche "Mischungsverhältnis" von Afformativ- und Präformativkonjugation! Der Ausgangspunkt jenes gedanklichen Spannungsbogens wird, eben weil er "punktual" konstatierbar ist, jeweils mit Afformativkonjugation bezeichnet: Hie נָתְנָה in lxvii 7a; dort korrespondierend נָתַן, cxv 16b! Am anderen Ende des gedanklichen Bogens: Präformativkonjugation! In lxvii wieder und wieder יְבָרְכֵנוּ, um "Durativ" auszudrücken. In cxv 12bff entsprechend dreimalig יְבָרֵךְ; dazuhin (indikativisch und durativisch[207]) יֹסֵף יהוה עליכם. - Nachgerade erscheint's gerechtfertigt, die Zwischenbilanz zu ziehen, Ps. cxv entspreche,

---

206 Mit verschiedenen Stilfiguren der Klasse "Wiederholung": mit reduplicatio und Anapher (lxvii 7b.8a bzw. cxv 12bff), mit Leitwort (lxvii 2a.7b.8a) und natürlich und vor allem (und allenthalben) mit parallelismus membrorum. Im einzelnen dazu, mehr nebenbei, W. Bühlmann / K. Scherer, Stilfiguren der Bibel. Ein kleines Nachschlagewerk, *BiBe* 10, 1973, 15ff.
207 Wie expliziert und begründet! Im Folgenden so punktiert, wie's der Intention des Konsonantentextes gemäß ist.

wenigstens ab *v.* 12, - nicht in jedem Detail, wohl aber im Grundriß seiner Gedanken - unserem erstverhandelten Text, Ps. lxvii.

Entsprechung zu konstatieren ist vollends erlaubt, wird mit in den Blick gefaßt, daß der Zielpunkt, jene Vergewisserung, gesegnet zu sein und zu werden, sowohl hier als auch dort, bei lxvii und cxv, lediglich *Etappenziel* ist und über sich selbst hinausweist. Er tut dies hier und dort, im wesentlichen, in ein und derselben Tendenz: in der, die Völker / die Menschheit einzubeziehen. Lxvii ist darauf aus, auch die "Fremdvölker", die גוים, zur Erkenntnis und Anerkenntnis Jahwes zu bringen, sie in die Verehrung dieses Gottes zu integrieren. Im Grunde affin ist cxv von der Erwartung universeller Jahwelobpreisung bestimmt.

Im einzelnen allerdings ist diese Zielsetzung mit der vorigen, vorläufigen verschieden zusammengedacht: In lxvii gereicht die Gewißheit der Jahwegemeinde, von ihrem Gott gesegnet zu sein, zum Anhalt und Anstoß für die Völkerwelt, den nämlichen Gott, seiner Segensmächtigkeit wegen, zu erkennen und anzuerkennen. In cxv hingegen ist der Zusammenhang unmittelbarer gedacht: Da sind, wie es scheint - nicht ausdrücklich -, die "Menschenkinder", die außerhalb Israels, mitgesegnet. Dadurch, daß sie bei der Vergabe der Erde / des Lands und dem, was im Sinne des Schöpfungsglaubens[208] dazugehört, ohne Abstrich mitbedacht sind, cxv 16b. Die Logik des Psalms scheint zu sein: Weil die Menschen, die außerhalb Israels, mitbegabt sind, sind sie folglich auch mitverpflichtet - zur reactio hominum, der der Lobpreisung des Gottes Jahwe, des עשׂה שׁמים וארץ. Wären sie nicht in dieser Pflicht, wie könnten sie dann dem so strengen Urteil unterworfen werden, nicht Jah Lobpreisende und somit "tote Leute" zu sein, cxv 17?

Unterscheidet sich hier cxv von lxvii, so ist zudem die Differenz im Spiel, daß beim einen, dem ersteren Psalm die Enttäuschung über die nicht Jahwe Verehrenden groß ist, beim anderen indessen Zutrauen überwiegt. - Die Differenz ist nicht unerheblich - und doch auch leicht zu erklären: Die Ausgangssituation, sicher nicht das Grundmuster des Denkens, ist hier, bei beiden Psalmen, verschieden. Im einen Fall, dem von lxvii, scheint die Welt der anderen Völker die Erwartung universeller

---

[208] Noch einmal ist an die Sicht der Dinge in Gen. i 28P zu erinnern.

Vollendung der Jahweverehrung zu erlauben. Im anderen Falle, dem von cxv, hat die Enttäuschung bezüglich der *Völker* überhand genommen, - Anfechtung bestimmt die Szene. So wird bei den verglichenen Psalmen, wie eingangs für möglich gehalten[209], "von verschiedenen Ausgangspunkten her variiert". Gleichwohl kann das *Fazit* nicht zweifelhaft werden, daß hier, in lxvii und cxv (in letzterem Text, soweit bislang analysiert), der Gedankengang parallel verläuft; nicht in allen Details der Ausgestaltung, wohl aber in seinen Grundschritten.

4.3.   Abschließender Vergleich ist erst möglich, sind auch die übrigen Psalmpassagen, die in **cxv 1—11**, in erster Durchsicht erkundet.

Was zunächst interessiert, ist cxv 2: "Warum sagen die Fremdvölker: «Wo ist denn nun ihr Gott?»?" Was bei diesen Fragen bedacht werden will, ist, daß sie "verschachtelt" sind. Durch ihr Ineinander ist aufgespießt - in vorwurfsvoll-kritischem Ton -, was die Völker, die "fremden", mit Bezug auf Jahwe reden. Es ist alles andere als Lobpreis auf Gott, als Hymnus auf Jahwe. Es ist das Gegenteil davon: Verkehrung von Lobpreis, von Hymnus! Was die Völker fragen, steht - als breviloquentia - für "Antihymnus", für Herabsetzung und Verhöhnung des Gottes der Israeliten. - Wer nicht, voreingenommenerweise, darauf versessen ist, die Abschnitte des Psalms literarkritisch (oder sonstwie) auseinanderzudividieren, wird kaum davon absehen können, daß ähnlich vorwurfsvoll-kritisch gegen Ende unseres Gedichts, in cxv 17, Auseinandersetzung mit den Menschen der Fremdvölker stattfindet - darum, daß sie "Jah" nicht preisen, daß sie, was sie zu tun im Obligo sind, hartnäckig schuldig bleiben. Genau das, was hier, am Schluß des Psalms, auf "tote Leute" erkennen läßt, das evoziert doch wohl auch jene Fragen in cxv 2, mit denen die Auseinandersetzung eröffnet wird.

Vorausgesetzt ist, daß im dictum aus dem Munde der גוים, *v.* 2b, nicht nur und nicht eigentlich "nach der Wohnstatt der Gottheit"[210] gefragt wird. Was zitiert wird, zielt (als im Grunde rhetorische Frage!) angriffig darauf ab, ins Bewußtsein zu erheben und ins Wachs zu drücken, daß von

---

209   Siehe oben, die "Einführung" zu diesem Teil!
210   O. Loretz, a. a. O. 187.

dem, von welchem die Israeliten sagen, es sei ihr Gott, Spuren im Empirischen fehlen, - Anzeichen dafür, daß er wirkmächtig, wirksam, wirklich
ist. So verstanden ist die Frage *v.* 2b indessen nichts anderes als Ruf-
mord, Propaganda zum Nachteil Jahwes, Insinuation, vom nämlichen
Gott sei rein gar nichts wahrzunehmen - es sei denn Ohnmacht und Ferne. - Daß *v.* 2 nur so zu verstehen ist, erhellt überdies aus dem Halbvers
1a, wo deutlich vorausgesetzt ist, Ehrabschneidung sei im Schwang, zu
Lasten des Namens und Rufes Jahwes. - Ergo ist klar: Was eingangs unsres Psalms verlautet und seine Exposition ausmacht, ist breviloquente
Umschreibung der Situation in der Völkerwelt - mit Bezug auf die er-
wartete Jahweverehrung, die fällige Gotteslobpreisung: Sie finden, so
wird bedeutet, nicht nur nicht statt. Ja, statt ihrer grassiert - Verhöhnung
des Gottes der Israeliten, pars pro toto durch jene Frage angezeigt.

Die Erfordernis, sich mit dieser Situation auseinanderzusetzen, ist
Anstoß und Antrieb für unsren Psalm. Dieser leitet, nun seinerseits
offensiv, angemessene Auseinandersetzung ein. Er tut dies - eingedenk
dessen, was dabei Priorität haben muß -, indem er zunächst und vor
allem den verunglimpften Gott anruft und, hinsichtlich der Ehrabschneidung, um Intervention und Abhilfe bittet, *v.* 1a. Er tut es anderer-,
menschlicherseits, indem er die herabsetzende Frage mit tadelnd-kopf-
schüttelndem לָמָּה aufgreift und angreifend dawiderfragt, wie die Völker
denn nur so sprechen könnten. "Warum sagen die Fremdvölker (die גוים):
«Wo ist denn nun ihr Gott?»?" Warum reden sie so sinnlos, so wirklich-
keitswidrig, so halsbrecherisch für sie selbst daher, wiewohl's doch so
schwer nicht ist, die richtige Antwort zu finden?

Nach dieser Art Exposition, *vv.* 1a.2, gibt das Psalmgedicht selbst[211]
die angemessene Antwort, *v.* 3, treibt so die zu führende Auseinandersetzung ein erstes Stück weit voran. Frappant ist, was dabei herauskommt:
das, was die Völker hintanhalten! Fälliger Hymnus auf Jahwe! Denn:
"Die Gedanken an das Wohnen Jahves im Himmel und an seine Allmacht sind echte Hymnengedanken"[212]! - Beachtung verdient, daß der
Hinweis, Gott sei im Himmel, im Distichos und parallelismus mem-

---

211   Obschon mehr rhetorisch als echt gefragt worden ist.
212   H. Gunkel, Die Psalmen, *HK* II 2, 4. A. 1926, 497.

brorum aufs engste mit dem Bekenntnis verknüpft ist, er könne alles, was ihm gefällt, ausrichten[213]. So steht's in der Tat außer Zweifel, daß hier nicht die "Beantwortung der Frage nach der Wohnstatt der Gottheit"[214] im Mittelpunkt des Interesses ist. Es geht hier vielmehr um die Macht-, um die Mächtigkeitsfrage[215], bezogen auf jenen verhöhnten Gott. Im hymnischen Wort cxv 3 wird dem Hohn der rhetorischen Frage *v.* 2 der Glaube entgegengesetzt, Jahwe eigne das unbedingte Vermögen, was immer er wolle, uneingeschränkt auch zu wirken. Nicht nur im Himmel, sondern auch und gerade auf Erden[216]. Drückt die Frage "Wo ist denn nun ihr Gott?" die Unwirksamkeit (ja, es fehlt nicht viel, die Unwirklichkeit) Jahwes aus, so kontert *v.* 3, aus dem Fundus der Gattung Hymnus schöpfend[217], der Israeliten Gott sei allmächtig, allwirksam (und insofern selbstredend höchst wirklich). - Freilich sei er all dies, indem er "im Himmel" weile. Diese "Ortsbestimmung" hat's in sich: Sie klärt, wo die Wirkmächtigkeit Jahwes gründet. Dort, wo Menschen weder Einblick noch Zugriff haben[218]. Mag ihr Zugriff hienieden - um ein Beispiel zu nennen - Jahwes Tempel auf Zion zerstören, an die Macht des im Himmel thronenden Gottes reicht er dennoch nicht, nicht einmal von Ferne, heran[219]. Mag der Aufruhr der Völker die Erde erschüttern, "der im Himmel Thronende lacht! יוֹשֵׁב בַּשָּׁמַיִם יִשְׂחָק"[220]. Mag's wie

---

213   Wiedergabe im Einklang mit H.-J. Kraus, Psalmen, *BK* XV/2, 5. A. 1978, 960.

214   Siehe oben Anm. 210!

215   Vergleichenswert G. v. Rad, οὐρανός ... B. Altes Testament, in: *ThWNT*, V, 1954, 506.

216   G. v. Rad, a. a. O. 507: "Hat sich in der nachexilischen Zeit die Vorstellung vom Himmel als dem Wohnort Jahves mehr und mehr verfestigt, so verbindet sich mit dieser Anschauung doch fast durchweg der Glaube an das machtvolle Wirken Jahves im Diesseits. Als Beispiel dafür kann Daniel gelten, der den in persischer Zeit aufgekommenen Ausdruck "Gott des Himmels" verwendet und mit ihm doch den Gott bezeugt, der in vollkommener Geschichsmächtigkeit über den Geschicken der Weltreiche waltet und seine diesseitigen Pläne durchsetzt ..." Ohne in der Frage des Zeitansatzes präjudizieren zu wollen, darf vorläufig angemerkt werden, es komme bei cxv, wie später erwiesen wird, nichts anderes als entsprechende Spätdatierung in Betracht. Siehe unten unsere Ziffer 6.3!

217   Siehe etwa Ps. ciii 19 oder cxiii 5a.6b.5b.6a (und dazu H. Bardtke in *BHS*)!

218   1 Tim. vi 16!

219   M. Metzger, Himmlische und irdische Wohnstatt Jahwes, in: *UF* 2, 1970, 151ff.

220   Ps. ii 1-4a. En passant erwähnenswert ist, daß auch hier, entsprechend einleitend, das tadelnd-kopfschüttelnde לָמָה erklingt, ebenjenes "warum" von Ps. cxv 2. Beide Textpassagen stehen sich sichtlich nahe.

immer an der Manifestation der Allmächtigkeit Jahwes im Bereich des
Empirischen fehlen, feststeht das hymnische Dennoch des Glaubens[221]:
"Unser Gott ist im Himmel. Was immer er will, vermag er zu tun." Vom
Himmel her[222] wird sich dieses Gottes Allmacht manifestieren - auch
und gerade auf Erden, in der Welt der noch widerspenstigen Völker!

Ps. cxv 1-3 sucht ihre polemische Frage in einer Art Zangenangriff zu
knacken: *einerseits* durch den flehentlichen Appell an den erdenentrück-
ten Gott, ohne dessen Einschreiten auf Erden die Ehrabschneidung, die
letztlich ihm selbst zusetzt, nicht aus den Feld zu schlagen ist; *andererseits* durch die Vergewissserung auf hymnischer Grundlage, daß Jahwes
Interventionspotential, wiewohl noch verhüllt[223], zur Bereinigung der
jetzigen Situation weit mehr als hinlänglich ist.

Offenkundig ist: der Psalm begnügt sich mit alledem nicht; er führt in
cxv 4-8 - sozusagen komplementär - einen argumentativen Gegenangriff.
Denn nach allem kann füglich in der *umgekehrten* Richtung gefragt
werden; gefragt, wie's denn nun mit der Wirkmächtigkeit auf der *Gegenseite* bestellt sei. Vorausgesetzt ist, daß, was die Völker zu bewirken
vermögen, - analog dem ordo rerum zwischen Israel und seinem Gott -
von der Wirkmächtigkeit der Götter der Völker abhängt. Diese aber ist,
so wird in *vv.* 4-7 bedeutet, gleich Null. Denn die Götter der anderen
Völker sind Nullen und Nichtse. Stillschweigend bestimmender Hintergrund ist, was der Hymnus (wieder der Hymnus!) ansonsten ausspricht:
"alle Götter der Völker sind Nichtse! Jahwe hingegen hat den Himmel
gemacht!", Ps. xcvi 5. Entsprechend ist er ausschließlich[224] allwirk-
mächtiger Gott! Das Bekenntnis, das hier, um im Leben gelebt zu werden, zugrunde liegt, ist "leidenschaftliche Affirmation seiner Gewaltig-
keit"[225]. Ist alles, was zählt und entscheidend ist, in Israels Gott be-

---

[221]   J.P.M. van der Ploeg sieht in der copula zu Beginn von *v.* 3 ein "waw asse-
verativum", *Psalmen*, II, 1974, 276.

[222]   Nicht zuletzt auch vergleichenswert 1 Kön. viii (*v.* 32 etwa u. ö.); Jes. lxiii 15; Ps.
xx 7, cii 20f u. ö. J.A. Soggin, שָׁמַיִם *šamájim* Himmel, in: *THAT*, II, 1976, 969.

[223]   Klgl. iii (40ff)44; Jes. lxiii 19!

[224]   M. Rose, *Der Ausschließlichkeitsanspruch Jahwes*, *BWANT* 106, 1975, 8ff.

[225]   G. van der Leeuw, *Phänomenologie der Religion*, 2. A. 1956, 199.

schlossen[226], so können in der Folge auf der Gegenseite - dort, wo die Völker "nerven" - nur Ohnmacht und Wahn dahintersein; oder anders gesagt, Nichtse und Götzen / Götzenbilder[227].

Wahrscheinlich war's dem Psalmdichter klar, wie (von Vergröberungen, Identifizierungen der Volksfrömmigkeit abgesehen) die nicht-jahweverehrenden Völker ringsum die Götterbilder (-statuen) aufgefaßt haben: als den Gottheiten entsprechend gestaltete Möglichkeiten (Leiber, Körper, Wohnungen sozusagen), welche sie zur Einwohnung einluden[228]. Nur eben - wenn neben Jahwe, dem ausschließlichen Gott, sonst keine wirkmächtigen Gottheiten existieren, wer sollte denn dann in den Götterstatuen der Heiligtümer einwohnen? In der Folge der "monotheistischen" Grundausrichtung der biblischen Israeliten bleibt auf der Gegenseite, im Bereiche der Völker, nichts übrig als - eben *Bilder*[229]. So wertvoll diese stofflich gesehen auch sind, cxv 4a, sie sind und bleiben - unbewohnt, leerstehend - ohnmächtig.

Nichts also steht hinter den "fremden" Völkern; kein gottheitliches Potential; nichts, was zu sehen, zu hören, zu erhören vermöchte; nichts, was zum Einschreiten einen Schritt vor den andern zu setzen fähig sein würde. Ergo sind die Fremdvölker, des entscheidenden Rückhalts bar,

---

[226]   G. van der Leeuw dazu, ebd.: "Wen habe ich im Himmel? und außer dir begehre ich nichts auf Erden", Ps. lxxiii 25.

[227]   W. Baumgartner / J.J. Stamm, *Hebräisches und aramäisches Lexikon zum Alten Testament*, III, 1983, 818. Beachtlich dazuhin O. Eißfeldt, Gott und Götzen im Alten Testament, in: *ThStKr* 103, 1931, 151-160; neuabgedruckt in: *Kleine Schriften*, I, 1962, 266-273.

[228]   Zur Einführung in diesen Sachverhalt am bequemsten K.-H. Bernhardt, Gott und Bild, *ThA* 2, 1956, 28ff. Zur Erläuterung auszugsweise eine altägyptische Passage (aus dem Denkmal memphitischer Theologie) nach vorerwähntem Buch (a. a. O. 28; vergleichenswert aber auch etwa H. Brunner, Grundzüge der altägyptischen Religion, *Grundzüge 50*, 1983, 87 und *ANET*, 2. A. 1955, 5): Er (der als Weltschöpfer gepriesene Ptah) "setzte die Götter auf ihre Kultstätten, er setzte ihre Opfer fest, richtete ihre Heiligtümer ein, er machte ihren Leib so, wie sie's wünschten (machte ihre Körper nach ihren Wünschen). So traten die Götter ein in ihren Leib (ihre Leiber) aus allerlei Holz, allerlei Mineral, allerlei Ton(erden) und allerlei anderen Dingen ..." - Sehr beachtenswert in diesem Zusammenhang auch Th. Jacobsen, The Graven Image, in: P.D. Miller / P.D. Hanson / S.D. McBride, *Ancient Israelite Religion*, FS. f. F.M. Cross, 1987, 15-32!

[229]   Zum Zusammenhang zwischen dem Monotheismus der Jahweverehrer und ihrer (Götzen-)Bilder-Polemik siehe etwa auch H. Haag, Das Bild als Gefahr für den Glauben, in: H. Brunner / R. Kannicht / K. Schwager (Hg.), *Wort und Bild*, 1979, 151ff.153ff!

mit sich und ihren Götzenbildern, den Machwerken ihrer Hände, allein. Sie sind gar, in sich selbst sozusagen, "kurzgeschlossen", so ohnmächtig und nichtig wie ihre Statuen, auf die sie, nichtsnutzigerweise vertrauen. - Nota bene: sie *sind* es schon[230], werden es nicht erst werden. Es sei denn, man denkt an den Erweis mehr im Vordergründigen[231]. Wer auf das, was nicht wirkmächtig wirklich ist, vertraut, ist, solang er's tut, selber ohnmächtig und, im wesentlichen wenigstens, unwirklich, cxv 4b-8.

Schaut man die ersten beiden Segmente, cxv 1-3 und 4-8 zusammen, so kann durchaus der Eindruck entstehen, als würde der Hohn, von den Völkern in der Frage *v.* 2b wider Jahwe aufgebracht, gegen sie, die Urheber, in einer Art Tun-Ergehen-Entsprechung - im Kerne affin - zu- rückgelenkt[232]. Nur eben - dominanter dürfte in den Psalmabschnitten, die sich ja an die Fremdvölker weder stilistisch noch praktisch richten, vielmehr das Jahwevolk angehen, doch wohl die Intention sein, die ange- fochtenen Jahweverehrer - argumentativ und auf jede Weise - wiederauf- zurichten. Ein Teilmoment hierbei ist die Retournierung von Spott und Hohn. Vorrangig ist an der Klärung der Machtverhältnisse, die letztent- scheidend sind, gelegen: Alle Macht ist, wiewohl z. Zt. noch im Himmel verhüllt und auf Erden nicht hinreichend manifestiert, bei Jahwe aus- schließlich und ganz allein! Keine Mächtigkeit, auch nicht die geringste, in den Götzenstatuen der Völker! Kein Grund also, recht bedacht, im Blick auf die renitenten גוים entmutigt zu sein!

Als Dreh- und Angelpunkt muß sich, logischerweise, - im Kontext des Irritiert- und Verzagtseins der Jahweverehrer - die Frage herausschälen, *auf wen das Vertrauen* zu setzen sei. Was wunder, daß im folgenden Text בטח zur Sprache gebracht und sowohl durch Stichwortassoziation an der Umschlagstelle *v.* 8 / *v.* 9 als auch per repetitionem, *vv.* 9-11, hervor-

---

[230]   Im Einklang etwa mit A.F. Kirkpatrick, a. a. O. 684 und A. Weiser, a. a. O. 491.
[231]   Vollends ist es verfehlt, *v.* 8 im Sinne eines Herbeiwünschens (Verwünschens) wiederzugeben (יהיו mit "sie *sollen* werden" o. ä.). Übersetzt wurde so von vielen; siehe etwa H. Gunkel, a. a. O. 496; H.-J. Kraus, a. a. O. 960; O. Loretz, a. a. O. 185. Siehe ferner auch unten S. 99! Die Frage ist nicht ganz unerheblich. Denn Feindseligkeit wider die Fremdvölker könnte eine geringere Rolle spielen als die Auseinandersetzung mit ihrer Religion und Bilderverehrung.
[232]   Vergleichenswert H.D. Preuss, Verspottung fremder Religionen im Alten Testa- ment, *BWANT* 92, 1971, 251.

gehoben wird! Im Gesichtskreis "monotheistischer"[233] Jahweverehrung entscheidet sich alles daran, ob wirklich auch konsequent auf Israels Gott vertraut wird. Wer immer das Vertrauen nicht auf ihn, vielmehr auf die Nichtse der Götzenbilder setzt, ist כְּמוֹהֶם, genauso nichtig wie diese, *v.* 8. Das Volk hingegen, das auf Jahwe vertraut, hat (zusammengesetzt und verfaßt, wie es ist) den allein geschichtsmächtigen Gott für sich, - zu seiner Hilfe, zu seinem Schild, *vv.* 9-11[234].

4.4.   Sind alle Psalmteile - sozusagen im ersten Durchgang - durchgesehen, ist die Aufgabe der Vergleichung mit lxvii umfassender wiederaufzunehmen. Allerdings ist, unumgänglicherweise, zuvor noch eines abzuklären: **die literarkritische Frage**, ob und inwieweit die Teile von cxv zusammengehören - im Sinne literarischer *Integrität*. Die Detailfrage sei dabei ausgeklammert, wo *punktuelle* Erweiterungen anzunehmen sein könnten. Sie sei im Nachgang erörtert[235]. Vorrangig der Klärung bedarf, ob cxv, wie wiederholt behauptet[236], *in Gänze* zusammengesetzt, aus einstmals selbständigen Gedichten addiert oder, im wesentlichen, in *einem* Zug abgefaßt worden ist.

In frischester Erinnerung sind die *vorderen* Psalmpassagen, *vv.* 1-3.4-8. 9-11; sie seien vorab auf Kohärenz untersucht! - Nun ist just hier, im Eingangsbereich, wie ein Keil die These eingeführt, es gehe in Teilen des Psalms, wie schon einmal erwähnt, um die "Beantwortung der Frage nach

---

233   Anm. 225!
234   Details bei diesem Segment, so die Frage, ob vom Vertrauen auf Jahwe perfektisch oder imperativisch gesprochen wird, können zunächst dahingestellt bleiben. - Was diese Frage anlangt, so ist auch klar, daß der Unterschied nicht sehr viel ausmacht. (Bringt das Jahwevolk schon Vertrauen entgegen, so ist gleichwohl im Blick auf den nächsten Moment Vertrauen auch imperativisch anzumahnen. Und umgekehrt: wird es imperativisch zum Vertrauen aufgerufen, so kann dies nicht ohne weiteres bedeuten, es habe es in dieser Hinsicht bis dato fehlen lassen. Hauptsache im vorliegenden Zusammenhang ist, daß auf die Unerläßlichkeit des Momentes Vertrauen nachdrücklich breit und aufgefächert die Aufmerksamkeit gerichtet wird.) - Klar bleibt bei alledem, daß ein textkritisches Problem vorliegt. Seine Lösung ist freilich - ebenso wie die Erörterung anderer Einzelfragen - anderwärts angebrachter als hier.
235   Siehe unten Ziffer 6.7!
236   Behauptet vielmehr als begründet! Siehe einerseits C.A. und E.G. Briggs, A Critical and Exegetical Commentary on the Book of Psalms, II, *ICC*, 1907(.1960), 392ff, andererseits O. Loretz, a. a. O. 183ff!

der Wohnstatt der Gottheit"; und neben ihr wirke das Lied[237] "über die Unfähigkeit der Götzenbilder" "als Fremdkörper"[238]. Klar ist, was dann gefolgert wird: "ursprünglich selbständige Einheiten" seien "zu einer neuen Ganzheit vereinigt" worden[239].

Nicht weniger klar ist jedoch, daß *dagegenzufragen* ist. Zunächst und vorläufig dies: Unterstellt, die Frage "nach der Wohnstatt der Gottheit" sei so dominant wie angenommen, würde wirklich ein Stück wider die Götzenbilder so ganz und gar unverträglich sein? Immerhin, soviel Bildung und Verständnis sind dem Autor, dem Psalmisten, zuzutrauen, daß er um die Vorstellung und Erwartung der גוים gewußt haben kann, da wohnten, in besagten Bildern, in den Statuen der Heiligtümer, Götter (wenn sie es wollten) ein[240]. Hielte sich, adäquat verstanden, dann nicht jene "Frage nach der Wohnstatt der Gottheit", sollte sie überhaupt im Sinne gewesen sein, durch - vom ersten bis hinein in den zweiten Abschnitt, von *vv.* 1-3 bis *vv.* 4-8? Ist nicht, in der Tat, mit der Möglichkeit zu rechnen, es könnte, wie hinter- und untergründig auch immer, eine entsprechende Antithese mit im Spiele gewesen sein? Ungefähr so: Jahwe, unser Gott, wohnt keinem Bilde ein (bei uns gilt apodiktisch Bilderverbot[241])! Er wohnt vielmehr bild-, ja, erdenentrückt im Himmel! Da außer ihm sonst ein Gott nicht ist, kann in Bildern der anderen Völker nicht die mindeste gottheitliche Potenz einwohnen. Leerstehende Wohnstätten also! Machwerke menschlicher Hand! Würde nicht, mehrschichtige Gedankenfülle vorausgesetzt, auch die Argumentationsebene "wo die Gottheit wohnt" *verbindend* sein können? Wie sollte hier Unverträglichkeit anzunehmen sein?

---

[237] Was rechtfertigt eigentlich, so leichthin immer auch gleich vom "Lied" zu sprechen? Nicht alles, was (in mehr oder weniger) gehobener Rede gestaltet ist, ist darum auch gleich gesungen worden! Auch verdient beachtet zu werden, daß Vermerke musikalischer Art, zu entsprechender Vortragsweise, unsrem Psalmtext, auffallenderweise, *nicht* voranstehen!

[238] O. Loretz, a. a. O. 187.

[239] Ders., ebd.

[240] Anm. 228!

[241] H.D. Preuss, a. a. O. 285, hat recht: "Das Bilderverbot des Alten Testaments wird nirgends direkt als Grund der Götzenbildverspottung genannt; es ist jedoch stets eine seiner wesentlichen inneren Voraussetzungen."

Indes, wir lassen's dahingestellt, ob der Wohnstattgedanke[242] anti-
thetisierend im Spiele gewesen ist. Bestimmender und verbindender ist
auf alle Fälle *ein anderer Gegensatz*: Hie exklusive Allmacht, wie ferne
auch noch, wie verhüllt auch immer, *vv.* 1-3! Dort folglich nichts anderes
als Ohnmacht[243], wie konkret und mit Händen zu greifen jene Statuen
auch sind, *vv.* 4-8! *Fazit* kann so gesehen nur sein: beide Abschnitte brau-
chen einander, bilden im Nebeneinander einen schlüssigen Gegensatz,
tragen im Miteinander - tauglich und sachgerecht - die gedankliche Auseinandersetzung "monotheistischer" (Bilder ablehnender) Jahweverehrer
mit den anderen Völkern, welche polytheistisch, ihre Götter in Statuen
/ Bildern verehren. Beide Psalmabschnitte konvergieren in ein und
derselben *Intention*: in der, im Gegenüber zu den Fremdvölkern die wah-
ren, letztentscheidenden Machtverhältnisse zu vergewissern und das ange-
fochtene Jahwevolk zu ermutigen und zu stärken.

Welche andere *Schlußfolgerung* sollte nach allem in literarkritischer
Hinsicht zu ziehen sein, als daß hier ein und dieselbe Absicht geleitet
hat, ein und derselbe Urheber am Werke gewesen ist, also auch, im
großen ganzen zumindest, *einheitlicher* Text vorliegt[244].

Klar kann ferner sein: die Machtverhältnisse zwischen Gott und den
Götzen ist das eine. Wie sich's auf der Ebene der Menschen auswirkt, auf
diese sich überträgt, ist ohne Zweifel das andere. Was bei der Übertra-
gung von der einen auf die andere Ebene die entscheidende Rolle spielt,
ist, *in welcher Beziehung die Menschen vertrauen*. Wie entscheidend בטח
und die Wahl der Beziehung bei diesem Verhalten sind, zeichnet sich
schon am Ende des zweiten Psalmteils (*vv.* 4-8) ab. Vollends kommt's -
entfaltet und aufgefächert und entsprechend eindrucksvoll - im dritten
Textteil (*vv.* 9-11) zur Sprache: Diejenigen, die auf die Nichtse der Götzenbilder vertrauen, *v.* 8, sind in der Folge so ohnmächtig, so nichtig wie
diese. Diejenigen hingegen, die auf Jahwe vertrauen, *v.* 9ff, setzen sich in

---

242   Von Loretz in "spalterischer" Absicht hervorgehoben!
243   Siehe dazu die Psalmkommentierung, nicht zuletzt aber auch K.-H. Bernhardt, a.
a. O. 38f!
244   Wie gesagt: nach dem, was wir punktuelle Erweiterung genannt haben, wird hernach gefragt. Andererseits ist die Kohärenz der gedanklichen Einzelschritte im Bereich von
vv. 1-3 schon in der vorigen Ziffer - 4.3 - hervorgekehrt worden. Gar keine Frage, daß hier
alles *literarisch integer* ist.

Beziehung zu dem, der allein allmächtig ist, - der ihr Beistand und Schild sein kann. Wie es zwischen den Fremdvölkern und dem Jahwevolk letztlich ausgeht, hängt entscheidend davon ab, worauf das Vertrauen hier und dort gesetzt wird. *Literarkritisch* gesehen ist's schwerlich vorstellbar, daß der Gedankengang von *vv.* 1-8 *vor* Erreichen der Vertrauensthematik (anfangsweise in *v.* 8 und hauptsächlich) in *vv.* 9-11 zuende hätte gewesen sein können. Das dritte Segment rund um במח ist nicht bloß unentbehrlich; es ist auch durch die Stichwortassoziation in *v.* 8 / *v.* 9 organisch (nicht etwa sekundär) verbunden. Der literarisch integre Zusammenhang reicht[245] allerwenigstens bis *v.* 11[246].

Bleibt schließlich die Frage, ob der Rest des Textes, vorläufig grob gegriffen *vv.* 12-18, genauso integral dazugehört - oder hinzugefügt worden ist. - Beim Versuch, hierauf Antwort zu geben, ist nicht von den ersten drei Wörtern, *v.* 12a, auszugehen, die in der Tat als gedanklicher Neueinsatz anmuten, aber wohl besser als punktuelle Erweiterung zu erwägen sein werden. Ebensowenig taugt - am anderen Ende - der Ruf הללו יה, *v.* 18c, als Ausgangspunkt literarkritischer Analyse. Denn die Wendung ist, so kurz gefaßt und für sich gebraucht, notorisch redaktionell. - Unsere Frage ist mithin, präziser gefaßt, im Blick auf *vv.* 12b-18b zu verfolgen.

Zunächst unter *3 Aspekten*: 1.) unter dem Blickwinkel, was, relativ zum voraufgehenden Text, *unverträglich* sein könnte, 2.) unter dem Aspekt, was gedanklich *zusammenstimmt* und 3.) unter dem, was sich da, sei's zur Begründung oder sonstwie, wechselseitig *erfordert*.

Was 1) anlangt, so scheint, kurz gesagt, rein gar nichts inkompatibel zu sein. Auch nicht, daß eingangs von den גוים, den fremden Völkern, die Rede ist, *v.* 2, hernach stattdessen von einzelnen Menschen, "toten Leuten" o. ä. Unverträglichkeit liegt da nicht vor. Vielmehr eine Akzentverschiebung. Eine, die sich schon früh anbahnt, bereits in den Sätzen wider

---

[245]   Von der Möglichkeit punktueller Erweiterung zunächst, wie gesagt, noch abgesehen.

[246]   Nicht nachzuvollziehen scheint zu sein, was die beiden Briggs (ebd.; s. Anm. 236!) dazu hat bringen können, zwischen *vv.* 8 und 9 literarkritisch durchzuschneiden. Zielt nicht die ganze Rede *v.* 1ff mit ihrer Konstrastierung "Jahwes Allmacht im Himmel" und "Ohnmacht der Götzenbilder der Völker" von vornherein darauf ab, Vertrauen im Jahwevolk zu seinem Gott zu stärken oder zu wecken?

die Götzenbilder - und da plausibler- und bruchloserweise. Z. T. ist von den *einzelnen* in der Welt der nichtjahweverehrenden Völker die Rede - in *v.* 17 genauso wie in *v.* 8[247].

Unter 2) ist *einiges* anzuführen; u. a., was en passant schon früher[248] eine Rolle gespielt hat: So stimmt gedanklich zusammen, daß *v.* 17 wie *v.* 8 zur Voraussetzung hat, die Menschen, die einzelnen, im Bereiche der גוים hätten mit Bezug auf Gott die verkehrte Wahl und Entscheidung getroffen, hier und dort mit im wesentlichen gleich selbstzerstörerischen Folgen; mit denen, ohnmächtig, ja, nichtig zu sein. Übereinstimmend auch, daß der, für welchen Wahl und Entscheidung hätten eigentlich ausfallen sollen, sowohl hier als auch dort als Gott im Himmel zur Sprache gebracht wird, *v.* 3 und *v.* 16a[249]. Zudem ist hier und dort, in beiden miteinander verglichenen Teilen, ungefähr gleich (freilich nicht gleich explizit) davon die Rede, daß die Menschen der Völkerwelt Jahwe / Jah das abzustatten schuldig bleiben, was ihm zusteht: Im einen Falle כבוד, die Ehre, die Jahwes Namen in allen Landen gebührt und die nun besagter Gott durch die Intervention, um die er angefleht wird, selbst beibringen muß, *vv.* 1a.2. Im andern Fall ist's - wahrlich nicht weit davon! - das Gotteslob, das die Menschen im Bereich der גוים hintanhalten (was das Jahwevolk dazu bringt, sich mit seinem Lob und Lobversprechen in die Bresche zu werfen), *vv.* 17-18b.

Ist all dies zusammengenommen wahrlich nicht wenig Gemeinsamkeit, so kommt unter Umständen noch dazu, daß hier und dort - sozusagen beiderseits der Linie, bis zu der wir vorgerückt sind - vom Jahwevolk in genau derselben Art triadischer Differenziertheit gesprochen wird[250]: "Haus Israels - Haus Aarons - Jahwefürchtige", *vv.* 9-11 zum einen, *vv.* 12b-13a zum andern. - Zwar ist der Einwand denkbar, dieses Maß an Gleichgestaltung könnte ja gerade zur Anbindung eines Appendix aufgeboten worden sein. Nur eben - dies einzuwenden ist kaum am Platz,

---

247   Hierzu auch Anm. 268!

248   Etwa in Anm. 193.

249   Was, nebenbei gesagt, ja auch O. Loretz, der zerstückeln zu müssen meint, zu dem Urteil gebracht hat, *vv.* 3 und 16 gehörten - im komplexen Ps. cxv - ein und demselben literarischen stratum an. A. a. O. 187.

250   Vollends, wenn in *v.* 9a so, wie es sich in *LXX* (Ψ cxiii 17) und in Ps. cxxxv 19a (MT) widerspiegelt, zu lesen sein sollte. Dazu H. Bardtke in *BHS*!

wenn ohnedies mehr Verbindendes als Trennendes vorliegt und für die Annahme literarischer Integrität[251] spricht. Zudem wird selbst dort, wo Neigung zu literarischer Scheidung besteht, der Schnitt nicht zwischen *vv.* 9-11 und 12b-13a geführt, vielmehr die Meinung bevorzugt, beide Abschnitte seien Bestandteile ein und desselben "Wechselgesangs"[252].

Wie es auch mit letzterem (mit Wechselgesang oder Gesang überhaupt) bestellt ist, *festzuhalten* dürfte wohl sein: Sind beide Segmente unzertrennlich und wird das erstere der beiden (*vv.* 9-11, per Stichwortassoziation mit *v.* 8 verbunden) benötigt, um die Argumentation *vv.* 3ff durchs Vertrauensmotiv zum Ziel und zur Abrundung zu bringen[253], so reicht der literarische Zusammenhang zumindest bis zum Schluß von *v.* 13. - Indessen, wie sollte die Rede von Jahwes Segnen, zu welcher - nicht nur im Lichte der Schöpfungserzählung Gen. i 28 - auch die Punkte Vermehrung und Landverleihung gehören[254], hier je geendet haben? Nein, sie, diese Rede, umfängt auch noch in nicht zu bezweifelnder literarischer Kohärenz die Verse 14-16, in welchen - vom Glauben an den Weltschöpfer aus, *v.* 15b - sowohl vom Gesegnetsein der Hörerschaft gesprochen wird (ברוכים אתם), *v.* 15a, als auch von Vermehrung (Generation um Generation), *v.* 14, und von Landvergabe, *v.* 16b. - Ohne weiteres leuchtet schließlich auch ein (und ist schon[255] zur Sprache gekommen), daß die actio dei selbiger Segnung, ברך, nicht ohne entsprechende reactio hominum bleiben kann: nicht ohne Lobpreisung, ברך vonseiten der Menschen, nicht ohne Hymnus im Weltmaßstab. Ebendieser Sachverhalt macht es gewiß, daß cxv - nicht letzten Endes, sondern ab ovo, von vorneherein - der abschließenden Sätze *vv.* 17-18b bedurft hat.

---

[251]   Vorbehaltlich etwaiger Abstriche punktueller Art.

[252]   So O. Loretz, a. a. O. 184ff. Ähnlich Briggs & Briggs, a. a. O. 392ff.

[253]   Zur Erinnerung: ohne jenes בטח in *vv.* (8.)9-11 übertrügen sich nicht die Machtverhältnisse zwischen Gott, dem Alleingewaltigen, und den Götzen auf die Ebene der Verhältnisse Jahwevolk und גוים! Überdies: was könnte schon dafür sprechen, erst abstrakte Texte ("Lieder") über die Fragen "Wohnstatt der Gottheit" respektive Götzenbilder (ohne applicatio, an und für sich) anzunehmen und die Nutzanwendung sekundärer Erweiterung zuzuschreiben? Wer solches postuliert, hat auch die ganze Last, so Unwahrscheinliches wahrscheinlich zu machen, zu tragen!

[254]   Siehe oben Ziffer 4.1!

[255]   In Ziffer 4.1.

Letztlich ist unter 3), dem dritten der o. gen. Aspekte, auch einzu-
sehen, daß alle Erwartungen, Wertungen, Urteile mit Bezug auf die
"fremden" Völker, die dem Psalmtext zugrunde liegen, mit dem Glauben
zusammenhängen, alle Menschen, בני אדם, v. 16b, seien von den "Segnungen" des Schöpfers, עשה שמים וארץ, v. 15b, weltweit bedacht und umfangen. Wäre diese Grundüberzeugung nicht mit im Spiel, hingen Vor-
wurf und Strenge wider die Hymnusverweigerer, vv. 1a.b.2.17, und gegen
die Götzenverehrer, v. 8, im Bereich der גוים in der Luft. Eins beruht auf
dem anderen. Ergo ist wohl zu folgern: das eine ist ohne das andere nicht
abgefaßt worden.

Mithin spricht alles dafür, daß cxv, im großen ganzen[256], *literarisch
integer* ist: Unverträglichkeiten finden sich nicht; nichts strapaziert die
Kohärenz der Gedanken (ad 1). Die Elemente, die den Psalm ausmachen, stimmen, mindestens substantiell zusammen (ad 2). Ja, es läßt sich
gar sagen: die Bestandteile erfordern einander, sind in diesem Sinne
komplementär (ad 3). Das Wenige, was zur Begründung literarkritischer
Aufspaltung bis dato vorgebracht worden ist, überzeugt demgegenüber
nicht[257].

4.5.   Die Einheitlichkeit unsres Psalms, sein gedanklicher Zusammenhang kommen vollends ans Licht, wird cxv - einschließlich nunmehr des
ersten Teils, vv. 1-11 - **von lxvii her gesehen**.

Bereits am Tage ist[258], wie sehr *der zweite Teil*, cxv 12bff, in Grundschritten seines Gedankengangs lxvii korrespondiert. Zur Erinnerung: Da
wird, wie im letztgenannten Psalm, die Gewißheit, von Jahwe gesegnet zu
sein und zu werden, von *einem* Punkte aus abgeleitet: vom glaubensge-
deuteten, glaubensbegriffenen Festpunkt aus, vom Schöpfer der Welt, des
Himmels und der Erde, mit Land (und ipso facto mit Fruchtbarkeit) begabt zu sein. Hierbei wird, signifikanterweise, in cxv 15f wie in lxvii 7 von

---

[256]   Von der Möglichkeit punktueller Erweiterung, wie gesagt, abgesehen.
[257]   Auch nicht das Argument, es seien verschiedene Zeitläufte vorausgesetzt; Briggs
& Briggs, a. a. O. 393. Warum sollte nicht noch in der Zeit, da die Aaroniden die Priesterschaft am zweiten Tempel auf dem Zion ausübten, die Ohnmacht der Götzen(bilder)
(mag sein, herkömmlicherweise) ins Feld geführt worden sein?
[258]   Seit obiger Ziffer 4.2.

der punktuellen, konstatierbaren Gegebenheit dieses Ausgangsdatums per Afformativkonjugation gesprochen (נָתַן heißt's an der einen Stelle, נָתְנָה an der parallelen anderen). Die Bemühungen demgegenüber, die deduzierte Gewißheit, durativ gesegnet zu sein und zu werden, mitzuteilen, ja, einzuhämmern, verschaffen sich, nicht minder bezeichnenderweise, durch (repetiert gebrauchte) Präformativkonjugation adäquaten Ausdruck; in cxv 12b-14 genauso wie in lxvii 2.7b.8a (im erstgenannten Fall יברך - יברך - יברך; im letztgenannten, exakt entsprechend, יברכנו - יברכנו - יברכנו). Nicht die unwichtigste Parallele ist, daß cxv sich so wenig wie lxvii partikularistisch erschöpft - im Genusse der Exklusivgewißheit, daß das Jahwevolk seinerseits und allein gesegnet sei und werde. Solches transzendieren *beide* Psalmen, gleicherweise, entschieden. Sie hegen Erwartungen auch bezüglich der anderen Völker und Menschen. Weshalb diese sehr wohl Grund haben, Jahwe mit zu preisen und ihm die Ehre zu geben. Cxv (1a.b.2.) 16b.17 entspricht lxvii 3ff.

Allerdings, es ist nicht zu verkennen, daß damit die Parallelen, die einfachen, unkomplizierten, *enden*[259] und daß unsere beiden Psalmen *im übrigen divergieren*:

Nach lxvii ist der Beitritt der גוים zur Jahweverehrung, zur Jahwelobpreisung zum Greifen nahe. Zwar haben die Fremdvölker noch immer dazuzulernen: Sie haben an Israels Jetzt-Zustand abzulesen, welche Eigenart Jahwes Weg zum Heil auf Erden auszeichnet, lxvii 2.3. Aber, der entscheidende Anhaltspunkt dazu ist eben schon da. Der Impuls geht von ihm bereits aus. Der Erkenntnisvorgang kann laufen. Universellerer Einsicht in Jahwe Heil steht nichts mehr im Weg. Auch nimmt ja der Hymnus aller גוים auf diesen Gott schon Gestalt an. Gar mit eigenen Begründungssätzen, lxvii 5! Er ist vorwegzunehmen, im Geiste bereits zu vernehmen, lxvii 4-6! Universalvollendung kommt in Sicht, lxvii 8b!

Totaliter aliter, was dazu *in cxv* Gegenstück ist! Nicht nur, daß die einzelnen in der Welt der גוים den Hymnus auf Jahwe verweigern, - daß sie lieber ins Reich des Schweigens absteigen, als den Mund zur Lob-

---

[259]   Von der Tatsache zunächst einmal abgesehen, daß, unschwererweise erkennbar, Aaronitisches hier und dort eine nicht ganz unwesentliche Rolle spielt: einerseits beim vorausgesetzten Verfaßtsein des Jahwevolks, cxv 10.12, andererseits beim vorausgesetzten Segensspruch, lxvii 2.

preisung aufzutun, - daß sie Jahwe die ihm zustehende Ehre vorenthalten; so hartnäckig, daß dieser sie sich selbst beschaffen muß, cxv 1a.b.17! Was die Fremdvölker produzieren, ist - statt Hymnus - Hohn auf diesen Gott. Dies eigentlich unbegreiflicherweise: "Warum sagen die anderen Völker: «Wo ist denn nun ihr Gott?»?", cxv 2. - Prima vista könnte es scheinen, als sei cxv mit alledem weitab von lxvii; so weitab, daß die Idee, diese Psalmen gehörten zusammen, sich zu verflüchtigen droht.

Indessen, beim zweiten Hinsehen ist dem mitnichten so. Denn: was da so drastisch divergiert, rührt von einer einzigen, leicht zu verstehenden Verschiedenheit her, die den Zusammenhang im übrigen nicht zu zerreißen vermag. *Der Differenzpunkt ist:* die allmählich *zu* groß gewordene Enttäuschung über das Verhalten der anderen Völker im Verhältnis zu Israels Gott (und zugleich und im Zusammenhang damit wohl auch - über das Verhalten der Nationen im Verhältnis zueinander). Lxvii dürfte zwar, wie in Schlußbetrachtungen zu diesem Psalm erwogen[260], Spielraum gelassen haben, um mit Enttäuschungen - nachinterpretatorisch - immer wieder mal fertig zu werden. In folgendem Sinn etwa: Wenn, was der Psalmtext sagt, sich nicht in *Kürze* erfüllt, dann wird's halt *länger*fristig gemeint sein; und lxvii erweist sich, mehr als zunächst gedacht, als *Zukunftsankündigung*, als Weissagung quasi-prophetischer Art. Es dürfte so sein, daß der Psalm, im Wandel der Situationen oszillierend zwischen Rezeptionen in kürzer- und längerfristigem Sinn, weiterverwendbar geblieben und tatsächlich auch wieder und wieder rezitiert worden ist. Wäre solches nicht anzunehmen, würde ja auch gar nicht zu verstehen sein, wie und warum er überhaupt weitertradiert werden und erhalten bleiben konnte. - Indessen, soviel diese Einschätzung für sich hat, so plausibel ist's freilich auch, daß *daneben* dann doch irgendwann einmal der Geduldsfaden bezüglich der anderen Völker reißen konnte. Was sie mehr erforderten als Geduld war nachgerade *dezidierte Auseinandersetzung*. Weniger, um sie umkehrwilliger zu machen. (Cxv apostrophiert sie praktisch ja nicht; worauf noch zurückzukommen sein wird.) Nein, vielmehr um des Jahwevolks selber willen. Um dieses - trotz der Renitenz der גוים -

---

[260]   Ziffer 3.8!

reflektiert und argumentativ *gewisser* zu machen. Gewisser in seinem Jah-wevertrauen, im Verständnis der eigenen Lage und Rolle.

Die These nach allem ist: cxv entwickelt sich, so bewegt, von lxvii her, bleibt von Grundgedanken dieses Psalms im eigenen Denken geprägt, geht indessen - jener Auseinanderetzung und Vergewisserung wegen - über diesen Text in folgenden Schritten hinaus:

1.) bleibt - ob der Renitenz der Fremdvölker - nichts anderes übrig, als Bitte und Appell voranzustellen, Jahwe möge, wenn's so verhärtet ist, in neuerlicher Intervention den nötigen Wandel schaffen. Dabei bleibt der Duktus von lxvii her beibehalten: Es geht ganz und gar nicht ums Jah-wevolk, vielmehr darum, daß seinem *Gott*, fälliger-, ja, überfälligerweise, כָּבוֹד, also Ehre und Lob, vonseiten der גוים zuteil wird, *v.* 1a.b.

2.) tritt cxv - in einem weiteren, energischen Schritt - dem "Antihym-nus" im Halbvers 2b, der den גוים zugeschrieben wird, aber auch der An-fechtung und dem Zweifel in Israels Mitte Ausdruck verleiht («Wo ist denn nun ihr Gott?»), mit dem hymnischen Bekenntnis *v.* 3 entgegen: «Unser Gott aber ist im Himmel ...» Will sagen: ... zwar noch nicht em-pirisch manifest, solange Bitte und Appell *v.* 1a.b nicht erhört sind; er ist aber gleichwohl, über jeden Zweifel erhaben, allmächtig («alles, was ihm gefällt, das kann er auch tun»); er ist *nicht*, wie ringsum gehöhnt wird, unwirksam, gar unwirklich. Was an Anfechtung und Zweifel im Jahwe-volk unsicher macht, hat dem hymnischen Zeugnis zu weichen[261]!

3.) sucht cxv - in konvergierender Argumentation - der Verzagtheit vor der Gegenseite, der umgebenden Welt der Völker, die Grundlage zu ent-ziehen: Die Fremdvölker stützen sich ja, monotheistisch zu Ende gedacht, auf *Nichtse*, - nicht, wie sie glauben, auf Götter, sondern lediglich auf Götzenbilder, denen Götter nicht einwohnen, - nicht einwohnen *können*, da außer Jahwe ein Gott gar nicht ist. Warum - so hat Jahwes Volk allen Grund sich klarzumachen - sich vor denen fürchten, die auf Nichtse ver-trauen und in der Folge sich selbst letzten Endes auch als Nichtse er-weisen müssen, *vv.* 4-8[262]?

---

261   Ziffer 4.3! Zur Fundierung im einzelnen noch einmal Anm. 212-223!
262   Ziffer 4.3! Nicht zuletzt die dortigen Anm. 224-229.

4.) zieht cxv eine notwendige, freilich auch ernüchternde Konsequenz -
über lxvii hinaus - oder, besser gesagt, in gewisser Weise *hinter* diesen
Psalm zurück: Er tut's in der Pointe *v.* 17, die von der Einsicht ausgeht,
es habe gar keinen Sinn mehr, auf Teilnahme der anderen Völker an der
Jahwelobpreisung weiterzuwarten. Haben sich die גוים darauf versteift, ihr
Vertrauen verblendeterweise auf Nichtse zu setzen (Machwerke ihrer
Hand, *v.* 4b!), so sind sie, derart fixiert (incurvati in seipsos!), tote Leute.
Sind sie aber dabei, ins Reich des Schweigens abzusteigen, so können sie
- den Bedingungen und Möglichkeiten in der Scheol gemäß, wie traditio-
nell vorausgesetzt[263] - Jahwe unmöglich preisen. Im Blick auf die גוים
ist nachgerade die Feststellung fällig: "Die Toten (die Leichen!) loben
Jah nicht; keiner von denen, die ins Schweigen absteigen!"

5.) ist, wenn dies, frustrierendes Warten beendend, konstatiert werden
muß, auch die andere Konsequenz zu ziehen: Das Jahwevolk muß dann
eben alleine für die geschuldete reactio hominum auf die actio dei schöp-
ferischen Segnens, *v.* 12bff[264], einstehen. Nicht nur für sich selbst,
sondern, in gewisser Weise auch vikariierend, für die anderen lobver-
pflichteten Völker. Das Jahwevolk legt sich - in der Form eines Lob-ge-
lübdes - auf diesen Alleingang fest: "Wir aber[265], was uns (die Angehörigen besagten Volkes) anlangt, preisen Jah; von nun an, immerdar!" *v.*
18a.b. Einerseits schwingt in diesem Wort ein Unterton des Vorwurfs an
die Fremdvölker (bzw. ihre Angehörigen) mit, andererseits zugleich aber
auch das Ja zur neubegriffenen eigenen Rolle.

6.) ist - zunächst einmal *thetisch* hinzubemerkt[266] - in einem gewissen Zusammenhang hiermit eine Weiterentwicklung im Selbstverständnis
und inneren Verfaßtsein des Jahwevolkes vollzogen: Dieses hat, wie in *vv.*
11 und 13a zum Vorschein kommen dürfte, inzwischen in einer anderen,
neuen Weise der Integration von Fremden - von *einzelnen* Fremden, nicht
von Völkern als solchen - Raum gegeben[267]. So ist doch, recht be-

---

263   Anm. 193!
264   Ziffer 4.1!
265   Adversatives Waw!
266   Fundierung dann unter traditionskritischem Aspekt! Siehe unten Ziffer 5.3!
267   Dazu einstweilen A. Bertholet, *Die Stellung der Israeliten und der Juden zu den
Fremden*, 1896, 152ff.174ff.180ff.

dacht, bei aller Enttäuschung über die anderen Völker, ein wichtiger Zug, welcher lxvii durchzieht, modifiziert, noch immer aber mit Zuversicht durchgehalten: In cxv artikuliert sich ein Jahwevolk, das zugenommen hat und zuzunehmen vermag, das *einzelne* aus den גוים aufnimmt, *Individuen,* die sich zu Jahwe zu bekennen bereit sind[268]. Die Erwartung universeller Jahweverehrung und -lobpreisung bricht sich, verglichen mit der in lxvii, noch immer, aber ganz andersgeartete Bahn.

7.) hat cxv - nachdem die Naherwartung erloschen ist und der Weg des Alleingangs des Jahwevolkes weiter erscheint und anficht - die Erfordernis des *Vertrauens* auf Jahwe betonen müssen, *vv.* 9-11. Selbstredend kann's ja nicht reichen, sich argumentativ und polemisch auseinanderzusetzen, so triftig auch, was in *vv.* 3-8 gesagt wird, ist. Erst wenn in praxi gelebtes Vertrauen auf den hinzutritt, der ganz alleine Gott ist, kommen "Hilfe" und "Schild" im Gegenüber zu den höhnenden Völkern zum Tragen.

8.) und letztlich hat cxv das *movens*, welches die Fremden (die fremden Völker) zur Integration in die Jahweverehrung bewegt - oder eigentlich hätte bewegen müssen -, über lxvii hinausentwickelt und neukonzipiert: War's in lxvii die Gabe der Fruchtbarkeit in Gestalt der aktuell vollzogenen Ernte des Landes, die Israel als von Jahwe noch immer gesegnet erweist und es Anhaltspunkt werden läßt für die Jahweerkenntnis der Völker[269], so wird selbiges movens in cxv, vom speziellen Ernteerlebnis abstrahiert und grundsätzlicher aufgefaßt, gleicherweise direkt *sowohl* aufs Jahwevolk *als auch* auf die גוים bezogen - oder eben, genauer genommen und bezeichnenderweise, auf die Menschen(kinder) als solche und allgemein, die Israeliten und die Fremden ununterschieden umfassend. Der Impuls rührt letztlich, in *beiden* Bezügen, direkt davon her, daß der Schöpfer der Welt (des Himmels und der Erde), *v.* 15, הארץ / die Erde / das Land / die Länder den בני־אדם verleiht; keineswegs bloß den Menschen im Jahwevolk, sondern auch und gleicherweise denen im Be-

---

268   Mag sein, es erklärt sich im Lichte der hier vorausgesetzten Wendung der Dinge der bereits registrierte Umstand, daß sich in cxv die Rede von גוים mit der von einzelnen Menschen (בני־אדם in *v.* 16) mischt. (Vgl. auch etwa *vv.* 8.17!) Siehe oben S. 72/73! Siehe überdies unten - S. 88 (nicht zuletzt Anm. 316)!

269   lxvii 7.2.3.8 - in dieser Folge!

reiche der גוים, *v.* 16. Cxv strafft und faßt so zusammen, was lxvii 5.7 verschiedenartig gedacht und zum Ausdruck gebracht hat. Cxv läßt im Schöpfungsakt solcher Landgabe das Geschenk der Fruchtbarkeit und der Segnung, mehr stillschweigend als ausdrücklich, inbegriffen sein[270]. Der Segnung teilhaftig sind so *beiderlei* Menschen: diejenigen, die bereits Jahwe verehren, *und* die abseits verharrenden Fremden. Erstere, welche beim Vortrag von cxv zugegen sind, werden demgemäß auch, unmittelbar voraufgehend, mit בְּרוּכִים אַתֶּם apostrophiert, *v.* 15a. Sie werden hernach - in einer Art Tun-Ergehen-Entsprechung - in der Pflicht gesehen, den, der sie gesegnet hat, "wiederzusegnen", zu preisen (ברך)[271], *v.* 18a.b. Den anderen, die die geschuldete Entsprechung verweigern, die fällige reactio in hartnäckigem Schweigen ersticken, schlägt (der verletzten Pflicht zu entsprechen wegen!) jenes grimmige Wort von den lobunfähigen Leichen entgegen, *v.* 17a.b. Beides muß, da die גוים im großen und ganzen enttäuschen und die Jahweverehrung sich nicht, wie in lxvii erwartet, vollendet, so differenziert angegangen werden. Beides wird aber in cxv, systematischer als in lxvii, von ein und demselben Ausgangsdatum her abgeleitet: vom Gesegnetsein aller Menschen durch den Schöpfer der Welt, vom Begabtsein mit der erschaffenen Erde / den Ländern.

Die Weiterentwicklung über lxvii hinaus, hin zu cxv, hat, *zusammengeschaut*, verschiedentlich abwandeln und ausbauen lassen, gleichwohl aber vom Ausgangspunkt der Entwicklung nicht ganz und gar weggeführt. Von der Grundanlage in lxvii ist *soviel* erhalten und wirksam geblieben, daß festzustellen ist, unsere beiden Psalmen, lxvii und cxv, seien im Sinn eines *Entwicklungszusammenhangs* zueinandergehörig.

---

[270]   Vgl. aber *vv.* 14.15a und siehe noch einmal Ziffer 4.1!
[271]   G. Wehmeier, *Der Segen im Alten Testament*, Diss. Basel 1970, 160f.

5.

WAS IM LICHT DER TRADITIONEN ZU ERKENNEN IST

5.1. Als Ausgangspunkt der Betrachtung unter *traditionskritischem* Gesichtswinkel taugt, was en passant schon[272] zum Vorschein gekommen ist: Als erwiesen darf gelten, daß cxv (nicht nur, aber auch) im Wirkungsbereich der **Priesterschrift** zu Stand und Wesen gekommen ist. Der Psalm setzt in *vv.* 12bff das Syndrom der Gedanken voraus, das in der Schöpfungserzählung von P, speziell in Gen. i 28, klassischen Ausdruck gefunden hat[273]: Der, der die Welt erschafft (synthetisch ausgedrückt "den Himmel und die Erde"[274]), verleiht, in Vollführung seiner Welterschaffung, die erschaffene Erde - das Land / die Länder - den erschaffenen Menschen. Mitnichten bloß denen in Israel[275]. Vielmehr *auch denen außerhalb* des Jahwevolks. Allem also, was Mensch ist. In allen Völkern, universell. - Selbstredend gilt dies entsprechend für die Segnung durch den Schöpfer, die mit der Verleihung der Erde / des Landes / der Länder verbunden ist und auf Fruchtbarkeit und Vermehrung abzielt[276].

Alle hier wohlreflektiert zusammengefügten Gedanken kehren - in auffallend gleichem Syndrom - am Schluß von cxv wieder. Sie liegen den Intentionen zugrunde, welche der Psalm verfolgt. Sie ermöglichen es *einerseits*, unabhängig von Segnungen, die situativ beschieden (oder eben auch *nicht* beschieden, also versagt) sein können, den beim Psalmvortrag präsenten Gliedern des Jahwevolks בְּרוּכִים אַתֶּם לַיהוָה zuzurufen, *v.* 15a[277],

---

[272] In Ziffer 4.1.

[273] Eingerechnet ist, was aus mancherlei Gründen deutlich genug werden wird (ein Zirkelschluß droht also nicht!): Der Psalm ist *nach* der Epoche des babylonischen Exils, in welcher der primäre Bestand von P literarisch verfertigt worden ist, zustande gekommen. Siehe Ziffer 6.3!

[274] Siehe die Über- und Unterschrift der priesterschriftlichen Erzählung in Gen. i 1 und ii 4a!

[275] Ihnen auch, aber eben nicht nur. Siehe in diesem Zusammenhang nochmals Anm. 190!

[276] Anm. 203!

[277] Daß Jahwe der ist, der Himmel und Erde macht und schöpferisch wirkt, wird deutlich genug und bezeichnenderweise in ein und demselben Atemzug ausgesprochen, *v.* 15b! Wer wird dann bezweifeln können, daß Segnung und Gesegnetsein, die hier eine Rolle spielen, als im Kontext der Welterschaffung zustande gekommen verstanden sind?

sie zugleich gewisser zu machen, daß, wie groß auch die Anfechtung ist, Jahwes Segnen ("durativ") währt[278], daß er so auch die Seinen mehrt, *vv.* 12b-14, und daß, ebendarum, Grund genug ist, diesen Gott lobpreisend "wiederzusegnen"[279], *v.* 18a.b. Dasselbe Gedankensyndrom ermöglicht es *andererseits*, auch die Menschen im Bereich der גוים mit zu umfassen, sie im gleichen Obligo sein zu lassen und sie, soweit sie ihrer Verpflichtung nicht nachzukommen bereit sind, kritisch zu behaften, *v.* 17[280]. - Wo anders als in der Schöpfungserzählung von P sind all die Gedanken, die für den Schluß von cxv *"basic"* sind, in gleicher Kohärenz beisammen?[281] In der Tat, es ist am Tag: Gedanken von P her sind bei der Konzeption unseres Psalmes mitbestimmend.

5.2.   Der Eindruck, zu den Voraussetzungen des Psalmes zähle - auch und gerade - die **Priesterschrift**, verstärkt sich weiterhin: bei den Versen 9-10 und 12aβ.b. Beachtenswert ist, daß in beiden Passagen, gleicherweise, von Israel[282] und - wie es scheint, differenzierend, aber sichtlich fest konstelliert - vom *Hause Aarons* die Rede ist. Da die bisherige Textauffassung für die oft anzutreffende Meinung, cxv sei Liturgie, keinen Spielraum läßt[283], erklärt sich jenes Nach- und Nebeneinander (von "Haus Israels" / "Haus Aarons") kaum aus liturgisch-szenischem Gegenüber[284]. Ist's aber anders bedingt, so bleibt alleine die Möglichkeit, in jenem "Doppel" den Hinweis auf die besondere Art des damaligen *Ver-*

---

[278]   Triadisch nach- und eindrücklich (in Präformativkonjugation): "er segnet - segnet - segnet".

[279]   Anm. 271.

[280]   Im Grunde genommen ja auch schon *v.* 2.

[281]   Sicherlich nicht in Ps. cxxxiv. Zwar berührt sich dieses Stück im Psalter in ein paar Punkten mit Ps. cxv. (ברך für die lobpreisende reactio hominum, cxxxiv 1.2 / cxv 18a. ברך auch für die actio dei, cxxxiv 3 / cxv 12bff. עשה שמים וארץ als Umschreibung für den segnenden Gott, cxxxiv 3b / cxv 15b.) Die Berührungspunkte sind aber bei weitem nicht so intensiv wie die Affinitäten zwischen Ps. cxv und P. Immerhin, die Berührung mit cxxxiv verdient im Auge behalten zu werden. Erklärt sie sich nicht durch die Gemeinsamkeit des Haftpunkts Zion?

[282]   Respektive vom Hause Israels. Siehe *v.* 12aβ sowie die textkritische Anm. 9ª (in BHS)! Der hier verbleibenden Frage wird später nachgegangen. Anm. 498.

[283]   Siehe einerseits obige Einführung, andererseits unseren Nachweis gedanklicher Kohärenz!

[284]   Übrigens - mehr nebenbei gesagt: Wer bei jenen "Jahwefürchtigen" von *vv.* 11 und 13a eine *dritte Teil*gruppe anzunehmen für richtig hält, müßte bei *dieser* Art Gegenüber ohnehin Schwierigkeiten haben.

faßtseins des Jahwevolks zu erblicken: Vorausgesetzt ist[285] ein *hiero-kratisch* organisiertes Israel; eine (in gewisser Hinsicht) von Priestern, welche sich genealogisch von Aaron herleiten[286], gelenkte Jahwege-meinde.

Zunächst geht es nicht darum, wann es diese praktisch und faktisch ge-geben hat. Angelegener ist, erst einmal die *Tradition* zu erfragen, die das "Dogma" aufgebracht hat, *legitimer* Priester im Jahwevolk könne nur sein, wer von Aaron sich herzuleiten vermöge. Unstreitig ist, daß dies - die *Priesterschrift* gewesen ist[287]. Die Orientierung von cxv entspricht - bewußt oder unbewußt, in jedem Falle tatsächlich - der von P eröffneten Perspektive, in welcher Priester als rechtmäßig nur, wenn sie zum "Hause Aarons" gehörten, anzuerkennen waren.

Es ist eine Frage für sich, *wann* dieses "Dogma" (diese "Theorie mit programmatischer Intention"[288]) *in praxi* sich Geltung verschafft gehabt hat. Was dies anlangt, so ist von Interesse, daß noch im sekundären Text P[s], in der Erweiterung der Priesterschrift, genauer gesagt, in der von Num. xvi 8-11[289], sich eine "letzte Spur von Widerstand spiegelt"[290]: von Widerstand gegen die ausschließliche Beanspruchung aller priester-lichen Rechte durch und für das "Haus Aarons". Andererseits spricht auch der Umstand, daß der Segen Num. vi 24ff[291], der letztlich (wenig-stens letztlich!) den Aaroniden zugeordnet worden ist[292], erst in *Nach-*

---

[285]   Zumal auch im ganzen Psalm nirgendwo eine Spur auf den König weist! Dieses - auch heute noch - mit F. Baethgen, Die Psalmen, *HK* II 2, 3. A. 1904, 345.

[286]   Das Element בֵּית in der für die Aaroniden gebrauchten Wendung hebt auf die Deszendenz von ein und demselben Ahnherrn ab. Zu Recht hervorgehoben - etwa - von J.P.M. van der Ploeg, *Psalmen*, II, 1974, (276.)277.

[287]   Siehe - etwa, sehr auswahlweise - W.W. Graf Baudissin, *Die Geschichte des alttestamentlichen Priesterthums*, 1889, 22ff; R. de Vaux, *Das Alte Testament und seine Lebensordnungen*, II, 1960.1962, 234ff; A.H.J. Gunneweg, Leviten und Priester. Hauptlinien der Traditionsbildung und Geschichte des israelitisch-jüdischen Kultpersonals, *FRLANT* 89, 1965, 138ff und letzthin A. Cody, Aaron / Aaronitisches Priestertum, I. Im Alten Testament, in: *TRE* I, 1977, 2ff!

[288]   A.H.J. Gunneweg, a. a. O. 146.

[289]   Siehe M. Noth, Das vierte Buch Mose. Numeri, *ATD* 7, 1966, 107ff.110f; N.H. Snaith, Leviticus and Numbers, *NCeB*, 1969.1977, 157! Beachtenswert nicht zuletzt aber auch E. Blum, Studien zur Komposition des Pentateuch, *BZAW* 189, 1990, 263ff.

[290]   A. Cody, a. a. O. 4.

[291]   Siehe oben Anm. 41!

[292]   Bedenkenswert A. Yardeni, Remarks on the priestly blessing on two ancient amulets from Jerusalem, in: *VT* 41, 1991, 176-185. (Allerdings, Ps. lxvii 2 kann als Stütze für die relativ frühe Datierung nach allem nicht in Betracht kommen. Ziffer 3.2. Zu Yardeni, a. a. O. 183.)

trägen zu P[293] Berücksichtigung zu finden vermochte, für die Mühselig-
keit und Dauer des Vorgangs, in welchem der Anspruch des בֵּית אַהֲרֹן sich
durchgesetzt hat. *Fazit* alsdann: Die priesterschriftlich intendierte Ordnung der Dinge, welche in cxv - wohl als fait accompli - vorausgesetzt ist,
dürfte erst eine ganze Weile *nach* P erreicht gewesen sein: Keinesfalls
gleich nach der Verschriftung des primären Bestandes von P; allerfrühe-
stens synchron mit P[s]; eher aber erst nach dem Abschluß der Erweiterung
zum **P-Komplex**. Dies läßt das Datum der Entstehung von cxv nicht in
der Zeit des babylonischen Exils annehmen; wahrscheinlich auch nicht
frühnachexilisch; eher später in der Epoche nach dem Exil[294]: Damals
herrschte - im Juda / Jerusalem der Perserepoche - "bei strenger Aus-
schließlichkeit das Prinzip der Theokratie, organisatorisch dargestellt als
Hierokratie der Priester"[295]. Da war die von P gewollte Konstellation
von Israel und Aarons Haus gelebte Realität. Da hatte, von P her
bestimmt, cxv seinen historischen Ort[296].

5.3.   Beachtet sein will, daß neben יִשְׂרָאֵל (בֵּית) und בֵּית אַהֲרֹן in beiden
genannten Passagen, cxv 9-11 und 12b-13a, eklatant konstant eine *dritte*
Wendung zum Zuge kommt: "(die,) die Jahwe fürchten" / "Jahwefürchtige" / יִרְאֵי יְהוָה. Es geht nicht an, die Trias, die sich ergibt, als wort- und
wiederholungsreich abzutun. Es ist ziemlich sicher: Auch das dritte Element hat seine eigene Bewandtnis. Kehrt es doch, gleich konfiguriert,
auch anderwärts wieder: ohne daß literarische Abhängigkeit[297] im Spiele sein würde, in cxviii 2-4[298].

Steht das Eigengewicht des dritten Elementes außer Frage, so ist doch
noch unentschieden, *was oder wer* mit jenen "Jahwefürchtigen" / יִרְאֵי יְהוָה

---

[293]   M. Noth, a. a. O. 42ff.
[294]   Natürlich führt dies in die Nähe des chronistischen Komplexes. Nichts spricht indessen dafür, in diesem die maßgebende Vorgabe für unseren Psalm zu erblicken. Vergleichenswert A.H.J. Gunneweg, a. a. O. 204ff. Der cxv sicherlich nachgeordnete Psalm cxxxv
könnte eher unter dem Einfluß (auch) chronistischer Sicht entstanden sein. Vgl. cxxxv 19-20
mit cxv 12b-13a! - Zur Nachwirkung des Nebeneinanders von "Israel" und "Aaron" ("zonder
dat 'Levi' wordt vermeld") in Texten aus Qumran: siehe J.P.M. van der Ploeg, a. a. O. 276.
[295]   H. Donner, Geschichte des Volkes Israel und seiner Nachbarn in Grundzügen,
ATD.E 4, 1987, 438. Präzisierungen bei R. Albertz, Religionsgeschichte Israels, *ATD.E.* 8,
dortige Ziffer 5.1.
[296]   Siehe dazu auch unten unsere Ziffer 6.3!
[297]   Der Vorgang des Abschreibens also in der einen oder anderen Relation.
[298]   Da andererseits *Abhängigkeit* zwischen cxxxv und cxv in Betracht zu ziehen sein
dürfte, ist davon abzusehen, die Entsprechung in cxxxv 19f in die Waagschale zu werfen.

in den Blick gefaßt ist[299]. Zwei Auffassungen kommen - mehr als andere[300] - in Betracht: Nach der *einen* der beiden, welche nicht wenige
Psalmenkommentare bestimmt[301], ist[302] mit dem Ausdruck יְרְאֵי יהוה
auf "Proselyten in der nachexilischen Gemeinde" abgehoben. Nach der
anderen Auffassung, welche kaum weniger Anklang gefunden hat, will
diese Wendung gerade nicht differenzieren, sondern, ganz im Gegenteil,
Differenziertes / Differentes zusammenfassen. Sie sei (kultischen, liturgischen Sitz im Leben eingerechnet) Umschreibung "der verschiedenen
Gruppen von Kultteilnehmern"[303].

Sieht's zunächst so aus, als seien diese beiden Einschätzungen, die, wie
gesagt, am meisten für sich haben, in nicht zu versöhnender Weise alter-
nativ, so will's bei genauer Prüfung doch scheinen, als gingen sie - beide
ja nicht so ganz von ungefähr zustande gekommen - in gewisser Weise
besser als gedacht zusammen.

Denn, zunächst ist soviel als harter und echter Kern anzusehen: In
jener Wendung wird - so oder so - "die Zugehörigkeit zu JHWH ausgedrückt"[304]! Sie taugt in diesem Sinne dazu, Israel[305] und seine Priesterschaft, das "Haus Aarons", zusammengefaßt zu umschreiben. Was in
den ersten beiden Teilen der Trias, in cxv 9.10 und 12b.c, unterschieden

---

[299]   Zur Orientierung in dieser Hinsicht: H.-P. Stähli, יָרֵא *jr'* fürchten, in: *THAT* I,
1971, 775 und H.F. Fuhs, יָרֵא *jāre'*, in: *ThWAT* III, 1982, 887f.

[300]   Mehr etwa auch als die Idee, es könnten die Treuen und Frommen innerhalb der
Jahwegemeinde - im Unterschiede zu anderen, "gewöhnlicheren" Gemeindegliedern - anvisiert sein. Kommentierungen in diesem Sinn bei G. Castellino, *Libro dei Salmi*, 1965, 726,
eingehender noch bei G. Ravasi, *Il libro dei Salmi*, III, 1984, 376. Dem Kontext unseres
Psalmes liegt nichts daran, in dieser Art innergemeindlich zu differenzieren - bzw., sollte es
in der Nähe von cxv solcherlei Distinktion bereits gegeben haben (was nicht einfach auszuschließen ist), ihr Raum einzuräumen und Gewicht beizulegen.

[301]   Siehe die Auflistung bei H.F. Fuhs, ebd., angefangen bei Briggs & Briggs, bei
Kittel und Gunkel, endend bei Weiser und Kraus! Außerhalb der Psalmen-Kommentare:
auch etwa M. Löhr, *Der Missionsgedanke im Alten Testament. Ein Beitrag zur alttestamentlichen Religionsgeschichte*, 1896, 33.

[302]   Der These gemäß von A. Bertholet, *Die Stellung der Israeliten und der Juden zu
den Fremden*, 1896, 180ff. Rückorientiert auch an E. Schürer, *Geschichte des jüdischen
Volkes im Zeitalter Jesu Christi*, III, Das Judentum in der Zerstreuung und die jüdische
Literatur, 4. A. 1909, 175ff.

[303]   J. Becker, Gottesfurcht im Alten Testament, *AnBib* 25, 1965, 160. So im wesentlichen auch schon S. Plath, Furcht Gottes, *AzTh* II 2, 1963, 102f. Auch die oben (in Anm.
299) genannten Autoren der einschlägigen Wörterbuchartikel neigen *dieser* Auffassung zu.

[304]   Auf diesen semantischen Kern reduziert - zu Recht - bei H.F. Fuhs, a. a. O. 887.

[305]   Gemeint ist in diesem Zusammenhang höchstwahrscheinlich das Volk abzüglich
der Priester, der Laienstand in Israel.

ins Auge gefaßt wird, gehört - unter dem Gesichtspunkt allseits empfundener Zugehörigkeit zu Jahwe - als יִרְאֵי יְהוָה zusammen.

Gleichwohl braucht jene Wendung sich so noch nicht zu erschöpfen. Sie vermag *mehr* im Sinn gehabt zu haben, als synonym parallelisieren und synthetisieren zu wollen. Sie kann - gerade von ihrer Kernbedeutung "Zugehörigkeit zu Jahwe" her - Offenheit bewahrt haben wollen - *auch* für die Möglichkeit, daß mehr Einzelmenschen, als ethnisch / genealogisch vom selben Ahnherrn und Erzvater her zu Israel (respektive zu Aaron[306]) gehören, sich (mit entsprechenden Konsequenzen) als zu Jahwe gehörig bekennen. Es kann niemand der Meinung sein, diese Möglichkeit habe sich in alttestamentlicher Zeit noch keinesfalls realisiert. Dem stehen - vor allem in Esra vi 21 und Neh. x 29 - eindeutige Texthinweise entgegen[307]. Ergo könnte der Ausdruck יִרְאֵי יְהוָה, im Bilde ineinanderliegender Kreise gesprochen, im inneren, engeren Kreis Israel mitsamt seiner Priesterschaft umfangen und im äußeren, mehr oder weniger weitergreifenden Kreis, Grenzen des Ethnischen und Genealogischen übersteigend, beigetretene nichtisraelitische Jahweverehrer ("Jahwefürchtige"). Orientiert sich dieser terminus, mehr als an anderem, religiös sozusagen, an Jahwezugehörigkeit, dann müßte er solches zu umschreiben ganz ausgesprochen geeignet gewesen sein. Umgekehrt überlegt: welcher andere Ausdruck des Biblisch-Hebräischen sollte nichtisraelitische Jahweverehrer einzubegreifen tauglicher gewesen sein[308]?

Ist soviel *vorab* zu sagen, so ergeben sich - gerade im Gesichtskreis dieser Arbeit - spezifische *Abklärungen*: 1.) aus dem hier eruierten Entwicklungszusammenhang mit lxvii heraus - und 2.) im Lichte jener Tradition, die, wie gezeigt[309], cxv mitbestimmt hat.

Ad 1) Zum Ausgangspunkt besagten *Entwicklungszusammenhangs*, wie er in lxvii vorliegt, gehört in nicht zu übersehender Weise die Naherwartung, alle Völker der Erde, selbst die an der äußersten Peripherie - כָל־אַפְסֵי־אָרֶץ -, seien drauf und dran, Jahwe[310] zu "fürchten", וְיִירְאוּ אֹתוֹ, lxvii 8b. Kann es dann - nach allem, was an Zusammenhängen zwischen

---

306   Anm. 286!
307   Siehe dazu etwa R. Albertz, a. a. O., dortige Ziffer 5.1 sowie Anm. 45!
308   Irgendeine Formulierung in der Art von Esra vi 21 (דרש ליהוה) kann sich kaum sehr viel mehr empfehlen.
309   In den hiesigen Ziffern 5.1 und 5.2.
310   Ziffer 1.2.

lxvii und cxv zum Vorschein gekommen ist[311] - überhaupt noch wundernehmen, daß am Endpunkt der Entwicklung, in cxv, entsprechend modifiziert, das Motiv solcher "Jahwefurcht" wiederkehrt und, sozusagen, mit von der Partie ist? - Allerwenigstens kommt von lxvii 8b her soviel ans Licht, daß der Ausdruck "Jahwe fürchten" auch und gerade *Nicht*israeliten zum Subjekt gehabt haben kann. Also sollte auch nicht mehr bezweifelt werden, daß mit יִרְאֵי יְהוָה in cxv - nicht bloß, aber eben auch - *Nicht*israeliten, sofern sie sich als zu Jahwe gehörig bekannten, mitgemeint und -umschrieben gewesen sein können[312].

Genetisch gesehen führt's freilich über die Behauptung bloßer Möglichkeit hinaus. Denn: sind's am Ausgangspunkt der Entwicklung, in lxvii, die "Enden der Erde", die Völker in toto (neben Israel auch und gerade die גוים als solche und in Gänze), die Jahwe fürchten / fürchten werden, so ist am Ziel der Entwicklungslinie, die zu cxv führt, die diesbezügliche Erwartung frustriert - und so dann auch *modifiziert*: Von den גוים in Gänze ist nun[313] nicht mehr die Rede. Es ist alles *individualisierter* gesehen. Aber auch, so verändert perzipiert, ist festzutellen: Die Einzelmenschen (בני־אדם cxv 16b!) im Bereiche der גוים sind, im großen und ganzen beurteilt, noch immer jahwefern. Sie stellen im wesentlichen die Jah nicht lobenden "toten Leute", cxv 17[314]. Die Glieder des Jahwevolks, deren "wir" im nächstfolgenden Vers verlautet, müssen mit ihrer Jahwelobpreisung - rebus sic stantibus, zugleich für besagte "Tote" - in die Bresche springen. Es entspricht der Tendenz im Kontext von cxv, statt von גוים im ganzen[315] individualisierter von einzelnen Menschen zu reden[316], daß nun auch Jahwes Volk differenzierter zur Sprache kommt: auf der einen Seite als Israel und Aarons Haus, auf der anderen als יראי יהוה. Bedarf's doch jetzt auch der Aufgeschlossenheit dafür, daß

---

311   Ziffer 4.1ff, insbesondere Ziffer 4.5.
312   Nota bene: wir setzen keinesfalls zu der Behauptung an, יִרְאֵי יְהוָה sei (neben גֵּרִים und unter Umständen promiscue verwendbar mit diesem Wort) eine Umschreibung für "Proselyten in der nachexilischen Gemeinde" (Anm. 302.301). Wir treten lediglich dafür ein, daß die Wendung sowohl israelitische als auch nichtisraelitische Jahweverehrer bezeichnet haben kann, Jahweverehrer - ungeachtet ethnischer Unterschiede.
313   Abgesehen vom geprägten "geflügelten Wort" in cxv 2.
314   Mag sein, daß הַמֵּתִם auch einzelne Lobunwillige aus den eigenen (israelitischen) Reihen einbezieht.
315   Anm. 313!
316   Siehe vor allem cxv 8.16b.17! Vgl. auch nochmals Ziffer 4.5 - dort unter 6.) - und Anm. 247.268!

einzelne sich aus den Fremdvölkern separieren und, mit allen Konsequenzen zur Zugehörigkeit zu Jahwe entschlossen, seinem Volke beitreten, jenem weitergreifenden Kreis der יִרְאֵי יהוה, cxv 11.13a. Herauslösungen und Beitritte solcher Art sind, wie gesagt, unbezweifelbar belegt: Esra vi 21 und Neh. x 29 sprechen, unmißverständlicher- und bezeichnenderweise, von כָּל־הַנִּבְדָּל: von all denen, die sich just so separiert haben; herausgelöst, wie die letztgenannte Textstelle sagt, מֵעַמֵּי הָאֲרָצוֹת, "aus den Völkern der Länder", - mit dem Ziele der Hinwendung zu Jahwe und seiner Tora. Ergo weiß wohl cxv - trotz allen Ingrimms und Verdrusses über die massa perditionis[317] in der Welt der גוים - von einer Art Repräsentanz dieser Völker im Jahwe lobenden Volk. Am Zielpunkt jener Entwicklung herrscht mitnichten nur Frustration. Da ist auch die Einsicht aufgebrochen, daß, über ethnische Begrenzungen hinaus, mitten in einem neuverfaßten, neudefinierten Jahwevolk neuartige Ansätze zur universellen Vollendung der Jahweverehrung in Rechnung zu stellen sind. Mithin läßt die Entwicklung - von lxvii zu cxv - die Naherwartung einer Integration "aller Enden der Erde"[318] in die Jahweverehrung / Jahwelobpreisung nicht einfach "ersatzlos" hinter sich. Sie, besagte Erwartung, findet, wie umorientiert auch immer, ein bemerkenswertes Gegenstück.

Ad 2) ist hinzuzubemerken, daß *im Licht der Tradition gesehen*, die, wie verschiedentlich aufgewiesen[319], in cxv vorausgesetzt ist, dies alles nur noch plausibler wird. Denn gerade im **P-Komplex**[320], in der priesterlichen Tradition[321], bricht sich die Überzeugung Bahn, daß es für die Frage, wer zur Jahwegemeinde gehört, entscheidender ist, wer auf demselben Boden lebt, im selben Lande zusammenwohnt, als wer im ethnischen und genealogischen Sinne dazugehört[322]. Nicht etwa der Fremde schlechthin, wohl aber der Fremdling, welcher schon inmitten der Jahwegemeinde *wohnt*, der Schutzbürger also, der גֵּר, kann, wenn er die Tora - und gar die Beschneidung - annimmt, religiös vollgültig integriert wer-

---

317   cxv 17
318   lxvii 8b.
319   In den voraufgehenden Ziffern 5.1 und 5.2.
320   Nicht unnötige Überlegungen zum Literarkritischen bei A. Bertholet, a. a. O. 152f.
321   Anm. 40.
322   "Dieser Begriff, «Gemeinde», ist aus einem genealogischen ein örtlicher geworden." A. Kuenen, *Volksreligion und Weltreligion*, 1883, 183.

den[323]. Mit dieser Überzeugung überschreitet die Priesterschrift "die Grenzlinie zwischen Israel und den Völkern, und sie tut dies mit vollem Bewusstsein"[324]. - Ist der hier angehende Psalm in mehr als einem Element von den Wirkungen der priesterlichen Tradition erfaßt und bestimmt[325], so hat es von vornherein Plausibilität, daß er, im selben Wirkungsbereich, auch von den יהוה יראי so denkt, wie es priesterlichem Denken entspricht: aufgeschlossen nämlich gegenüber den Fremdlingen, die mit den Gliedern der Jahwegemeinde zusammenwohnen und an der Jahweverehrung - gar als Beschnittene - teilnehmen.

Im Rückblick hat es nicht wenig für sich, einen weitgespannten Komplex von P-Gedanken anzunehmen, der, als cxv entstand, *breithin* zum Tragen gekommen ist. Zu besagtem Komplex gehören: die Bezeugung der Erschaffung der Welt, integral der Momente Landvergabe und Mehrungssegnung[326]; inhärent die Grundüberzeugung, daß all dies den Menschen als solchen und insgesamt gilt, mitnichten bloß denen in Israel. Zum nämlichen Komplex gehören, im Duktus hiervon, auch Gedanken zur Integration der גֵרִים in die religiöse Gemeinschaft der Jahweverehrer[327]. Bestandteil des P-Komplexes ist nicht zuletzt auch die Norm, Priester der Jahwegemeinde könnten allein Angehörige des Hauses Aarons sein. Ebendieses Syndrom priesterschriftlicher Gedanken hat den Inhalt von cxv in mehreren Punkten mitbestimmt: Es hat einerseits ein Obligo für alle Menschen, Jahwe zu preisen, begründet und damit zugleich den Grund für Kritik an allen Arten der Verletzung nämlicher Verpflichtung[328] gelegt. Es hat andererseits die Jahwegemeinde ganz neuverfaßt voraussetzen lassen: als - in religiöser Beziehung[329] - vom Hause Aarons gelenkt und als einen zur Integration von nichtisraelitischen Menschen grundsätzlich aufgeschlossenen Kreis, als weiterausgreifende Gemeinschaft derer, die Jahwe fürchten. Der Zusammenhang, der die priesterschriftlichen Gedanken zu einem Ganzen verbindet, ist ein wichtiges Argument dafür, daß jene in P dazugehörende Konzeption, גֵרִים ließen sich, wenn sie wollten, in die Jahwegemeinde einbeziehen, in

---

323   A. Bertholet, a. a. O. 152-175. In jüngerer Zeit beispielsweise R. Martin-Achard, גור *gūr* als Fremdling weilen, in: *THAT* I, 1971, 411f.
324   A. Kuenen, ebd.
325   Anm. 319.
326   Ziffer 4.2 und 5.1!
327   Beachtenswert hierbei noch immer A. Bertholet, a. a. O. 175f.
328   Siehe cxv 2(.4ff) und cxv 17!
329   Anm. 295.

cxv mit zur Wirkung gekommen ist: eben in den Passagen, die das Jahwevolk mit יראי יהוה umschreiben. Ergo wäre im Endeffekt cxv keineswegs
bloß Zeugnis der Frustration in Sachen Naherwartung von lxvii. Unser
Psalm wüßte - trotz der Enttäuschung und in Korrelation mit ihr - auch
von einer neuartigen Chance, zwar nicht Fremdvölker als solche in die
Jahweverehrung einzubeziehen, immerhin aber einzelne Menschen nicht-
israelitischer Provenienz; diese sozusagen als Angeld, als ἀρραβών jener
universellen Vollendung, die lxvii für nahe bevorstehend hielt. Der
Eindruck vertieft sich entschieden: cxv bleibt auch in diesem Punkte
nicht ohne Entsprechung zu lxvii. - Was da entspricht, ist weit weniger
spektakulär als die Vorstellung vom Ausgangspunkt der Entwicklung. Es
ist aber doch ein Weg, wie weit und steinig auch immer, zum selben Ziel:
zu dem allumfassender Jahwelobpreisung.

5.4.   Hat insoweit sich cxv als priesterschriftsnah und von P her beeinflußt erwiesen, so kommt im weiteren, wie inkonsistent auch immer,
andere Einwirkung mit ans Licht: solche von seiten **prophetischer Tradition**. Denn der Bittruf *v.* 1a.b setzt, wie in der Kommentierung öfter
notiert[330], auf ein Jahwewort, das prophetisch vermittelt, verkündigt
und tradiert worden ist: auf Ez. xxxvi 22ff. Was im Eingang unseres
Psalms erfleht wird, ist Punkt für Punkt und im Ganzen des Gedankens
prophetisch ezechielisch konzipiert. Nicht unbedingt schon vom Propheten dieses Namens selbst. Wohl eher durch die von ihm herrührende
"Schule"[331].

Was dem Bittruf, dem Appell, unverwechselbares Profil verleiht, ist die
mitschwingende "Motivation": "Nicht uns, Jahwe, nicht uns, vielmehr
Deinem Namen schaff[332] Ehre!" Letzten Endes geht es gar nicht ums
Jahwevolk[333], sondern um Jahwe selbst, um *seine* Ehre! Genauer gesagt: um die Ehre des Namens, in welchem sich Israels Gott bekannt
gemacht, in gewisser Weise auch exponiert hat; dies nicht zuletzt im
Verhältnis zu den גוים. Was der Bittruf voraussetzt, ist, daß besagter

---

[330]   Beispielsweise von R. Kittel, Die Psalmen, *KAT* XIII, 5. und 6. A., 1929, 365.
Dort rückwärtsgewandte Literaturhinweise.
[331]   Zur Begründung dieser Einschätzung W. Zimmerli, Ezechiel, *BK* XIII/2, 1969,
874.
[332]   Oder, buchstäblicher wiedergegeben: "gib!"
[333]   Erst recht nicht, wenn die Einschätzung richtig ist, daß die folgenden beiden
Wendungen in *v.* 1c sekundär hinzugefügt sind. Siehe einerseits *BHS*, andererseits die
detaillierende Literarkritik, Ziffer 6.7!

Name ent-ehrt ist. Nach dem Kontext zu urteilen dadurch, daß die Fremdvölker - im gegebenen Falle sie - Jahwe verhöhnen, cxv 2. Wie sie dies tun, kennzeichnet das mitfolgende Zitat, welches auf die Ohnmacht, ja, es fehlt nicht viel, auf die Irrealität des Gottes der Israeliten abhebt: "Wo ist denn nun ihr Gott?!" Der Bittruf *v*. 1 zielt darauf ab, daß Jahwe selbst in entscheidender Intervention dieser höhnenden Entehrung ein Ende bereitet, seinen Namen rehabilitiert.

Keine Frage: dieses ganze Gedankensyndrom ist - im wesentlichen - zunächst prophetisch zusammengekommen, war dem Autor von cxv in ezechielischer Überlieferung vorgegeben. Wie weitgehend die Entsprechung ist, braucht nicht umschrieben zu werden; es fällt von selbst ins Auge. - Auch können Zusammenhang und Abhängigkeit nicht durch den Umstand zweifelhaft werden, daß besagtes Syndrom sich in der prophetischen Erstausprägung[334] mit konkreter Verheißung verbindet; mit der Ankündigung - u. a. - der Herausnahme aus den Völkern und der Rückführung in das den Vätern gegebene Land. Klar, daß solche Konkretion der Situationsbedingtheit prophetischer Rede im mesopotamischen Exil zuzuschreiben ist. Klar dementsprechend auch, daß *nach* der Ermöglichung der Repatriierung die Konkretion erledigt gewesen ist. - Andererseits hat die Entehrung des Jahwenamens durch die גוים angehalten; anders munitioniert, mit anderen Ansatz- und Ausgangspunkten; jedoch mit demselben Effekt der Anfechtung der Jahweverehrer. Was könnte nähergelegen haben als der Rekurs auf die Grundzüge des prophetisch vermittelten Jahweworts Ez. xxxvi 22.23? Stand nicht ein Teil, ja, die Vollendung des angekündigten Gotteshandelns zur Rehabilitierung des Jahwenamens noch aus? Was blieb schon andres übrig, als die Resterfüllung der alten Zusage herbeizurufen - im entsprechend akzentuierten psalmischen Wort? "Nicht uns, Jahwe, nicht uns, nein, Deinem Namen schaff Ehre!" Stell die Ehre bei allen גוים wieder her! - Nicht zuletzt auch *diese* Akzentuierung, die der Prophetie Ezechiels eigen ist[335], wird im Eingang des Psalms wiederholt. Es ist um die Rehabilitierung besagten Namens bei allen nicht-jahweverehrenden Völkern zu tun.

---

[334] Ab xxxvi 24.
[335] Vergleichenswert H. Graf Reventlow, Die Völker als Jahwes Zeugen bei Ezechiel, in: *ZAW* 71, 1959, 33-43.

Aus der Vorgabe / Vorlage im Schrifttum Ezechiels erhellt, daß letzthin die Rehabilitierung in gar nichts andrem besteht, als daß diese Völ-
ker *erkennen*, was es heißt, "Ich bin Jahwe", וְיָדְעוּ הַגּוֹיִם כִּי־אֲנִי יְהוָה xxxvi 23b.
Zwar ist in der Psalmaktualisierung des ezechielisch vermittelten Gottes-
worts dieses Ziel nicht ausdrücklich wiedererwähnt. Was nicht bloß an
der zur Kürze anhaltenden psalmischen Sprachart liegt, sondern auch
daran, daß die Zielsetzung alsbald mit dem gegensätzlichen Ist-Zustand
kollidiert: mit der Renitenz der גוים, die die Auseinandersetzung sofort
erzwingt (anfangsweise mit der kritischen Frage "Warum sagen die
Fremdvölker ...?" cxv 2). Es kann aber - just im Licht der hier rezipierten
Ezechieltradition gesehen - nicht fraglich sein, daß, wie latent auch
immer, es cxv ums endliche Jahweerkennen aller Völker / aller Menschen
auf Erden zu tun ist. Es stellt sich heraus: cxv impliziert gleich eingangs
dieselbe Finalität, die auch lxvii durchwaltet (לָדַעַת "auf daß man auf
Erden Deinen Weg erkennt, bei allen Fremdvölkern Dein Heil" lxvii 3).
Einmal mehr treten Affinität, Verwandtschaft und Entsprechung zwischen beiden Psalmen, lxvii und cxv, ans Licht; wie ja auch zu verzeichnen ist, daß beide, affinerweise, - nicht nur, aber eben auch - prophetisch
beeinflußt sind[336]! Cxv setzt lediglich, durch Enttäuschungen hinter
lxvii zurückgeworfen, tiefer ein, holt sich entsprechend die Kraft zum
Aufschwung der Vergewisserung und Auseinandersetzung aus der noch
für gültig gehaltenen unerschöpften Gotteszusage Ez. xxxvi 22f.

5.5.	Auch die Argumentation zur Entlarvung der Ohnmacht der Göt-
zenbilder und derjenigen Menschen in der Welt der גוים, die auf sie ihr
Vertrauen setzen, cxv 4-8, schöpft gedankliche Substanz und Schwung aus
prophetischer Tradition. Aus der, die von Jeremia und, vor allem, von
Deuterojesaja herkommt und in aktualisierender Bearbeitung ihrer Worte Zukunftserwartung bezeugt[337].

---

[336]	Ziffer 2.2 und 2.3! Vergleichenswert nicht zuletzt, was dort mit Bezug auf Ez. xx
12.20 erwogen worden ist! Siehe S. 21/22!
[337]	Keine Frage kann sein, daß diejenigen, denen an Sammlung, Tradierung und
aktualisierender Ausgestaltung der Hinterlassenschaft der Propheten gelegen war, auch
selbst von Zukunftserwartung bestimmt und in ihrer Haltung prophetisch waren. Bedenkenswert dazuhin: "Redaktion" ist in aller Regel mitbestimmt von der Art des durch sie Redi-
gierten, des durch sie bearbeiteten vorgegebenen Guts. O. Plöger spricht von "eschato-
logischen Kreisen", von "Epigonen der prophetischen Bewegung" - in: Theokratie und
Eschatologie, *WMANT* 2, 2. A. 1962, 7.134.140.

Zwar läßt sich nicht verkennen, daß die Auseinandersetzung in unserem Psalmpassus sich in Einzelheiten auch noch mit anderem berührt[338]: insbesondere mit Dtn. iv, genauer gesagt, mit iv 28. Dort werden Götter / Götterbilder gleich oder ähnlich herabgesetzt: zum einen, wortgleich, als Machwerk von Menschenhand (מַעֲשֵׂה יְדֵי אָדָם); zum anderen mit einer z. T. entsprechenden Aufreihung von Umschreibungen völliger Ohnmacht, der Leblosigkeit und Unfähigkeit, irgendetwas zu tun (sie können nicht sehen, nicht hören, nicht essen, nicht riechen, Dtn. iv 28; sie können nicht sprechen, nicht sehen, nicht hören, nicht riechen, nicht tasten, nicht gehen, cxv 5-7). - Ist deshalb Anlaß zu folgern, es bestehe auch in *dieser* Relation ein Zusammenhang?

Ein Zusammenhang, irgendeiner, dürfte in der Tat im Spiele sein! Er läßt sich indes nicht als Abhängigkeit definieren, nicht als Abhängigkeit des einen Textes vom anderen. Dazu sind ebendiese - Dtn. iv und cxv 4-8 - zu different. Geht es letzterem um die Entlarvung der Ohnmacht der Götterbilder der גוים und, in der Folge, der Menschen in deren Bereich, die auf sie vertrauen, zum Behuf der Vergewisserung der Jahweverehrer, so hat jene Dtn-Schicht anderes im Sinn: Ermahnung der Israeliten zum Gebotsgehorsam, Paränese wider Götterbildanfertigung, Verwarnung mit dem, was im Falle des Ungehorsams, aus diesem erwachsend, droht, mit Fluch und "Sanktion", der entsprechenden Gottesstrafe, dann Götterbildern dienen zu müssen; beschämenderweise "Machwerk von Menschenhand", das, ipso facto, nichts sehen, nichts hören, ja, überhaupt nichts kann[339]. Diese Paränese, die bei alledem erlebte Geschichte interpretiert, Geschichte der Israeliten im babylonischen Exil, auch zum Zwecke einer Art Gerichtsdoxologie und Theodizee[340], ist von Grund auf so anders als unser Psalmabschnitt, daß die Annahme literarischer Abhängigkeit (in der einen oder anderen Richtung) oder eines Zusammenhanges traditionsgeschichtlicher Art (im Sinne etwa einer Einwirkung deuteronomisch-deuteronomistischer Tradition auf die Psalmabfassung) schlechterdings nicht in Betracht kommen kann.

---

[338] Es bedarf in diesem Zusammenhang eines Gesamtüberblicks über alttestamentliche Textstücke der Götzenpolemik. Anregend noch immer R.H. Pfeiffer, The Polemic against Idolatry in the Old Testament, in: *JBL* 43, 1924, 229-240.

[339] Natürlich - u. a. - auch das nicht, was von Göttern eigentlich, gerade in der Not, zu erwarten sein sollte: die Not der Verehrer sehen, ihr Flehen hören und - helfen!

[340] Zum besseren Verständnis des Ineinanders der Interessen und Ausrichtungen des selbstredend die Exilszeit voraussetzenden Textes siehe - etwa - G. Braulik, Deuteronomium 1-16,17, *NEB*, 1986, 38ff!

Was in den Texten, den eben verglichenen, gleich oder ähnlich ist, läßt sich eher auf *Wurzelverwandtschaft* zurückführen. Darauf, daß hier wie dort, in cxv und in Dtn. iv, die Sichtweise der Propheten zum Tragen gekommen ist[341]. - Just jetzt ist es geraten, einen anderen sich berührenden Text ins Spiel zu bringen: Jer. x 1-16. Nicht unbedingt in der Meinung, damit bis zum Propheten dieses Namens - in die Jahre vor der Zäsur des Exils - zurückzudringen. Vielmehr ist damit zu rechnen, daß Anhängerschaft des Propheten Jeremia zu Worte gekommen sein könnte. Die bislang noch umstrittene Frage[342] darf im hiesigen Zusammenhang offenbleiben. Wie immer sich's auch verhalten mag, so kommt in der Passage des Jeremiabuchs[343] jedenfalls prophetische Rede zu Gehör, in der sich die erörterten Elemente der Götterbildpolemik *anbahnen*. Sie sind, "jeremianisch" gefaßt, noch nicht so auf den Begriff gebracht und extensiv ausgereizt wie in Dtn. iv 28 und Ps. cxv 4ff. Sie sind, m. a. W. gesagt, mehr *anfangsweise* gestaltet, entsprechend noch einfallsreich bunt, andererseits auch drastisch eindringlich. Was Dtn. iv und unser Psalm terminologisch verdichten[344] bzw. fast pedantisch breit entfalten[345], wird "jeremianisch" (zwar nicht ganz unterminologisch[346], vorherrschend aber) sehr viel freier umschrieben. - Gleichwohl sind die Pointen jener prophetischen Rede im wesentlichen dieselben: Die Götzen / Göt-

---

[341] Der Erklärungsversuch hat insofern Hand und Fuß, als auch Dtn. iv *spät* genug ist. Die in diesem Kapitel zutage liegende Schicht blickt, wie bereits (in der vorigen Anmerkung) ausgeführt, auf die Zeit des babylonischen Exils zurück. Sie ist eher nach- als spätexilisch. Vergleichenswert einerseits iv 27ff, andererseits, sehr selektiv, R.H. Pfeiffer, a. a. O. 235, Anm. 36 (Dtn. iv 15ff = D^s) sowie M. Noth, *Überlieferungsgeschichtliche Studien*, 2. A. 1957, 38f, nicht zuletzt aber auch allerneueste Studien wie - etwa - J. Lust, A. Van Hoonacker and Deuteronomy, in: N. Lohfink (Hg.), Das Deuteronomium: Entstehung, Gestalt und Botschaft, *BEThL* 68, 1985, 15. Dort heißt es mit Bezug auf Dtn. iv 25ff (und xxx 3-4) zu Recht: "Both passages appear to imply a reference to the *diaspora* and even to a return from the *diaspora*. They must be the result of a very late redaction."

[342] Siehe einerseits etwa W. Rudolph, Jeremia, *HAT* I 12, 3. A. 1968, 70ff, andererseits, beispielshalber, für die "Echtheit" eines Kernes fechtend, A. Weiser, Das Buch Jeremia, *ATD* 20/21, 5. A. 1966, 85ff, nicht zuletzt aber auch P.R. Ackroyd, Jeremiah X. 1-16, in: *JThS* 14, 1963, 385-390!

[343] Bei der, ganz nebenbei gesagt, auch Umstellungen der Textteile in Erwägung sind. Siehe W. Rudolph und A. Weiser, je a. a. O.!

[344] H.D. Preuß, Verspottung fremder Religionen im Alten Testament, *BWANT* 92, 1971, 279.

[345] Abgehoben ist einerseits auf den hier wie dort gleich gebrauchten Begriff מַעֲשֵׂה יְדֵי אָדָם, andererseits auf besagte Aufreihungen (sie können nicht ..., sie können nicht ... usf.).

[346] Vgl. z. B. die einleitend verwendete Wendung דֶּרֶךְ הַגּוֹיִם v. 2!

terbilder, erklärtermaßen die der גוים, werden als (kunsthandwerkliche) menschliche Fabrikate, leblos und ohnmächtig, abgetan. - Zwar läßt sich der Jer-Text, zumal wenn er nachjeremianisch sein sollte[347], nicht sonderlich präzise datieren. Soviel ist aber wohl klar und kaum aus den Angeln zu heben: Jer. x 1-16 hat, entwicklungsgeschichtlich gesehen, die Priorität vor Dtn. iv und, erst recht, vor cxv! Ergo ist ebenso klar: die hier verhandelte Art, die Götter und Götterbilder abzutun, bildet sich im Medium prophetischer Rede heraus; nicht in der Geschichtserzählung, nicht in der mit dieser verbundenen Paränese, schon gar nicht im Psalmgedicht. Sie ist in nämliche Sparten, vom Prophetischen ausgehend, eingedrungen. Wobei der Umstand eine vermittelnde, befördernde Rolle gespielt haben dürfte, daß die prophetisch inaugurierte Art, Götterbilder "auseinanderzunehmen" volkstümlich geworden ist[348].

Ist abgeklärt (zunächst an Hand der Jer-Perikope), wie die sich berührenden Texte zusammengehören, so ist nun der Quellbereich, aus dem sich hier alles speist, umfassender einzubeziehen. Vor allem ist wahrzunehmen, daß jene Art prophetischen Polemisierens häufiger und vielfältiger als in Jer im Zweiten Jesajabuch, präziser, im Teil Jes. xl-xlviii[349] anzutreffen ist. Dort aber, bemerkenswerterweise, stets in Zusätzen[350]. Ergo ist (der Sachlage beim Jer-Abschnitt approximativ entsprechend, ja, gar gesicherter als in diesem Fall) die Annahme nicht erlaubt, der Deuterojesaja genannte große Prophet der exilischen Zeit sei selbst und persönlich als Quelle anzusehen. Vielmehr ist's im Anschluß an ihn, nachdeuterojesajanisch in jedem Sinn, zu dieser Art Götterbildbekämpfung gekommen.

Im so umschriebenen Quellbereich[351] werden, *einerseits*, Götter und Götterbilder durch die Apostrophierung der verarbeiteten Materialien, vor allem aber auch von Details der "Bilderfabrikation" drastisch an-

---

[347]   Siehe oben Anm. 342!

[348]   Hierzu noch einmal H.D. Preuß, ebd.

[349]   O. Kaiser, *Einleitung in das Alte Testament*, 5. A. 1984, 273ff.

[350]   Zum Nachweis im einzelnen: einerseits K. Elliger, Deuterojesaja, 1. Teilband Jesaja 40,1 - 45,7, *BK* XI/1-6, (1970-)1978, andererseits H.-J. Hermisson, Deuterojesaja, *BK* XI/ 7-8, 1987.1991; ders., Einheit und Komplexität Deuterojesajas. Probleme der Redaktionsgeschichte von Jes 40-55, in: J. Vermeylen (Hg.), The Book of Isaiah. / Le Livre d'Isaïe. Les oracles et leurs relectures. Unité et complexité de l'ouvrage, *BEThL* 81, 1989, (287-312)292ff.

[351]   Markiert durch die Textstücke Jes. xl 19-20, xli 6-7, xlii 17, xliv 9-20, xlv 16-17.20b, xlvi 5-7, xlviii 5b.

schaulich herabgesetzt. Wer sollte schon so prosaisch-banal Fabriziertes *Jahwe* gleichstellen wollen?! Was zu Jer. x 1ff zu sagen war, ist hier zu wiederholen: *Diese* Art herabzusetzen hat sichtlich Priorität vor dem, was in Ps. cxv 4 auf den Begriff gebracht ist (כֶּסֶף וְזָהָב und, abstrakter noch, מַעֲשֵׂה יְדֵי אָדָם). Wie könnte es strittig sein, wo der Quellort zu dieser Art der Polemik zu suchen ist? *Andererseits* ist in jenen nachdeuterojesajanischen Texten nachdrücklich angesprochen, daß, was derart fabriziert worden ist, der Verehrerschaft gar nichts nützt, Erwartungen von Hilfe und Rettung enttäuscht, ja, enttäuschen *muß* (besonders prononciert in den Zusätzen Jes. xliv 9-20, xlv 20b, xlvi 7b). Was in cxv 5ff implicite ist, verdrängt und verdeckt durch eine gewisse Schwelgerei in der Ausmalung, was die Götterbilder zu tun unfähig sind[352], wird in den prophetischen Kreisen, aus welchen jene Nachträge stammen, entschiedener wahrgenommen, deutlicher ausgedrückt und mit nachdrücklicherer Verve verfolgt. Abermals kann's nicht fraglich sein, wo ursprünglicher, z. T. zumindest auch früher, artikuliert worden ist[353]: bei den Redaktoren prophetischer Provenienz, gewiß nicht beim Autor unseres Psalms!

Beachtung verdient nicht zuletzt, daß in einigen der nachdeuterojesajanischen Texte (unvergleichlich mehr als in der Jer-Parallele!) die Konsequenz des *Scheiterns*, des Beschämtwerdens derer, die Götterbilder verfertigen und auf diese setzen, *mit* zur Sprache gebracht worden ist. Beachtenswert etwa Jes. xliv 9ff, xlv 16f; besonders aber auch - wegen des Gebrauchs des Gedankens und Ausdrucks "sein Vertrauen setzen auf", בטח ב - xlii 17: zurück müssen weichen, / zuschanden werden / diejenigen, die aufs Gottesbild vertrauen, הבטחים בפסל. Wem könnte es hier entgehen, daß unsere Psalmpassage, cxv 8, an nichts so deutlich anklingt wie dieses prophetische Wort im Zweiten Jesajabuch? - Der Eindruck ist nachgerade tief: Nirgendwo im Alten Testament ist cxv 4-8 so weitgehend vorbereitet wie in dieser (von etlichen Händen zustande gebrachten) nachdeuterojesajanischen Bearbeitungsschicht! Ps. cxv schöpft aus prophetischer Tradition, aus der "nach Deuterojesaja".

---

[352] Diese geht in cxv tatsächlich so weit, daß die Pointe des Nicht-*helfen*-Könnens zunächst in den Hintergrund tritt und erst durch den Nachsatz cxv 8 wieder freigelegt wird.
[353] Noch einmal H.D. Preuß, ebd.! (Der Genannte führt allerdings noch auf Deuterojesaja selber zurück. Das schafft dementsprechend sehr weiten Raum fürs relative Datieren. Spielraum hierfür dürfte freilich auch bleiben bei der Annahme redaktioneller Urheberschaft.)

Was die Verwurzelung im Prophetischen bedeutet, ist freilich erst dann abzusehen, wenn mit berücksichtigt wird, daß, was da im einzelnen hinzugefügt worden ist, stets den Anschluß gesucht und gewollt hat - an *ursprüngliche* Verkündigung Deuterojesajas selbst! Nur deshalb ist es uns ja nicht separatim tradiert, weil es sich "vom Meister her", im Anschluß an den Zweiten Jesaja autorisiert hat, aber auch dessen Worte als integral dazugehörend, ja, grundlegend, je vorausgesetzt hat. Polemisiert die Redaktion - um Beispiele anzuführen - in Jes. xli 6-7 mit dem Bilderfabrikationsmotiv, so setzt sie dabei in xli 1ff Wesentliches voraus: u. a. Jahwes Gerichtsrede zum Behufe der Überwindung der גוים mit dem Ziel seiner Anerkennung als des alleine geschichtsmächtigen Gottes. Bekundet prophetische Redaktion in xlii 17 ihre Überzeugung, daß die, die aufs Bild vertrauen, zuschanden werden müssen, so stützt sie sich dabei auf nicht weniger als ein von Deuterojesaja vermitteltes Jahwewort, xlii 16c: "Dieses sind die Dinge, die ich tue und die ich nicht lasse!"[354] Impliziert ist mithin - auch in dem sich anschließenden sekundären Element - die Zukunftserwartung eines sich dynamisch durchsetzenden Gotteshandelns.

Es bedarf keiner weiteren Exempel[355]! Soviel ist klar genug: Rekurriert der Verfasser von cxv (nicht nur auf Ez-Text, sondern auch und in Verbindung damit) auf *diese* Partie prophetischer Tradition, so ist ihm (zumal er ja nicht in historisch-kritischer Methodik geschult worden ist[356]!) Primäres und Sekundäres ununterschieden im Sinn: also eben auch die Erwartung (Deuterojesajas), daß Jahwe, der unvergleichliche Gott, die nicht-jahweverehrenden Völker, גוים, allmächtig-dynamisch überwinden wird.

Zwar ist der Psalmist bei der Geltendmachung dieser Erwartung im Bereich von *vv.* 5-6(.7) sich selbst im Wege gewesen: Dadurch, daß er der Versuchung erliegt, in der volkstümlichen Version jener Bilderverspottung zu schwelgen[357]. Die Wucht, die der prophetischen Überlieferung innewohnt, schlägt dann aber in cxv 8 durch. Mit dem Ergebnis und Ef-

---

[354]   Zu den Einzelheiten: K. Elliger, a. a. O. 253.255.264f.
[355]   Wiewohl noch manches gelesen zu werden verdient - etwa auch Jes. xlv 20b, basierend auf xlv 20a.21ff.
[356]   Vielmehr ist er, wenn die Anspielung erlaubt ist, im "text immanent approach" an das prophetische Erbe herangegangen!
[357]   Dieser Abstrich ist auch dann am Platz, wenn nicht alles im Bereich dieser Verse primär sein sollte (das etwa nicht, was oben eingeklammert erscheint). Dazu unsere detaillierende Literarkritik in Ziffer 6.7!

fekt: so ohnmächtig, null und nichtig wie sie, die Götterbilder der גוים,
sind und werden die sein, die sie hergestellt haben; alle, die auf sie ihr
Vertrauen setzen!

Im Licht der eruierten prophetischen Tradition besehen, wird klar, daß
hier schlechterdings nicht jussivisch übersetzt werden darf (nicht etwa im
Sinne von Wunsch oder von Verwünschung)[358]; vielmehr nur so, wie
es prophetischer Erwartung und Antizipation entspricht. - Wichtiger
noch: es zeichnet sich nachgerade die Länge und Stärke der prophetischen Komponente in cxv ab. Sie erstreckt sich (abgesehen von der Berührung des Verses 13b mit Jes. lx 21f) bis einschließlich cxv 8 und bestimmt so den Psalm kaum minder als die andere Komponente, die der
priesterlichen Tradition.

5.6.   Zur Arrondierung der Traditionskritik ist schließlich die Bemerkung am Platz, es sei über allem, worauf die Aufmerksamkeit gelenkt
worden ist, die Selbstverständlichkeit nicht aus dem Auge verloren, daß
auch "**innerpsalmisch**"[359] Beeinflussung stattgehabt hat: von vorgegebe-
nem Psalmgut ausgehend auf neuentstehenden Text. Just im nächstfolgenden Abschnitt, cxv 9-11, ist ein Exempel für derlei Beeinflussung mit
Händen zu greifen: Der dreimal verlautende nominale Satz, welcher, was
Jahwe für die Seinen bedeutet, hymnisch "beschreibt" (עֶזְרָם וּמָגִנָּם הוּא "*Er*
ist ihnen Hilfe und Schild"), findet sich, eklatant analog, auch anderwärts
im Psalter wieder, zu allem hin in entsprechender Konstellation mit dem
Gedanken des Vertrauens und dem Verbum בטח: in xxxiii 20b.21; mithin
in einem Psalm, der hauptsächlich hymnisch ist[360]. Heißt es hier - in
gleicher Wortwahl und Struktur - "*Er* ist uns Hilfe und Schild עֶזְרֵנוּ
וּמָגִנֵּנוּ הוּא, so ist die Entsprechung *darauf* zurückzuführen, daß es eben die
Vorgabe solcher hymnischen Psalmensprache gegeben hat. Diese hat sich,
einflußreich gängig wie sie war, gerade auch als cxv abgefaßt wurde,
angeboten und geltend gemacht. Begreiflicherweise da, wo es - in der
Zwischenzeit des Harrens auf Jahwes entscheidende Intervention - darum

---

[358]   Anm. 231!

[359]   Eigentlich: "interpsalmisch"

[360]   Er ist, wiewohl er alphabetisierenden Einschlag und am Rande Mischcharakter
aufweist, aufs Ganze gesehen doch Hymnus. Wobei zu explizieren ist, daß auch "Schil-
derungen ... des Vertrauens" in dieser Gattung Platz haben. Vgl. H. Gunkel, Die Psalmen,
HK II 2, 4. A. 1926, 139; ders. / J. Begrich, *Einleitung in die Psalmen*, 1933, 4. A. 1985,
49.54(.399/400)!

ging, das Vertrauen auf diesen im Himmel noch verborgenen Gott, *v.* 3a, zu begründen. Im Zeugnis hymnischer Psalmen bot sich die gemeinsame Grundlage, von der aus dies zu geschehen vermochte, an. - Die Frage, wie sinnvoll es ist, auch mit Bezug auf diese von Tradition zu sprechen, mag, da sich hier traditions- und gattungskritische Aspekte überlappen, dahingestellt bleiben.

6.

WAS IM RÜCKBLICK AM WICHTIGSTEN IST

6.1. Bedenkenswert ist die Krasis der ermittelten **Traditionen,** der beiden, die cxv vor allem bestimmen, der prophetischen einerseits, der priesterlichen andererseits. - Prima vista könnte man meinen, es ließen sich diese beiden so wenig wie Feuer und Wasser zu *einem* Verbund in *einem* Psalm vereinen. Denn: ist es nicht so, daß die prophetische Überlieferung aufs Werden und Vollenden in der Geschichte aus ist, die priesterliche hingegen auf bleibende, zu bewahrende Ordnung? - Indes, beim zweiten Hinschauen stellt sich heraus, daß die involvierten Traditionen, im gegebenen Fall, so konträr und unverbindbar gar nicht sind. - Um bei der *priesterlichen* Überlieferung einzusetzen: Diese ist im Horizont dieser Studie - nicht nur, aber eben auch und nicht zuletzt - in der Gestalt der priesterlichen Geschichtserzählung (P^g) im Spiel[361]. Ebendieser ist es, neuester Einsicht zufolge[362], zwar um die "herrlichen und ruhigen Ordnungsgestalten, die von Gott her vorgesehen sind und herrschen könnten", zu tun. Sie ist dabei sich jedoch bewußt, daß in diesen gar nicht *gelebt* wird. Was P^g ("paradigmatisch") erzählt, setzt entsprechend voraus, "daß die Welt immer wieder aus ihrer Vollgestalt ins Unvollkommene des Werdens zurückfallen kann. Dann müssen die Wege der dynamischen Phase gewissermaßen nochmals gegangen werden". Dies "wird im wesentlichen an Israel exemplifiziert. Die Menschheit hat das, was ihr am Schöpfungsmorgen entworfen wurde, ein wenig revidiert, noch einmal als Aufgabe vor sich. Sie muß in ihre Zahl hineinwachsen, und jedes Volk muß dann das ihm zustehende Land in Besitz nehmen. Das ist ... Dynamik, ist auf eine größere Zukunft hinstrebende

---

361 Siehe Ziffer 5.1!

362 Gedacht ist vor allem an N. Lohfink, Die Priesterschrift und die Geschichte, in: Congress Volume Göttingen 1977, *VT.S* 29, 1978, 189-225. Die unmittelbar folgenden Bezugnahmen a. a. O. 224f.

Geschichte"[363]. - Das Geschichtsverständnis, welches zugrunde liegt, ist gleichwohl nicht eschatologisch zu nennen. Es leistet aber "für das Israel im Exil genau das gleiche wie ein eschatologisch bewegter Prophet: Es gibt ihm Hoffnung"[364]. - Schon in diesem Stadium des Hinschauens liegt hinreichend klar zutage, daß die beiden in cxv zum Tragen gekommenen Traditionen sich keineswegs wie Feuer und Wasser zueinander verhalten, sondern, soweit's um P^g zu tun ist, konvergent erscheinen. Was wunder, daß unser Psalmist aus den beiden Traditionen geschöpft hat! Was wunder, daß die von ihnen emanierenden Einflüsse in cxv *zusammengeflossen* sind.

Ist die zunächst so erstaunliche Krasis plausibilisiert (nicht zuletzt auch zur Verifikation der Ergebnisse dieser Studie), so sei nun zusammengeschaut, was mit dieser Sicht von P^g für cxv und dessen Verständnis gewonnen ist!

Da der Psalm aus der Anfechtung erwachsen ist, die von den Menschen im Bereiche der גוים herrührt, die Jahwe zu preisen sich weigern, ihn vielmehr (im Tenor der Frage *v.* 2) verleumden, sei zunächst in den Blick gefaßt, daß cxv sie, diese Menschen, gleichwohl und bewußt durch *Schöpfungsordnung* bestimmt sein läßt. Der Autor des Psalms rekurriert in der Sache[365] auf die priesterliche Schöpfungserzählung, vertritt *ihre* Konzeption, daß, was Gott "am Schöpfungsmorgen" entworfen hat, *eigentlich*[366] gilt und gültig bleibt, wie Menschen sich auch dazu verhalten. Auch die, die Jahwe - renitent und notorisch - *nicht* verehren, bleiben von den Intentionen des Schöpfers der Welt umfangen: Er, der עשׂה שׁמים וארץ, hat ihnen allen, den בני־אדם, keineswegs bloß seinen Israeliten, die Erde, das Land gegeben (*vv.* 15b.16). Keine Frage, daß diese Gabe verpflichtet. Auch wenn sich da Menschen der Verpflichtung zu entziehen trachten. - So hat es P^g gesehen. So sieht es entsprechend auch cxv. - Man wird einen Augenblick lang die Aufmerksamkeit auch darauf lenken dürfen, daß die priesterliche Erzählung noch eine andere Ordnung, die des Sabbattages, die der nachexilischen Jahwegemeinde so wichtig war, in

---

363   Bis hierher immer noch mit Lohfink - a. a. O. 223.
364   Lohfink, a. a. O. 224.
365   Nicht im selben Maß in der Wortwahl seiner Sprache. Abhängigkeit von schriftlicher Vorlage braucht nach Lage der Dinge ohnehin nicht angenommen zu werden.
366   "In unsere Kategorien übersetzt" - O. Kaiser, Der Mensch, Gottes Ebenbild und Statthalter auf Erden, in: *NZSTh* 33, 1991, 108.

den Weltschöpfungskontext[367] eingebracht hat[368]. Ganz zweifellos in der Absicht, diese Ordnung auf die Welt, die Menschheit in toto zu beziehen; sie nicht bloß Sondergut derer sein zu lassen, die sie zu observieren bereit sind. Das Exempel[369] zeigt, daß die priesterliche Tradition in P^g Schöpfungsordnungen meint, die - eigentlich -, als Gabe *und* als Aufgabe, *alles*, was Mensch ist, angehen. - Just von dieser Sicht der Dinge ist cxv geleitet. Unser Psalm verficht sie, in der Lust zur Polemik über P^g sichtlich hinausgehend, so, daß er die Spannung zwischen dem Verpflichtetsein und Schuldigbleiben der Menschen spürbarer werden läßt, daß er aus ihr den Funken für sein flammendes Urteil schlägt: *Tot* sind die, die Jahwe nicht loben (*v.* 17), die ihn, als wäre er irreal, denunzieren (*v.* 2) und die ihr Vertrauen nicht auf ihn, sondern auf so skurrile Machwerke menschlicher Hände setzen (*vv.* 4-8)!

Andererseits schöpft cxv im Blick auf die Glieder des Jahwevolks aus genau derselben Tradition: aus der priesterlichen, insoweit sie die Schöpfungsordnung bezeugt. Auch ihnen, den Jahweverehrern, hat Gott, der עֹשֵׂה שָׁמַיִם וָאָרֶץ, Erde und Land gegeben; zugleich indes, im selben Schöpfungsakte, *auch* - wie unser Psalm, P^g entsprechend, in diesem Fall expliziert - den *Segen zur Mehrung*, zur Volkreichwerdung, ohne welche es Inbesitznahme des Landes gar nicht gibt. Ebendiese ist vom Jahwevolk jener Epoche, in der die Aaroniden das Priestertum (exklusiv) innehaben (*vv.* 10a.12b), z. T. zumindest[370], *abermals*[371] vollzogen gewesen. Um so gewisser hat das Jahwevolk sein können, daß, weil's in der Schöpfungsordnung integral dazugehört, sein Gott *auch segnet*. Das triadisch verlautende יְבָרֵךְ (*vv.* 12aβ-13a) artikuliert dementsprechend nicht etwa Segens*wunsch*, sondern (indikativisch-durativisch) Segens*verwirklichung*. Weil diese vorausgesetzt werden kann (vollends nach der Erfahrung teilweiser Repatriierung[372]), lassen sich die Jahweverehrer, die dem Vortrag unseres Psalmes lauschen, als schon Gesegnete apostrophieren. Sie haben's so nicht mehr nötig, nach neuerlichen Segenserweisen Ausschau

---

[367]   Eine andersartige Disposition des Stoffes überlagernd.

[368]   In Gen. ii 1-3.

[369]   Dem anderes mehr zur Seite zu stellen sein würde. Siehe O. Plöger, a. a. O. 43!

[370]   In den Teilrückwanderungen der frühnachexilischen Dezennien. Im einzelnen dazu etwa H. Donner, a. a. O. 411f.

[371]   Nach dem Zurückfallen ins Unvollkommene - um es im Anschluß an N. Lohfink (a. a. O. 224) zu formulieren.

[372]   Wie gesagt, die Erwähnung der Aaroniden läßt an die *nach*exilische Ära denken.

zu halten. Auf Grund der in Kraft befindlichen Schöpfungsordnung läßt sich denjenigen, die zugegen sind, zurufen: ברוכים אתם. Ebendies gilt, wie bezeichnenderweise hinzubemerkt wird, ליהוה עשה שמים וארץ, *v.* 15. *Hier* ist der verläßliche Festpunkt umschrieben, auf dem die Anfechtung durchzustehen, von dem aus sie wegzubekommen ist. *Hier* ist, um in anderer Metapher weiterzureden, zugleich der Kraftquell für jene Mehrung erschlossen, von welcher die Inbesitznahme des Landes, die Vollendung derselben, abhängig ist. An der Breite, die das Motiv der Mehrung einnimmt, ist in diesem Zusammenhang abzulesen, daß da diesbezüglich noch ein Defizit gewesen ist, - der Rest sozusagen eines jener "Wege der dynamischen Phase". Daraufhin ergeht, wie es scheint, der Zuspruch *v.* 14: "Es mehrt Euch Jahwe[373]; euch und eure Kinder"; das Jahwevolk jetzt und (weil das hier vorausgesetzte Defizit nicht ganz so geringfügig ist) auch das der nachwachsenden Generation(en)!

Wer dem Autor des Psalms bei seinen priesterlichen Schöpfungsgedanken folgt, der kann (aus *vv.* 12aβ-16) *soviel* des Zuspruchs vernehmen, daß er - zumal im Gegenüber von solchen Menschen, die *eigentlich* "tote Leute" sind - schlechterdings keinen Grund mehr haben kann, von der Fahne zu gehen. - Läßt sich nicht, einmal mehr, resümieren, es fange auch cxv im Licht der Überlieferung an, mit eindrucksvollerem Zeugnis aufzublitzen?

Das Licht ist ja aber nicht nur von P[g] ausgegangen. Der Psalmist hat nicht durch die Brille literarkritischen Wissens gesehen und, analysierend, unterschiedliche Strahlen erblickt. Zwar hat er sich faktisch hauptsächlich vom Licht erhellen lassen, das im Schöpfungszeugnis von P[g] seinen Ursprung hat. Aber, er hat's ohne Frage als Teil im breiteren Lichtschein empfangen, welcher vom P-*Komplex* im ganzen ausgeht. Er hat so, "unsortiert", *auch* unter der Wirkung dessen gestanden, was von P[s], sekundären Partien in P, emaniert. - So erschien ihm wohl das, was in jenen Tagen Gegebenheit war, als von seiner Tradition gerechtfertigt und gedeckt: der Umstand nämlich, daß "Aarons Haus" das Priestertum ausschließlich beansprucht hat (*vv.* 10a.12b). Hatte nicht, was dies legitimieren konnte, Aufnahme und Anerkennung im P-Komplex gefunden[374]? - War nicht entsprechend - in P[s] - der Boden bereitet, auf dem der Psalmist seine Konzeption von Jahwevolk / Jahwegemeinde zu vertre-

---

373 Nur יֹסֵף, nicht aber יֹסֶף, entspricht der von P[g] herrührenden Konzeption!
374 Ziffer 5.2!

ten imstande war? Unbestreitbar war hier, in Texten des P-Komplexes, die im großen ganzen noch heute späteren Schichten zugezählt werden[375], der entscheidende erste Durchbruch zu einem neuen Verständnis von Jahwes Volk erzielt, das dem Ethnischen nicht länger verhaftet blieb, vielmehr, wenn auch nur anfangsweise, den Beitritt von Fremden (von solchen, die schon inmitten der Gemeinde wohnen) ermöglichte[376]. War nicht unser Psalmist - im Lichte dieser priesterlichen Tradition - in den Stand gesetzt, seine Konzeption von einer grundsätzlich offeneren, integrationsbereiten Gemeinde der Jahwefürchtigen einzubringen? - Und, wenn er so neu das Jahwevolk aufgefaßt hat, war dann nicht auch sein Verdikt wider die "toten Leute" von anderer Qualität? Es wäre ja nicht mehr das Nein zu den גוים, den Jahwe fremden Völkern als solchen und en bloc, vielmehr nur Nein zu denen, die immer noch nicht zur Um- und Hinkehr zu Jahwe und seiner Lobpreisung fähig und willens waren. Die Fronten verliefen nicht mehr am Völkischen ausgerichtet, sondern, je nach dem Verhalten zu Jahwe, individualisiert. Der kritische Auftakt zum Gerede der Völker (v. 2) repräsentiert zwar noch, sozusagen rudimentär, die herkömmliche Sicht der Dinge. In der Tat löst diese sich aber, wie verschiedentlich festgehalten, schon im Abschnitt vv. 4ff zugunsten individualisierterer Betrachtung auf. - Zeigte sich hier nicht ein weiteres Mal - im Lichte der Tradition, im gegebenen Falle der von P[s] -, daß in cxv mehr steckt, als herkömmlich entdeckt worden ist?

Last but not least hat sich unser Psalmist von Momenten *prophetischer* Überlieferung mitreißen lassen[377]. Es ging ihm - auch beim neuen individualisierten Frontverlauf - zuwenig, bei weitem zuwenig, in Richtung Beitritt zur Jahwegemeinde voran. Da war zuviel Resistenz, zuviel Renitenz bei denen, die Jahwe noch immer nicht lobten. - Zwar war da, von der priesterlichen Schöpfungserzählung her gesehen, die Spannung zwischen Ideal- und Ist-Zustand, zwischen dem, wie's der Schöpfer der Welt intendierte, und dem, wie's derzeit noch war, mit Händen zu greifen. Aber, aus dieser Spannung erwuchs nicht genug Bewegung. Die nochmals

---

[375] Auflistung bei A. Bertholet, a. a. O. 152f. Zur besonders bedeutsamen Stelle Ex. xii 48f siehe etwa M. Noth, Das zweite Buch Mose. Exodus, *ATD* 5, 2. A. 1961, 72.78f, nicht zuletzt aber auch (mehr indirekterweise) K. Elliger, Sinn und Ursprung der priesterlichen Geschichtserzählung, 1952, in: Kleine Schriften ..., *TB* 32, 1966, 174.

[376] A. Bertholet, a. a. O. 152-176. Siehe im übrigen Ziffer 5.3!

[377] Ziffer 5.4 und 5.5.

zu gehenden "Wege der dynamischen Phase"[378] vermochten's (trotz "paradigmatischen Erzählens" von P^g) zuwenig, Bewegung zu ihrer Durchschreitung auf sich zu ziehen. O daß da doch Jahwe dazwischenführe und selbst in Bewegung versetzte! Der Dichter des Psalms ließ sich (zugleich und ganz unbeschadet seiner Schöpfungsgedanken) von *eschatologischer Erwartung* ergreifen: Daß da doch endlich, der Kritik und Erwartung im prophetischen Schrifttum entsprechend, die unsäglich törichte Selbstblockade der Nicht-Jahweverehrer durch Bilderdienst ein Ende fände (*vv.* 4ff)! Daß da doch bald - entscheidender, kardinaler in jeder Hinsicht - Gott selbst das gäbe und zur endgültigen Durchsetzung brächte, was ihm und der Ehre seines Namens gebührt (*v.* 1a.b)!

Nicht daß der Psalmist, gar ad hoc, die Glut der Erwartung von sich aus entfacht haben könnte. Dergleichen vorauszusetzen ginge an der Natur der Sache vorbei. Es bleibt kaum anderes anzunehmen, als daß zu der Zeit, da cxv entstand, ein Wetterleuchten von Zukunftserwartung den stetigeren Lichtschein durchpulste, der seinerseits in der Überlieferung der Priesterschrift Quelle und Ursprung hatte.

Die Analyse wäre nicht komplett, geriete uns aus dem Blick, daß, zu allem hin, ein zusätzlicher Lichtstrahl eigener Art eingemengt worden ist[379]: Einer, der, im wesentlichen, aus Israels Hymnen stammt und innerpsalmisch übermittelt worden ist. Einer, der die gemeindliche Erfahrung einbringt, Jahwe sei den Seinen "Hilfe und Schild", verdiene so ihr Vertrauen.

Resümee kann schließlich nur sein: In cxv ist Licht, wo immer es zu entdecken - oder auch erst zu entzünden gewesen ist, resorbiert und gebündelt. Dies in der *Intention*, mit der Düsternis der Lage fertig zu werden; ohne Bild gesprochen, mit der Anfechtung, die bedrohlich erschienen sein muß. Ließ sie sich nicht - gerade und am ehesten in *dieser* Bündelung der Strahlen - auflösen und überwinden?

6.2. Wer nachvollzieht, wie diese und jene Tradition auf die Konzeption unseres Psalmes eingewirkt hat, könnte die Chance wittern, es lasse sich von da aus womöglich auf den **Autor** und seinen Stand schließen. Denn: ist da einer am Werk gewesen, der den Einfluß priesterlicher Überlieferung verinnerlicht hatte, liegt dann nicht nahe zu folgern, er könnte am

---

[378]   N. Lohfink, a. a. O. 224.
[379]   Ziffer 5.6.

Ende selbst Priester gewesen sein? Ist's einem angelegen gewesen, dem
Priestertum Aarons Erwähnung zu tun - gründlich und grundlegend und
zwiefach -, so könnte dies vielleicht ja nicht bloß Gegebenheiten widerspiegeln, sondern auch - Standesbewußtsein. Andererseits: ist der Verfasser von cxv zugleich Erwartungen und Vorstellungen prophetischer Tradition und Herkunft zugänglich gewesen, so könnte sich dies synthetisieren lassen: Ist's nicht überliefert, daß die Hinkehr zum Prophetischen von
Priesterfamilien oder - eventuell gar - vom Priesteramt aus erfolgt ist
(מן־הכהנים[380])? Sind Standesgrenzen so fließend gewesen[381], so ließe
sich's auch im Falle unsres Psalmverfassers erwägen, ob er nicht Priester
mit Neigung zum Prophetischen gewesen sein könnte. Wer den Ansatz
für richtig hält, Psalmen, die gemeindegottesdienstlich abgestellt waren,
würden "ausschließlich im Kreis der Priester und Tempelsänger entstanden sein"[382], müßte sich für diese Erwägung erwärmen können. - Indessen, just dieser Ansatz ist fraglich. Denn: kommen Priester (mit sonst ja
ganz anderen Zuständigkeiten!) für die Abfassung von Psalmen überhaupt in Frage? Nur, wenn dies, wenigstens ausnahmsweise, als möglich
zu erachten wäre, würde unsere Erwägung Gewicht haben können. An-
dernfalls hat der Gedanke an einen Tempelsänger wahrscheinlich mehr
für sich[383]; zumal im vorliegenden Falle klar genug ist, daß "private"
Psalmdichtung nicht im Spiele sein kann. Cxv hat - mit der Apostrophe
ברוכים אתם und dem alles umfassenden Wir-Stil[384] - die gottesdienstliche Gemeinde vor sich und praktisch zum Adressaten. Auch kann kein
Zweifel sein, daß der Psalm schon von vornherein auf den Zion gehört
hat[385]. Demgemäß ist sein Verfasser im dortigen Tempelpersonal zu
suchen. Wahrscheinlich in einer der Sängergilden. Warum sollte nicht
auch einer ihrer Angehörigen mit dem priesterschriftlichen Komplex[386]
und Überlieferungsgut der Prophetenbücher intensiv genug vertraut ge-

---

[380]   Jer. i 1. Vgl. Ez. i 3! Dazu W. Zimmerli, Ezechiel, *BK* XIII/1, 1969, 24*.38f. Vgl.
nicht zuletzt auch Neh. xii 16 (Esra v 1, vi 14) im Rahmen der Liste Neh. xii 12ff!
[381]   S. Mowinckel, Psalms and Wisdom, in: M. Noth / D. Winton Thomas (Hg.), Wisdom in Israel and in the Ancient Near East, FS. f. H.H. Rowley, *VT.S* 3, 1960, 206.
[382]   H.-J. Kraus, Psalmen, *BK* XV/1, 5. A. 1978, 75.
[383]   Im wesentlichen mit S. Mowinckel, *Psalmenstudien. VI. Die Psalmendichter*, 2. A.
1961, 37ff.
[384]   Ausgeprägt in der Anfangs- und Schlußzeile des Primärbestands.
[385]   Dies macht schon allein die Bezugnahme aufs dominant gewordene Haus Aarons
gewiß.
[386]   In welchem nachtragsweise Aaronitisches berücksichtigt worden ist. Anm. 293.

wesen sein? - Gleichwohl: ein Quentchen von Unwägbarkeit, das nach allem bleibt, ist aus der Waagschale nicht wegzukriegen. Es dürfte indessen folgenlos sein.

6.3. Was den **historischen Ort,** den Zeitansatz bei cxv anlangt[387], so lassen sich wohl - wie's öfter der Fall, aber nicht die Regel ist - aus den Ergebnissen der Traditionskritik Schlüsse ziehen. Jedoch, dieses Umwegsverfahrens bedarf's hier nicht. Der Text unseres Psalms enthält einen *direkteren* Anhaltspunkt (wenigstens einen; hypothetisch bedingte gar mehr). Was traditionsgeschichtlich deduziert werden kann, erlaubt, mehr im nachhinein, Verifikation.

Mit Händen zu greifen ist, daß cxv *erst* entstanden sein kann, nachdem das Jahwevolk im Süden Palästinas (nach dem Verlust von Königtum und Eigenstaatlichkeit[388]) neuverfaßt und -organisiert gewesen ist: wie aus *vv.* 9-10 und 12aβ.b hervorgeht, hierokratisch[389]; wobei "Aarons Haus" das Priestertum exklusiv innehat[390]. Letzteres ist so selbstverständlich vorausgesetzt, daß Widerstreben und Schwierigkeiten, die's da mal gegeben hatte und die sich noch in letzten Spuren in Pˢ widerspiegeln[391], gründlich vergessen sein müssen. Allein schon diese Überlegung führt von den Anfängen der nachexilischen Ära weg und tiefer hinein ins 5. Jh. v. Chr. Cxv kann kaum *vor* der Mitte des 5. Jh. entstanden sein. Auch wird man mit der Vermutung nicht fehlgehen können, es habe, um die neue Verfaßtheit des Jahwevolkes hinlänglich zu stabilisieren, auch noch der Restauration Nehemias und Esras bedurft. Dieser Eindruck bestätigte die Mitte des 5. Jh. als *terminus post quem,* ließe gar in die Dezennien danach heruntergehen.

Kaum nötig ist's, den *bedingteren* Anhaltspunkt im Psalm *mit* ins Kalkül zu ziehen: die mit der Nennung des Hauses Aarons verbundene Erwähnung des Kreises derer, die Jahwe fürchten, יִרְאֵי יְהוָה (*vv.* 11a. 13a)[392]. Unterstellt man die Richtigkeit der entwickelten Textauffassung, so wäre der Durchbruch zu einem vom Ethnischen abgelösten

---

[387]   Zum Haftpunkt, zum Regionalen ist schon das Nötige und Mögliche gesagt.

[388]   Argumentum e silentio: Königtum und König sind im Psalmtext nicht im mindesten erwähnt. Anm. 285.

[389]   Anm. 295.

[390]   Ziffer 5.2.

[391]   Anm. 289.290.293!

[392]   Ziffer 5.3.

neuen Gemeindeverständnis als *vollzogen* vorausgesetzt. Die Anfänge des Durchbruchs sind indessen (wieder) erst in P^s festzumachen. Dies würde einmal mehr auf die Mitte des 5. Jh. als *obere Zeitgrenze* hinauslaufen und, wenn's denn überhaupt der Erhärtung bedürfte, bestätigen: Frühestens in der *2. Hälfte* dieses Jahrhunderts kann unser Psalm verfaßt worden sein[393].

Chancen, eine *untere Zeitgrenze* abzustecken, fehlen nicht etwa ganz. Sie sind aber karg und nicht so ganz leicht zu nutzen. - Am besten könnte es sein, von "unten", dem Ende der alttestamentlichen Zeit, dem Schlußpunkt, nach welchem literargeschichtlich nichts mehr ging, sich schrittweise nach "oben" zu tasten.

Zunächst einmal sicher ist, daß *vor* diesem Ende Zeit und Gelegenheit gewesen sein müssen für *Komposition und Redaktion*, die cxv betroffen haben. So hat dieser Psalm, wie zu zeigen sein wird[394], Erweiterungen erfahren; marginale, aber immerhin. Spielraum hierfür ist in Ansatz zu bringen. - Unter anderem ist cxv als "Hallelu-Jah-Psalm" redigiert und gekennzeichnet worden. Im Zusammenhang damit ist es zur Einbeziehung des Texts in die Teilsammlung cxi-cxvii gekommen[395]. Danach ist diese Kollektion, u. U. um cxviii erweitert, in den Komplex integriert worden, der sich zum Psalter auswuchs. Soviel Stadien sich unterscheiden lassen, soviel Zeitspannen sind zu addieren.

Zeit muß nicht zuletzt auch geblieben sein, cxv kompositorisch auszubauen: durch Vorschaltung von cxiv, durch allmähliche Zusammenschreibung[396], durch Auslassung / Unterlassung des הללו־יה-Vermerks[397].

---

[393]   Am Rande sei in Erinnerung gerufen, daß Esra vi 21 und Neh. x 29 Übertritte der gemeinten Art mit beachtlicher Ausdrücklichkeit belegen: כֹּל הַנִּבְדָּל מִטֻּמְאַת גּוֹיֵ־הָאָרֶץ "alle, die sich separiert hatten von der Unreinheit der Fremdvölker des Landes (zu ihnen hin, um Jahwe, Israels Gott, zu suchen)" bzw. כָּל־הַנִּבְדָּל מֵעַמֵּי הָאֲרָצֹות "alle, die sich abgesondert hatten von den Völkern der Länder (zur Tora Gottes hin)". Zwar ist es nicht leicht, diese Texte zu datieren (vgl. außer den Einleitungen - etwa - A.H.J. Gunneweg, Esra, *KAT* XIX/1, 1985, speziell 31 und 116). Aber sicher ist doch wohl soviel, daß unsere Zeitgrenze keinesfalls nach oben durchbrochen wird. Eher wird (der Nähe zum chronistischen Komplex entsprechend, in welche wir hier geraten sind) die Neigung verstärkt, *unter 450* herunterzugehen.

[394]   Ziffer 6.7.

[395]   Dazu auch etwa C. Westermann, Zur Sammlung des Psalters, 1962, in: Forschung am Alten Testament. Gesammelte Studien, *TB* 24, 1964, 340.

[396]   Siehe dazu H. Bardtkes Angaben in *BHS*, überdies 4QPs^o und dazu G.H. Wilson, The Editing of the Hebrew Psalter, *SBLDS* 76, 1981, 132f.

[397]   Wilson, ebd.

Voraussetzung bei alledem ist, daß, nicht minder allmählich, eine Neuinterpretation von cxv durch Zusammenschau mit cxiv sich angebahnt hat. - Die Zeit, die dieser Prozeß benötigt hat, überlappt sich gewiß mit Stadien, die wir vorhin ins Auge gefaßt haben. Alles in allem ist aber, vielfach fundiert, zu schließen, cxv habe, notwendigerweise, eine ganze Weile vor dem Ende der noch "produktiven" Zeit[398] abgefaßt gewesen sein müssen, damit Raum genug war für alle diese Entwicklungen und Weiterungen bei und mit unserem Psalm.

Zu einem *deutlicheren terminus ante quem* ist freilich erst zu gelangen, setzt man eine andere Komposition im Psalter ins Verhältnis zu cxv: den fast Anthologie[399] zu nennende Ps. cxxxv. Er ist aus mancherlei Textvorlagen geschöpft[400]; gerade auch, worauf es hier ankommt, aus cxv. Kaum erwägenswert ist im gegebenen Fall, ob, was sich berührt, aus Wurzelverwandtschaft erwachsen sein könnte. Nein, da ist, wie auch von anderen festgestellt[401], in direkter Abhängigkeit zitiert. Streckenweise wortwörtlich[402]; streckenweise gerafft und mehr oder weniger frei[403]; letzteres im Duktus des Hymnuscharakters der neuen Komposition[404]. Bei alledem fällt ins Auge, daß das Jahwevolk anders - bedenkenswert anders - umschrieben ist: Spricht cxv, wie erörtert, triadisch von "Haus Israel"[405], "Haus Aaron" und "denen, die Jahwe fürchten"[406], so ist es dem Verfasser von cxxxv, abweichend von seiner Vorlage, wichtig, überdies dem "Hause Levi" Erwähnung zu tun (*v.* 20). Dies kann nur daran gelegen haben, daß mittlerweile der Clerus minor der Leviten für den zweiten Tempel auf Zion erheblich an Bedeutung gewonnen hat. Dies hinwiederum läßt sich nur einem einzigen Bereich im Alten Testamente

---

[398]   O.H. Steck, *Exegese des Alten Testaments*, 12. A. 1989, 38.

[399]   G. v. Wilpert, Sachwörterbuch der Literatur, *KTA* 231, 6. A. 1979, 30.

[400]   Siehe die Auflistung - etwa - bei G. Ravasi, *Il libro dei Salmi*, III, 1984, 710.

[401]   Etwa - erfrischend unumwunden - von F. Nötscher, Die Psalmen, *EB*, 1959, 287 oder - wiewohl eine Spur zu verhalten - soeben von M.S. Smith, The Levitical Compilation of the Psalter, in: *ZAW* 103, 1991, 260, Anm. 5 ("... it might be argued that Ps 135 was modelled in part on Ps 115 ...").

[402]   Abgesehen von Abwandlungen, die mit der Verselbständigung des Exzerpierten zusammenhängen.

[403]   Vergleichenswert hauptsächlich cxxxv 15-20 mit cxv 4-13.

[404]   F. Crüsemann, Studien zur Formgeschichte von Hymnus und Danklied in Israel, *WMANT* 32, 1969, 127ff.

[405]   Vielleicht ja ursprünglich auch in *v.* 9; siehe *BHS* z. St. und unsere Anm. 498!

[406]   In den Versen 9-11 und 12aβ-13a.

zuordnen: dem (in sich geschichteten) *chronistischen Komplex*[407].
Detaillierter gesehen mag's so sein, daß das Sonderinteresse am "Hause
Levi", schon älteren Teilen des chronistischen Werkes nicht fremd, durch
Einschübe und Nachträge verstärkt zum Ausdruck gebracht worden
ist[408]. Wie immer im einzelnen, sicher scheint soviel zu sein, daß cxxxv
mit den für uns wichtigen Versen 19.20 in der Zeit, in der der chronistische Komplex sich gebildet hat, konzipiert worden ist. - Da der nicht
unbegründeten Tendenz zu folgen ist, ebendiesen Komplex *im hellenisti-
schen Zeitalter* anzusetzen[409], wird mit einem Mal klar, daß cxxxv *nach*
der Schwelle zu dieser Epoche, cxv hingegen *vor* ihr entstanden sein müssen. - Der uns angelegene Psalm war, als das Interesse am Hause Levi
sich geltend zu machen begann[410], offensichtlich bereits so etabliert,
daß an Retuschen im Bereich der Verse 9-13 nicht mehr zu denken gewesen ist. Diese Überlegung könnte noch untermauern, daß cxv (im primären Bestand) vor dem Ende der Perserepoche abgefaßt gewesen ist.

Bezieht man, was zum terminus *post quem* zu sagen war, ein, so läßt
sich *resümieren*: der Primärtext cxv ist, wenn nicht alles trügt, irgendwann
im letzten Jahrhundert der Perserära entstanden; anders gesagt, in einem
Zeitraum rund um das Jahr 400 v. Chr., Dezennien davor oder danach.

Zur *Verifikation* gereicht, daß an diesem historischen Ort alle Über-
lieferungselemente, die für cxv von Einfluß waren, angefangen bei dem,
was von der Schule Ezechiels her durchgeschlagen hat[411], bis hin zum
Gros der Spättexte im Zweiten Jesajabuch, die Bilderpolemik üben[412],
zeitlich und praktisch vorausgesetzt werden *können*. - Zudem ist's, allein
etwa in Gedanken an Prophetien im Dritten Jesaja- und Maleachi-
buch[413], unzweifelhaft, daß auch Zukunftserwartung prophetischer Art,
wie sie bei unsrem Psalmisten gezündet hat[414], dem umschriebenen hi-

---

[407]   Siehe einerseits, was die literarische Schichtung anlangt, etwa M. Sæbø,
Chronistische Theologie / Chronistisches Geschichtswerk, in: *TRE* VIII, 1981, 77ff, andererseits, was das besondere Interesse für die Leviten angeht, ders., a. a. O. 79, überdies R. de
Vaux, *Das Alte Testament und seine Lebensordnungen*, II, 1960.1962, 233 und, last but not
least, A.H.J. Gunneweg, Leviten und Priester. Hauptlinien der Traditionsbildung ...,
FRLANT 89, 1965, 204ff.214ff.
[408]   Mit M. Sæbø, a. a. O. 79.
[409]   Mit O. Kaiser, *Einleitung in das Alte Testament*, 5. A. 1984, 189.
[410]   Bedenkenswert hierbei auch M. S. Smith, a. a. O. 258-263.
[411]   Anm. 331.
[412]   Abgesehen allenfalls von allerspätesten Hinzufügungen.
[413]   Zu den Fragen der zeitlichen Ansetzung: O. Kaiser, a. a. O. 282f.295.
[414]   Ziffer 5.4 und 5.5.

storischen Ort zugetraut werden darf. - Also läßt sich - was nicht un-
wichtig ist - das *Fazit* ziehen, *alles*, was cxv ausmacht, sei am ermittelten
Ort problemlos unterzubringen[415].

Leider ist - *in umgekehrter Perspektive*, vom historischen Ort aus hinge-
blickt zum hier georteten Psalm - nur in begrenztem Maße zusätzliche
Einsicht zu erzielen. Denn dieser Ort ist, wie in der "Geschichte Israels"
zu formulieren üblich geworden ist[416], "das dunkle Jahrhundert". Dunkel, weil in Ermangelung unmittelbarer literarischer Quellen bloß wenige
Streiflichter in diesen Zeitraum fallen. - Immerhin, sie lassen aus dem
Dunkel auftauchen, daß da, in diesem Jahrhundert, das so anders und
neu angelegte Gebäude der jüdischen Gemeinde zu errichten begonnen
worden ist[417]. Gerade auch darauf fällt, wie indirekt immer, Licht, daß
besagtes Gebäude nun nicht mehr ethnisch definiert und für "Volks-
fremde" unzugänglich gewesen ist. Vielmehr hat es - grundsätzlich und
anfangsweise - *auch anderen* offengestanden: Auch denen, die aus jahwe-
fremden Völkern sich abzusondern und (mit entsprechenden Konsequenzen) überzutreten bereit gewesen sind. Im Gebäude der neuerrichteten
Jahwegemeinde hat es, um im Bilde zu bleiben, auch Wohnungen für die
gegeben, die als Fremdlinge (גֵּרִים) schon inmitten dieser Gemeinde wohnten; im weiteren, noch aufgeschlossener, auch für die anderen Einzelmenschen aus den "fremden Völkern".

"Dunkles Jahrhundert" hin oder her - es ist eh klar und erhellt aus der
Natur der Dinge, daß *mit* der umschriebenen Öffnung der Jahwegemeinde zum Behufe der Integration der zur Jahweverehrung, zur Jahwelobpreisung Bereiten aus der Sphäre der גוים nun *auch die Erwartung* geweckt
worden ist, es müßte so, auf diese neuartige Weise, zur endlichen Vollendung der Jahweverehrung, der Jahwelobpreisung kommen. - Auch damit dürfte zu rechnen sein, daß dieses und jenes aus dem Erbe universalistischer Hoffnung herkömmlicher Art, greifbar nicht zuletzt auch in
lxvii, mit eingeflossen und, gewandelt, zur Nachwirkung gekommen ist. -
Zudem versteht sich von selbst, daß die neuentfachte Erwartung schneller
gewachsen und größer gewesen ist als der tatsächliche Zuzug von außerhalb zur jüdischen Jahwegemeinde. Sowenig wir auch vom "dunklen Jahr-

---

[415]   Dies gilt, mehr nebenbei gesagt, auch von der in cxv 3b gebrauchten Phrase
כל אשר־חפץ עשה. Zu deren "Ortung" A. Hurvitz, The History of a Legal Formula ..., in *VT*
32, 1982, 267.
[416]   Z. B. H. Donner, a. a. O. 433ff(.416).
[417]   H. Donner, a. a. O. 438.

hundert" bezüglich der umgebenden Völker wissen, so besteht doch schwerlich Grund zu der Annahme, im Horizonte der dortigen Menschen hätte sich irgendetwas, was zu solchem Zuzug wirksamer als bisher hätte zu bewegen vermocht, begeben. Ergo gehört - erschlossener-, gefolgertermaßen, nichtsdestoweniger aber ziemlich sicher - zum historischen Orte von cxv, daß in ihm auch Spannung enthalten war; Spannung, die sich aus dem Hiatus zwischen Erwartung und dem Defizit an Erfüllung aufgebaut hat; Spannung, die von den damaligen Juden der Jahwegemeinde auch und gerade als Enttäuschung, Entmutigung und Anfechtung erlebt worden ist.

Ist es nun nicht mit Händen zu greifen, daß Ps. cxv in all seinen Teilen just als Hervorbringung dieses so rekonstruierten historischen Ortes restlos verständlich wird? Resultiert es nicht aus jener zu ihm gehörenden Spannung, daß jene Zukunftserwartung im Psalmtext mit enthalten ist, es werde und müsse da schon zur Intervention und Manifestation des bis dato im Himmel verhüllten Gottes kommen? Wie sollte sich's sonst begeben, daß die Verhöhnung Jahwes inmitten der גוים aufhört und der Jahweverehrung, der Jahwelobpreisung weicht (*vv.* 1-3)? Ist nicht auch die Götzenbilderpolemik an diesem Orte plausibel, die falsch orientiertes Vertrauen entlarvt, mehr aber noch, im Gegenüber zu denen, die sich so zu destruieren dabei sind, ermutigt? Warum denn durch die sich entmutigen lassen, die törichterweise auf Nichtse setzen und sich so auch selber zu Nichtsen machen (*vv.* 4-8)? Bleibt nicht, solange die Intervention und Manifestation des allein allmächtigen Jahwe ausstehen, nichts anderes übrig, als das Vertrauen auf den zu setzen, der sich seit alters, wie Israels Hymnen bekennen, als "Hilfe und Schild" für die Seinen erwiesen hat (*vv.* 9-11)? Ist nicht das Durchhalten in diesem Vertrauen auch insofern solide begründet, als das Segnen des Schöpfers der Welt, wie die priesterliche Überlieferung bezeugt, bereits - in Permanenz - erfahrbar ist? Denn, ist nicht, vom umschriebenen historischen Orte aus, auf etliche Rückwanderungswellen aus dem Exil zur Wiederinbesitznahme des gegebenen Landes zurückzublicken, zuletzt auf eine solche Welle in allerjüngster Zeit[418]? War da nicht, mit den Augen der Priesterschrift ge-

---

[418]   Bedenkenswert, was H. Donner zur Heimkehrerwelle der Esrajahre schreibt, a. a. O. 430: "Man muß sich vorstellen, daß immerhin mindestens anderthalb Jahrhunderte, wahrscheinlich mehr, seit dem Beginn des babylonischen Exils vergangen waren - und noch immer zogen Heimkehrergruppen zurück nach Palästina!" Wiederinbesitznahmen des Landes also bis heran und herein in den Zeitraum der Entstehung unseres Textes!

sehen, Erweis um Erweis dafür zu entdecken, daß der Schöpfer der Welt die Menschen, auch und gerade diejenigen seines Volkes, segnet und segnet und segnet (*vv.* 12aβ-15)? Bestand so nicht für die derart Gesegneten[419] Grund genug, nicht bloß im Vertrauen - in dem der rechten Ausrichtung und Art - durchzuhalten, sondern auch, jenes Segnen erwidernd, "wiederzusegnen", zu preisen[420] (*vv.* 15.16-18a)? Bestand nicht ebenso Grund, der universellen Erstreckung der priesterschriftlichen Konzeption entsprechend, *eigentlich*[421] auch für die *andern*, die Menschenkinder im ganzen (*v.* 16)? Stellten sie sich nicht, insoweit sie statt zu lobpreisen zu schweigen (oder zu lästern) vorzogen, wider die Schöpfungsordnung? Bedeutete dies nicht eigentlich bereits ihren Tod (*vv.* 2.17)? Stellte sich da nicht - mit der Entscheidungsfrage, ob Jahwe, dem Schöpfer, lobpreisend geantwortet wird oder nicht - die alte Alternative Leben oder Tod? Hatte diese nicht insofern neuartigen Sinn und Klang, als ja die Tür zu dem an jenem historischen Orte neuerrichteten Gebäude der jüdischen Jahwegemeinde zum Über- und Eintritt offenstand? Gehörte nicht zur schroff gestellten Alternative dazu, daß nicht einfach das alte Israel wider die גוים Stellung bezog, vielmehr ein offenes, aufnahmebereites Jahwevolk, jener ethnisch entschränkte Kreis der Jahwefürchtigen, sich zur Umkehr, zur Umorientierung anbot (*vv.* 11.13a)? Eröffnete sich so nicht die Chance zum Leben? Warum im Bannkreis des Todes, des Schweigens verharren, lieber absteigen statt Jah zu preisen (*v.* 17)? Stellte sich da nicht die Jahwegemeinde, die Lobpreis auf Dauer gelobt (*v.* 18a.b), als Leuchtturm der noch dunklen Völkerwelt dar, zur Um- und Neuorientierung für jedermann? Regte sich in ihr nicht neuartiges Sendungsbewußtsein gegenüber den Individuen in den גוים? Und versteht sich nicht alles dieses - im einzelnen *und* im Zusammenhang - restlos und überzeugend just vom ermittelten historischen Ort des "dunklen Jahrhunderts" aus[422]?

---

419   ברוכים אתם ליהוה, *v.* 15.

420   ברך für ברך sozusagen. Vgl. *v.* 18 mit *vv.* 12aβ-13a! Ziffer 4.1 und Anm. 192!

421   Anm. 366.

422   Diese Ortung erscheint dem Verfasser so sicher, daß er sich zu empfehlen erlaubt, cxv in den Rang einer Quelle für jenen Zeitraum aufrücken zu lassen. Zu H. Donner, a. a. O. 433.

Last but not least: Ein Detail im Text cxv wird überhaupt erst jetzt
verständlich. Der Zuspruch nämlich: "Jahwe mehret euch[423]; euch und
eure Kinder", v. 14. Zwar hatte sich bereits im Lichte der priesterlichen
Tradition (Gen. i 28) ergeben, die Sprache werde auf Mehrungsmotiv
und -segen im Zusammenhang mit der (Wieder-)Verleihung von Erde
und Land durch den Schöpfer gebracht (Inbesitznahme von ארץ ja nur
bei entsprechender Volkreichwerdung, bei hinlänglicher Bevölkerungs-
zahl). Gleichwohl blieb aber fraglich, ob wirklich nach all den Repatri-
ierungswellen hinein in ein Land, das ja nicht einfach entvölkert war, ein
so ernsthaftes Defizit zu beklagen gewesen sein konnte[424], daß mit
einem eigenen Zuspruch zu reagieren war. Bedenkt man indes, daß in cxv
- gerade am ermittelten historischen Ort! - nicht mehr wie vordem von
Israel die Rede gewesen sein kann, sondern nur noch von der *jüdischen*
Religionsgemeinschaft der Jahweverehrer, die sich aus völkischer Bin-
dung gelöst und geöffnet hat, so ist (mit) in Ansatz zu bringen, daß sie
dahin tendiert hat, durch Über- und Beitritte aus der Welt der גוים immer
größer zu werden, zu wachsen - um der Ausbreitung und Vollendung der
Jahwelobpreisung willen. Spiegelt sich im Bereich der Verse 9-13a die
von Grund auf neue Beschaffenheit des Jahwevolks im "dunklen Jahrhundert" wider, warum sollte dann in den folgenden Versen 13b-14 von ihr
gleich wieder abgesehen sein? Nein - was da zugesprochen wird, gilt der
Mehrung der Gemeinde derer, die Jahwe fürchten, verehren, lobpreisen.
Nicht um des Jahwevolks selber willen; obschon dieses nach wie vor
(auch in seiner veränderten Beschaffenheit) durch Schöpfungsordnung
und -intention (Gen. i 28) zur Inbesitznahme der Erde verpflichtet blieb
und hierzu auch volkreich genug sein mußte; die priesterschriftliche
Grundanlage der Gedanken ist nicht aus dem Blick zu verlieren! Nein,
die Mehrung dieses Jahwevolks sollte letztlich der Mehrung der Ehre des
Jahwenamens dienen, v. 1a.b. Was in v. 14 zugesprochen wird, will in der
anfechtenden Spannung zwischen universalistischer Erwartung und noch
dürftigem Ist-Zustand *gewisser* machen: Jahwe segnet, segnet, segnet -
und das heißt zugleich, dem Zusammenhang in Gen. i 28 entsprechend:
Er mehrt euch und eure Kinder. Womit auch deutlich wird, daß die

---

[423]   Vorauszusetzen ist, wie begründet (in Ziffer 4.1, in der Gegend unserer Anmerkungen 187ff), indikativisch יֹסֵף (bei gänzlicher Bewahrung des überkommenen Konsonan-
tentexts).
[424]   Ist wirklich mit einer so zusammengeschmolzenen Gemeinde zu argumentieren?
Beispielshalber F. Baethgen, Die Psalmen, *HK* II 2, 3. A. 1904, 346.

Mehrung des neuen Jahwevolks generationenlang dauern kann. Ebenso-
lange benötigt, bleibt der Bittruf eingangs des Psalmes einstweilen un-
erhört, die Mehrung zu einer Jahwelobpreisung, die weltweit ist.

Nicht das unwichtigste bei alledem ist, daß bei einer Betrachtung im
Licht der Traditionen und vom historischen Ort her ein Moment des *fast
Missionarischen* sichtbar wird. Zwar ist der Psalm auf der harten Folie
der Alternative Leben oder Tod verfaßt. Aber, es hebt sich von ihr dann
doch die verhaltene, gleichwohl feste Gewißheit ab, Jahwe sei und bleibe
dabei, sein neubegründetes, neuangelegtes Volk - nicht nur, aber auch
und nicht zuletzt durch Über- und Beitritte aus der massa perditionis,
der Menge der "toten Leute" heraus[425] - zu mehren.

6.4. Versucht man, die **Intention,** die alles durchwaltet, festzustellen, so
könnte es am meisten für sich haben, von einem «*Vergewisserungspsalm*»
zu sprechen; exakt in dem Sinn, der von vorneherein mit dieser Kennzeichnung verbunden worden ist[426].

Wohl wird da *auch polemisiert*: a) wider die גוים, die Jahwe (in üblich
gewordener Art und Weise) verleumden, *v.* 2,   b) wider diejenigen in
ihrem Bereich, die bilderfabrizierend auf Nichtse setzen (mit der Wirkung der Selbstvernichtung), *vv.* 4-8, und in engstem Zusammenhang
hiermit   c) wider die, die, Jahwelobpreisung hintanhaltend, lieber ins
Schweigen und damit ins Totsein absteigen, *v.* 17[427]. Indessen, nichts
von dem, was polemisch anmutet, ist faktisch und praktisch - und nicht
zu vergessen, grammatisch - an die Angegriffenen selbst gerichtet. Von
allen, den Fremdvölkern und den einzelnen in ihnen[428], wird *in der 3.
Person* gesprochen. Niemand aus dem Kreis der Jahweverehrer dürfte s.
Zt. mit diesem Psalm an die Kritisierten herangetreten sein.

In praxi apostrophiert worden ist, wie aus *vv.* 9-15 ersichtlich, das
Jahwevolk selbst. Diejenigen, die ihm angehören, sind direkt angesprochen (durchaus auch einmal in der 2. pers. plur., *v.* 15). Der Psalm gilt
ihnen, spricht diejenigen von ihnen an, die tempelgottesdienstlich zugegen sind. Damit wird aus dem, was polemisch erscheint, im Gegenüber zu

---

[425]   Vgl. *vv.* 8.17!
[426]   F. Stolz, Psalmen im nachkultischen Raum, *ThSt(B)* 129, 1983, 27-29, insbesondere 28.
[427]   Anm. 193!
[428]   Oder ist, nebenbei, auch von entsprechenden einzelnen im eigenen Bereich, in
Juda / Jerusalem die Rede? Vielleicht nicht ganz und gar auszuschließen!

den wirklichen Adressaten *Zuspruch*: Sie können ja dem, was (teilweise didaktisch[429]) vorgebracht wird, entnehmen, daß die in den גוים ringsum, welche - sehr zur Anfechtung der Jahweverehrer - höhnen und Vertrauen und Lobpreis auf Jahwe verweigern, mit alledem auf dem Holzweg sind, *vv.* 8.17. Dies muß der Gemeinde derer, "die Jahwe fürchten", zur Ermutigung gereichen.

Zur Vergewisserung wird andererseits, aufs Bekenntnis hymnischer Psalmen gestützt[430], vergegenwärtigt, daß "unser Gott", bis dato im Himmel verhüllt, gleichwohl allmächtig, *v.* 3[431], und als "Hilfe und Schild" der Seinen "erfunden" ist, *vv.* 9-11. Das Vertrauen, welches das Jahwevolk hegt, ist - im Kontrast zu dem, was in der Welt der גוים pervertiert geschieht - sinnvoll ausgerichtet. Man kann's im Bewußtsein gar nicht genug einrammen[432], daß dem so ist (und so bleiben muß)[433].

Vergewissernd wird schließlich - mit Hilfe des Rüstzeugs priesterschriftlicher Schöpfungsgedanken expliziert und ins Bewußtsein erhoben, was an Segenserweis in jüngst gemachter geschichtlicher Erfahrung enthalten ist: Jahwe, der Weltschöpfer, der ארץ / Erde / Land den Seinen (wieder)gegeben hat, *v.* 16, der segnet und mehrt zugleich und entsprechend, *vv.* 12aßff. Hier ist's für die Angesprochenen mit Händen zu greifen, daß die Jahwegemeinde - inmitten der Welt der גוים und aus ihr auch Menschen herüberziehend - gedeiht und gedeihen wird.

---

[429]   Dies ist wenigstens von den Versen 4-8 zu sagen. Und, nebenbei bemerkt: «Unterweisung» geht gern mit «Vergewisserung» einher. F. Stolz, a. a. O. 28.
[430]   Ziffer 4.3, S. 64ff und Ziffer 5.6!
[431]   Anm. 216.
[432]   Darum ja auch in triadischer Nachdrücklichkeit!
[433]   Unverändert gilt, was in Anm. 234 "angedacht" ist. Indessen, seitdem sich's im Verlaufe dieser Untersuchung erhärtet hat, daß cxv *nicht liturgisch*, weder in toto noch partim Wechselrede ist, erscheint's ganz ausgeschlossen, daß je in der ersten Hälfte der Verse 9-11 (je im ersten Stichos) imperativisch und vokativisch die 2. pers. angesprochen ist, in der je zweiten Hälfte hingegen (unter Inkaufnahme sich wiederholenden Stilbruchs) in der 3. pers. formuliert worden ist. (Was übersetzt sich ausnehmen würde: "Haus Israel, vertrau auf Jahwe! Er ist *ihnen* Hilfe und Schild! ..." *v.* 9; *vv.* 10-11 entsprechend.) Der inneren Kohärenz nicht-liturgischer Vergewisserungsrede ist nur eine einzige, sich durchhaltende grammatische Person gemäß: (auch dem engeren Kontext zufolge) die 3. pers., die zudem in *LXX* u. a. Versionen vorausgesetzt ist (vgl. auch *BHS*). Ergo kann weder Anrede noch Imperativ in Frage kommen, sondern lediglich *Perfekt* בָּטַח / בָּטְחוּ. Es läßt sich (wie's der Afformativkonjugation gemäß ist) *konstatieren*, daß Jahwes Volk (im löblichen Kontrast zu den גוים) sein Vertrauen auf Jahwe gesetzt hat und setzt. Ist er doch den Gliedern seines Volkes erwiesenermaßen "Hilfe und Schild". Somit ergibt die Textkritik, daß in cxv nicht eigentlich paränetische Rede aufkommt. Der Duktus der Vergewisserung ist ununterbrochen.

Noch gewisser kann die Gemeinde der Juden nur werden, wenn ihr Gott, der Allmächtige im Himmel, zur Mehrung der Ehre seines Namens (eschatologisch) auf Erden interveniert. Was die Gemeinde da ihrerseits zu tun vermag, geschieht gleich eingangs des Psalms, *v.* 1a.b, nicht zufällig vor allem andern. Sie kann nur bitten - annähernd in dem Sinne: *Dein Reich, nicht das unsre, komme!*

Die Erfüllung der Bitte bleibt Jahwes Wohlgefallen vorbehalten (כל אשר־חפץ עשה, *v.* 3). Was der Gemeinde einstweilen zu tun übrigbleibt, ist - in Bewährung besagten Vertrauens - der *immer neu wiederholte* und so verinnerlichte Vortrag unsres Vergewisserungspsalms; denn er ist selbstverständlich als «*Wiedergebrauchsrede*»[434] intendiert. Was ansonsten zu tun möglich bleibt, darauf legt sich die Jahwegemeinde im Gelöbnis der Schlußzeile des primären Psalmtexts fest: Sie wird *auf Dauer* Jahwe lobpreisen. Zum einen, weil dies die Bestimmung des Jahwevolks ist. Zum andern, weil so der Kristallisationspunkt auf Erden gesetzt ist, um den herum sich's zur universellen Lobpreisung auswächst. Zum dritten und nicht zuletzt: damit die Vergewisserung, die in cxv betrieben wird, auch dergestalt - in der Art kontinuierlicher gemeindegottesdienstlicher Jahwelobpreisung - fortgeführt wird.

Warum's der Bündelung so vieler Vergewisserungsbemühungen bedurft hat, ist einmal mehr und gerade vom historischen Ort her erklärlich, von dem in nachexilischer Zeit: Denn in dieser ist - was sich hier bloß stichwortartig andeuten läßt[435] - die Wirklichkeitsdarstellung durch den Kult infragegestellt. "Israel hat in nachexilischer Zeit offenbar nicht wieder - oder nur ganz partiell - zu ungebrochenem kultischen Reden zurückgefunden"[436]. Dies aber verursacht eben ("nachkultisch"[437]) gesteigerten Vergewisserungsbedarf. (Was keineswegs ausschließt, daß cxv im gottesdienstlichen Gegenüber - zu dessen Vergewisserung - rekapituliert worden ist[438].)

6.5.   Sieht man vom (klassisch obligatorischen) Kriterium ab, es bedürfe auch beständiger "Formensprache" [439], so mag sich hier anfügen lassen,

---

434   H. Lausberg, *Elemente der literarischen Rhetorik*, 8. A. 1984, 17.
435   Ausführlich entwickelt und nachzulesen ist's bei F. Stolz, a. a. O. 7ff.73ff.
436   F. Stolz, a. a. O. 19.
437   F. Stolz, a. a. O. 18ff.
438   F. Stolz, a. a. O. 21.
439   H. Gunkel / J. Begrich, *Einleitung in die Psalmen*, 1933, 4. A. 1985, 22/23.

die getroffene Feststellung, cxv sei Vergewisserungspsalm, beantworte zugleich die Frage nach der **Gattung**[440]. Denn das Argument ist richtig:
so wie die ins Auge gefaßte innere Situation der nachexilischen Zeit kein
Einzelschicksal gewesen, sondern ausgesprochen typisch ist, so hat es
auch mehr als einmal des Vergewisserungspsalms bedurft. Keine Frage,
daß dieser entsprechend auch mehr als einmal im Psalter[441] zu belegen
ist. Keine Frage auch andererseits, daß es just an jener Situationsart liegt,
daß der Vergewisserungspsalm sich im ganzen nicht mehr einer jener
klassischen Gattungen zuordnen läßt, daß er wohl aber noch Elemente
der klassischen Gattungssprache aufweist[442].

Exakt diese Art von Befund sticht bei cxv ins Auge. In der Tat sind da
sowohl Elemente aus der Gattung des Hymnus als auch aus der des
Volksklagelieds verwendet[443]. Sie sind aber eben, wie dargetan, in den
Dienst der nun vorgeordneten Intention besagter Vergewisserung gestellt
und in neugefügter Einheit aufgehoben.

6.6.   In diesem Stadium der Studie ist die Verhältnisbestimmung zwischen **cxv und lxvii** wiederaufzunehmen und - verifizierend - zu Ende zu
bringen. Anknüpfen läßt sich nur so, daß an die[444] schon aufgewiesene
Parallelität in Grundzügen der Gedanken in beiden Psalmen erinnert
wird:
Hier wie dort wird auffallend gleich der - zwar religiös gedeutete, aber
eben so auch verläßliche - Ausgangspunkt für die entscheidende Argu-
mentationslinie festgemacht. Hier wie dort im empirisch Erlebten, in
grundsätzlich gleicher Erfahrungsdimension. Hier wie dort wird per Afformativkonjugation, was als Ausgangspunkt taugt, konstatiert. Jahwe hat
erfahr- und greifbarerweise gegeben: Nach cxv 16 die Erde / das Land
(והארץ נתן); was die Gabe der Fruchtbarkeit einschließt. Nach lxvii 7
haben Erde und Land - selbstverständlich deo volente - ihren Ertrag gegeben (ארץ נתנה). Dies ist der je unverrückbare Ausgangspunkt! Aus ihm
heraus läßt sich die Gewißheit entwickeln, daß der, der so gibt, auch

---

440   Mit F. Stolz, a. a. O. 28.
441   Insbesondere unter den «Mischungen», den gattungsgemischten Texten. H. Gunkel / J. Begrich, a. a. O. 398ff; F. Stolz, a. a. O. 31ff.
442   F. Stolz, a. a. O. 22.
443   In ersterer Beziehung ist - u. a. - auf vv. 3.9b.10b.11b.15b und 18a.b zu verweisen
(vgl. auch Ziff. 4.3 und 5.6!), in letzterer Hinsicht auf vv. 1a.b und 2 (vgl. Ps. lxxix 10!).
444   In Ziffer 4.2 und 4.5.

segnet. Dies nicht nur momentan-punktuell, vielmehr in einiger Dauer. Hier wie dort wird dem - konsequent und abermals gleich - nachdrücklich triadisch Ausdruck gegeben: יברך - יברך - יברך, cxv 12aβ-13a; יברכו - יברכו - יברכו, lxvii 2.7b.8a. Dies muß, je in dreifachem Zuspruch, der Gemeinde tief und fest ins Herz gepflanzt werden. Auf daß es sie, was da auch immer anficht, vergewissert.

Signifikanterweise sind, weder hier noch dort, mit dieser Vergewisserung Ziel und Ruhepunkt erreicht (die Jahweverehrer nicht einfach beati possidentes). Das Gesegnetsein des Jahwevolks ist - nach beiden Psalmen - bloß Durchgangsstadium im weitergreifenden Prozeß. Durchgangsstadium, um die Metapher in lxvii 3 aufzugreifen, auf Jahwes "universalistisch" zielgerichtetem Weg. Keine Frage, nach beiden Psalmen soll es übers Erreichte (ברוכים אתם cxv 15), nicht zuletzt auch durch die erflehte Intervention des noch im Himmel verhüllten Allmächtigen, cxv 1, zur gänzlichen Durchsetzung der Ehre des Jahwenamens kommen. Oder, mit lxvii gesagt: Da sollen von Israels Gesegnetsein Signal und Impuls ausgehen und die Völker, welche Jahwe noch nicht, nicht eigentlich kennen, zur Jahweerkenntnis und -anerkenntnis, zur weltweiten Jahweverehrung bringen.

Keine Frage, die Grundschritte des Gedankengangs verlaufen *insoweit* in unseren Psalmen essentiell parallel. So sehr und so echt, daß einen Zusammenhang anzunehmen gerechtfertigt erscheinen muß. - Andererseits ist nicht minder klar, daß die gedanklichen Wege in beiden Texten sich von einem bestimmten Punkte an trennen. Jedoch - auch hierfür bot sich, wie erinnerlich, eine plausible Erklärung an: Just zwischen den beiden Psalmen, zwischen den "historischen Orten", an denen sie verfaßt worden sind, ist viel Enttäuschung eingetreten, Enttäuschung in den Erwartungen hinsichtlich der גוים. Lxvii ist (von Nachinterpretationen abgesehen[445]) *vor* dieser Zäsur entstanden; cxv (mit bezeichnenden Passagen der Auseinandersetzung und Polemik) *dahinter*. - Der Gesamtbefund sprach, ziemlich logischerweise, für die Annahme, beide Texte verbinde eine Art von Entwicklungszusammenhang.

Was in diesem Stadium der Studie ansteht, ist, ebendiese Annahme im Gesichtskreis der Resultate, die inzwischen zustande gekommen sind, zu *verifizieren*. - In Verfolgung dieses Ziels kann's nicht so sehr darum gehen, Einsichten, welche sich ergänzend ergeben haben, arrondierend

---

[445]   Ziffer 3.8.

zusammenzutragen; so reizvoll dies auch in einzelnen Punkten erscheinen könnte[446]. - Entscheidender ist's, den Gedanken, es verbinde eine Art Entwicklungszusammenhang, unter dem Gesichtspunkt, *wie sich die ermittelten historischen Orte zueinander verhalten*, nachzuprüfen.

Stichhaltig ist die Idee, es habe, von lxvii ausgehend, eine Weiterentwicklung hin zu cxv gegeben, *erst*, wenn die Gegenprobe, **das relative Alter** beider Psalmen betreffend, stimmt: lxvii muß älter, cxv jünger sein; der Zeitabstand zwischen beiden sollte weder zu groß noch zu klein sein; bei räumlicher Nähe, versteht sich.

Der, der hier argumentiert, hat es sich angelegen sein lassen, das Moment der Spannung, das solcher Gegenprobe zueigen ist, nicht vor der Zeit aufzulösen[447]. Er kann nunmehr, entsprechend erleichtert, konstatieren, die erarbeiteten Zeitansätze verhielten sich zueinander just so, wie sie's eigentlich müssen:

Lxvii ist, wie aus eigenen (separaten) Anhaltspunkten eruiert[448], im *mittleren* Abschnitt der Perserepoche, im 5. Jh. (grob gesagt, zwischen 500 und 400 v. Chr.) entstanden. Wie noch relativ frisch in Erinnerung ist[449] , rührt der primäre Bestand von cxv aus dem *letzten* Jahrhundert der Perserära her, aus Zeitläuften um das Jahr 400, aus Dezennien davor oder danach.

Das ergibt per saldo nicht nur *die nötige Zwischenzeit* für einen Entwicklungsvorgang der angenommenen Art. Es läßt vielmehr auch wahrscheinlich werden, daß just in dieser dazwischenliegenden Zeit die Anfänge der Umstrukturierung zur *jüdischen Jahwegemeinde* in Betracht zu ziehen sind. - Das aber läßt Ps. cxv und sein Verhältnis zu lxvii vollends plausibel werden: Da wirkten ja, in der erwiesenen Zwischenzeit, nicht nur Enttäuschung und Anfechtung betreffs der Erwartungen für die גוים. Da sind ja dann *auch die Umwälzungen* zum neuen Verfaßtsein und

---

[446] Etwa, was die Wahrnehmung angeht, daß *beide* Psalmen Aaronitisches in sich schließen, Anm. 259; oder, was die Entdeckung anlangt, der einer Hervorbringung der Schule Ezechiels nachempfundene Bittruf in cxv 1 tendiere, wie latent auch immer, dahin, die Völker sollten *erkennen*, was es heißt, "ich bin Jahwe" (וידעו הגוים כי־אני יהוה), Ez. xxxvi 23b; was die Enge des Zusammenhangs zwischen cxv und lxvii (speziell dem dortigen *v.* 3) noch deutlicher hervortreten läßt; Ziffer 5.4.

[447] Wobei er, um einmal aus der Schule (der Werkstatt) zu plaudern, von der Länge der Zeit, die, Gott sei's geklagt, zwischen der Erarbeitung der beiden Teile des Buches sich dehnt, begünstigt gewesen ist.

[448] Ziffer 3.2.

[449] Ziffer 6.3.

Selbstverständnis des jüdischen Jahwevolks (nach Nehemia und Esra) zum Tragen gekommen. Es ist *beides zusammen und ineinander*, das alles, was in cxv von lxvii divergiert, überzeugend und restlos erklärt.

Man hielt einerseits am gedanklichen Grundmuster von lxvii fest. Man war andererseits zur Weiterentwicklung genötigt. Es ging nicht mehr länger in bisheriger - ethnischer - Entgegensetzung Israel / גוים. Zwar hakte noch immer die sprichwörtlich gewordene rhetorische Frage, mit der man sich von den anderen Völkern mißhandelt sah, cxv 2. Aber eigentlich ging's jetzt doch mehr um die *einzelnen* Menschen ("Menschenkinder"), *vv.* 16(.8). Man sah - im Sinne der priesterschriftlichen Schöpfungserzählung - *sie alle* als von Jahwe, עֹשֵׂה שָׁמַיִם וָאָרֶץ, gesegnet, drum aber auch als lobverpflichtet an[450]. Auf selbiger Grundlage war *einerseits* die Auseinandersetzung mit denen zu führen, die - gegenüber Jahwe, dem Schöpfergott - lobpreis- und vertrauensunwillig blieben, *vv.* 2-8.17. Auf derselben Grundlage war *andererseits* die Tür zum Übertritt aus der Welt der גוים für alle Individuen offenzuhalten. - Zudem gab's, am nun erreichten historischen Ort des neuangelegten Jahwevolks, nach all den Heimkehrerwellen und der erlebten Wiederverleihung des Landes[451], frischestes Unterpfand dafür, daß Jahwe *segnet*. An sich eben alle Menschen, intentional begriffen. Unverhindert, ungebrochen aber praktisch *die* Menschenkinder, die sich als Glieder des Jahwevolks *nicht von Jahwe abwenden* (ins verquere Vertrauen und lobverweigernde Schweigen), sondern ihm zugewandt sind und bleiben[452]. Er segnet und mehrt sie - unverhindert und effektiv. - Das heißt nicht mehr, er segne und mehre *Israel* in seiner ethnischen Definition. Er segnet und mehrt den nicht länger völkisch begrenzten, vielmehr entschränkten und integrationsbereiten Kreis der "Jahwefürchtigen". Er mehrt ihn durch Integration von einzelnen Menschen. Er mehrt ihn in dieser Generation, aber ausdrücklich auch noch in der der Kinder, *vv.* 12aβ-16. Ja, er mehrt ihn, sollte es zur

---

[450]   Es ist nicht etwa exegetisch ungenau, dem Psalmisten von cxv den Gedanken solch universellen Gesegnetseins zuzuschreiben. Er *kann* ihn durchaus impliziert sein lassen. Denn Rahmenüberzeugung ist bei ihm, wie sogleich zum Vorschein kommen wird, daß das Gesegnetsein aller, *sofern und sobald* sie sich durch Übertritt aus der Welt der גוים dem Jahwevolk, dem nunmehr entschränkten, integrieren, ungebrochen und ohne Friktion effektiv und evident zu werden vermag. Es liegt lediglich am lobpreisunwilligen Beiseitebleiben, *v.* 17, am Verbiestertsein im verkehrten Vertrauen, *v.* 8, daß das universelle Gesegnetsein für die Beiseitebleibenden, Verkehrtvertrauenden, entgegen der Schöpfungsintention zunichte wird.

[451]   Ziffer 6.3 und Anm. 418.

[452]   Es sei hier nochmals auf die Gedanken der Anm. 450 verwiesen.

Erhörung des Bittrufs, *v.* 1a.b, kommen, in (eschatologischer) Endgültig-
keit. - Einstweilen kann's nicht Sache des Jahwevolks sein, in Enttäuschung und Anfechtung zu verzagen und den bereits laufenden Vorgang
der Segnung und Mehrung aus dem Blick zu verlieren. Vielmehr kann's
seine Sache nur sein, vergewissert auf Kurs zu bleiben, als Jahwevolk Jah
zu preisen und so (in gewisser Weise auch "missionarisch") den Kristalli-
sationskern auf Erden zu bilden; auf daß da noch weitere "Menschenkinder", ja, letztlich alle hinzukommen können, *vv.* 9-11.18a.b. Dies nicht zur
Ehre des Jahwevolks, vielmehr zur Ehre Jahwes und seines Namens
selbst, *v.* 1.

Ausgangspunkt ist bei alledem, was wir gedankliches Grundmuster von
lxvii genannt haben. Grundzüge von ihm sind durchgehalten: Noch immer geht's um die Vergewisserung, daß Jahwe die Seinen segnet. Noch
immer geht's zudem darum, dieses Volk - den Kreis derer, die Jahwe
fürchten - universell zu vollenden. Aber, diese Konzeption ist in cxv vom
ethnisch orientierten, einfachen Gegenüber Israel und גוים hinwegent-
wickelt und ins neustrukturierte Jüdische transponiert - in einer, wenn
ein Wort der Wertung erlaubt sein sollte, fulminanten Weise.
Nachgerade erscheint's im Blick aufs Ganze *gerechtfertigt*, lxvii und cxv als
Entwicklungszusammenhang auf- und zusammenzufassen. -

Ist damit das Wichtigste am Tag, so bedarf's, was an *Einzelheiten* des
Verhältnisses zwischen beiden Psalmen von Interesse sein könnte, nur
noch der Andeutung. - Eine solche gilt zunächst dem Mischungsverhältnis bezüglich der Traditionen, die bei beiden Texten Wirkung gezeitigt
haben. Hervorgehoben zu werden verdient, daß es, im Grunde genommen, ziemlich genau *derselbe* "*Traditionen-mix*" gewesen ist, der hier und
dort zum Tragen gekommen ist[453]. Zur Wahrnehmung dessen, was die
Verfasser beider Psalmen intendierten, haben sie - teils bewußt, teils unbewußt - aus denselben Überlieferungsströmen geschöpft: einerseits aus
priesterlicher, andererseits aus prophetischer Tradition; überdies - und
auch das ist parallel - vorzugsweise aus dem Fundus hymnischer Psalmen[454]. Was das Miteinander, just *dieses* Mischungsverhältnis, bewirkt
hat, ist nachgerade hinreichend klar. Erwähnung verdient nur noch dies,
daß die priesterliche Komponente in cxv weit stärker als in lxvii aus-
gezogen ist. Nichts hat sich zur Meisterung der Aufgabe der Vergewis-

---

[453]   Zu vergleichen sind die Ziffern 2.1ff; 5.1ff; 6.1.
[454]   Zum letzteren Sachverhalt Ziffer 3.7; 5.6.

serung - nach jenen Umwälzungen hin zur jüdischen Religionsgemeinschaft - mehr angeboten als die priesterschriftliche Schöpfungskonzep-
tion.

Im Rückblick mag schließlich die Frage reizen, ob nicht auch unter
dem Aspekt der *Gattungsbestimmtheit*[455] *mehr* Entwicklungszusammenhang als ursprünglich gedacht zu konstatieren sein könnte. Von cxv aus
rückwärtsschauend ist vielleicht auch bereits in lxvii ein Moment der
Vergewisserung auszumachen. Ist nicht, auch wenn in letzterem Text zu-
versichtlichste Erwartung und Hymnisches[456] dominieren, auch schon
Vergewisserungsbestreben[457] zu empfinden? Ist im früheren Psalm
nicht *ansatzweise* gegeben, was, ausgeprägter, cxv bestimmt und zusam-
menhält? Falls ja, ist nicht dann auch in Sachen "Gattungs"bestimmtheit
(vom Kriterium konstanter Formensprache abgesehen[458]) ein sich
durchhaltender Duktus wahrzunehmen?

Wie immer - es braucht in dieser Hinsicht ja nichts forciert zu werden[459] -, aufs Ganze gesehen ist's unumstößlich, daß zwischen cxv und
lxvii ein Entwicklungszusammenhang besteht.

6.7. Die Aufgabe bleibt, bei cxv **literarkritisch detaillierter** abzuklären.
Nicht alles muß so, als sei bis dato noch überhaupt kein Grund hereinge-
bracht, erörtert werden. So braucht nicht erst lange begründet zu werden,
daß cxv mit cxiv primär nicht zusammengehört hat[460]. Zudem zeigt
auch der letztgenannte Psalm so eindeutig Eigenprofil, daß an eine solche Verbindung im Ernst nicht zu denken ist. - Kaum minder fraglich ist,

---

[455] Ziffer 6.5; Anm. 440.
[456] Ziffer 3.7.
[457] Hie das Unterpfand im empirisch Erlebten, lxvii 7a, da der daraus gezogene
Schluß "Jahwe segnet uns", lxvii 7b.8a sowie 2.
[458] Ziffer 6.5; Anm. 439.440.
[459] Und von Gattung im klassischen Sinn kann ohnehin nicht die Rede sein.
[460] Trotz H. Lubczyk, Einheit und heilsgeschichtliche Bedeutung von Ps 114/115
(113), in: *BZ NF* 11, 1967, 161-173. Und obwohl beide Psalmen in *LXX* zu Ψ cxiii vereinigt
gewesen und öfter ja auch masoretisch - erstaunlich kursorisch - zusammengeschrieben
worden sind. Betrachtenswert die Photographie von der Übergangsstelle im Sankt
Petersburger Kodex (ehedem Codex Leningradensis). Vergleichenswert der Aleppo-Kodex.
Was die Erhebungen von Kennicott und de Rossi anlangt, G.H. Wilson, The Editing of the
Hebrew Psalter, *SBLDS* 76, 1981, 179.

daß das Stichwort הללו־יה auf der anderen Flanke von cxv[461], vorausgesetzt, es hat überhaupt zu unserem Psalm und nicht zum Folgetext gehört[462], irgendeiner Verwendungspraxis und Sammlungsbestrebung entsprechend hinzugekommen ist. Wie immer, unvorstellbar ist's, daß unvermittelt aufs an sich ja abschließende Lobgelübde - primär -noch imperati-
vischer Lobaufruf gefolgt sein könnte. Nein, "Hallelu-Jah" ist (noch
einmal: wenn's überhaupt zu cxv gehört) ohne Frage sekundär[463].

Ist der Primärbestand so umgrenzt, so bedürfen zwischen Anfang und
Ende 3 begrenzte Passagen literarkritischer Überprüfung[464]: 1.) *v.* 1,
die zweite Zeile, 2.) *v.* 12, die erste Zeile und 3.) ein etwaiger Über-
schuß in den Zeilen *vv.* 5-7.

Zu 1) Zwar sind bei einem «Vergewisserungspsalm» Heranziehung und
Einbindung *auch heterogener* Elemente - dann, wenn sie zur angestrebten
Vergewisserung beitragen können - vorstellbar und also nicht so ganz
einfach auszuschließen. Zu fragen bleibt aber auf jeden Fall, ob derlei
Heranziehung und Integration primär oder nicht eher sekundär zustande
gekommen sind. Die Frage stellt sich bei der Motivation des Bittrufs in
v. 1, die so sichtlich *dupliziert*, mit besonderer Dringlichkeit. Denn die
Bitte hat ja - ihrer Vorlage in Ez. gemäß[465] - eine eigene, integrale
Motivation: das Engagement für die Ehre des Jahwenamens! Was soll
dann daneben noch der ganz *andere* Beweggrund על־חסדך על־אמתך? - Ist
die Kumulation schon suspekt, so erst recht, daß Verhaltensweisen Jahwes, die im Kontext von cxv sonst nirgendwo hervorgekehrt sind, hier,
Verdopplung stiftend, zur Geltung gebracht worden sind: חסד ואמת. Wenn
sonst nichts am Psalm in die Richtung Hingabe und Liebe, Spontaneität
und vorbehaltloses Offensein Gottes geht[466], nehmen sich dann nicht
die Motivationen der zweiten Zeile von *v.* 1 nicht allzu unverbunden aus?

---

[461]   Zur einschlägigen Literatur siehe etwa W. Baumgartner, *Hebräisches und aramäisches Lexikon zum Alten Testament*, 3. A. 1967, 239!
[462]   Durchaus bedenkenswert die konsequente *Voran*stellung - als *Über*schrift - in
LXX. Vgl. etwa C. Steuernagel, *Lehrbuch der Einleitung in das Alte Testament*, 1912, 738!
Materialien zur Frage nach dem neuesten Stand bei G.H. Wilson, a. a. O. 277. Am Rande
ist festzuhalten, daß die versio Syriaca das Stichwort in gar keiner Weise wiedergibt!
[463]   Zitierenswert G. Ravasi, *Il libro dei Salmi*, III, 1984, 370: "... è certamente una
rubrica liturgica posteriore, testimonianza dell' inserzione del salmo nell' *Hallel* ..."
[464]   Bei den folgenden Angaben ist die Einteilung, die Gliederung in Zeilen nach *BHS*
vorausgesetzt.
[465]   Ziffer 5.4.
[466]   E. Kellenberger, ḥäsäd wä'ᵃmät als Ausdruck einer Glaubenserfahrung, *AThANT*
69, 1982.

Hinzukommt noch ein anderer Aspekt: Es *gibt* ja die Motive jener zweiten Zeile eklatant ausdrücklich im *Kontext*! Nicht im allerengsten, wohl aber im etwas weiteren; jedenfalls noch ziemlich benachbart. חסד ואמת sind mit die wichtigsten Motive in cxvii. Von dem Augenblick an, in dem cxv in die Hallelu-Jah-Teilsammlung von cxi-cxvii[467] integriert gewesen ist, läßt sich in einem gewissen Maße mit Adaption und Verklammerung rechnen. Vielleicht ist's im Kontext besagter Teilkollektion zur Einfügung von cxv 1c gekommen. - Ob's zutrifft oder nicht, jedenfalls sprechen Kumulation und Duplikation durch jene Zeile - doch wohl bereits alleine - für deren Nachträglichkeit.

Zu 2) *V.* 12 / Zeile 1 zertrennt, was zusammengehört: die sich so genau und offensichtlich entsprechenden Sequenzen *vv.* 9-11 und 12aβ-13a mit ihrer jeweiligen Trias Haus Israel / Haus Aaron / Jahwefürchtige. Das so störende Dazwischenkommen ist eigentlich schon Grund genug, *v.* 12aα als sekundär anzusehen.

Es kommt aber noch hinzu, daß just ein ins Ganze des Psalms recht wenig hereinpassender Gedanke dazwischentritt: Jahwe habe der Seinen *gedacht* - זְכָרָנוּ[468] - und so segne er nun - יְבָרֵךְ -; im Sinn eines konditionalen Perfekt, auf welches Imperfekt folgt[469]: "Hat Jahwe unser gedacht, so segnet er." Wie immer im einzelnen, vom traditionskritisch eruierten Hintergrund der Vergewisserung dieses Segnens her[470] liegt unübersehbar zutage, daß das Segnen des Schöpfergotts im Zusammenhang mit der Vergabe von Erde / Land *nicht* solches Gedenken (זכר) zur Bedingung und Voraussetzung hat. Hat dieses jemand verkannt, so ist es wohl kaum der mit P so vertraute Psalmist gewesen, der den Gedanken des Gedenkens dazwischendachte; weit eher eine andere Person, die, weniger priesterschriftlich ausgerichtet, "bearbeitet" hat. - Alle Überlegungen zusammen auf die Waagschale gebracht, lassen diese zugunsten des Urteils, *v.* 12aα sei eingeschoben, sinken.

Nun könnte ja die Idee aufkommen, hier handele es sich vielleicht um einen Reflex erlebter Repatriierung ins Land, das verloren gewesen, jetzt aber wiedergegeben ist. Ist so nicht jenes זכרנו ("hat unser gedacht") gerechtfertigt? Man mag hier Ja zu sagen geneigt sein, muß sich freilich

---

467   Dazu etwa G.H. Wilson, a. a. O. 126f u. ö.

468   F. Stolz spricht (a. a. O. 32) von einem ganz anders bezogenen und gemeinten זכר!

469   Vielleicht mit R. Meyer, Hebräische Grammatik, III, *SG* 5765, 3. A. 1972, 112f.

470   Ziffer 5.1.

dann auch bewußt sein, daß aus der nämlichen Freude über die Wiederverleihung des Landes Ps. cxiv(MT) cxv vorangestellt und (nach Auffassung mancher[471]) einverleibt worden ist. Sollte die verhandelte Zeile,
die mit זכרנו, tatsächlich solch ein Reflex sein, so legte sich die Folgerung
nahe, sie müsse so ungefähr zusammen mit der Kombination cxiv / cxv
zustande gekommen und eingeschoben worden sein. - So führte auch
diese ins Redaktionsgeschichtliche hinübertendierende Betrachtung[472]
zur Erhärtung dessen, was sich auch aus anderen Überlegungen ergibt:
12aα ist sekundär.

Zu 3) Was die Frage etwaigen Überschusses im Bereiche von *vv.* 5-7
angeht, so ist, um einer Antwort näherzukommen, wohl mit in Rechnung
zu stellen, es habe sich, der cxxxv 16-17 verfaßt hat, auf unsere
Psalmpassage zurückbezogen[473]. Was im Endeffekt in cxxxv korrespondiert, umfaßt 4 Glieder (στίχοι). Die Vorlage in cxv hat 7 an der Zahl.

CXXXV			CXV
פה־להם ולא ידברו	16a	5a	פה־להם ולא ידברו
עינים להם ולא יראו:	16b	5b	עינים להם ולא יראו:
אזנים להם ולא יאזינו	17a	6a	אזנים להם ולא ישמעו
אף אין־יש־רוח בפיהם:	17b	6b	אף להם ולא יריחון:
		7a	ידיהם ולא ימישון
		7b	רגליהם ולא יהלכו
		7c	לא־יהגו בגרונם:

Wer die Synopse der korrespondierenden Glieder vergleicht, wird der
Feststellung beipflichten können, der Autor von cxxxv habe zunächst einmal, ohne jeden Zweifel, die ersten 3 Stichen reproduziert (von gering-
fügiger Abwandlung - vielleicht aus Gründen klanglichen Reims - beim

---

[471]   Anm. 460. Auch die Druckanordnung in *BHS* gibt dem verschiedentlich ge-
knüpften Zusammenhang Ausdruck. Nicht zuletzt resultiert auch das Fehlen eines dazwi-
schennotierten הללו־יה aus der aufgekommenen Meinung, beide Psalmen gehörten (komplett oder sonstwie) zusammen.
[472]   Fortgesetzt in Ziffer 6.10.
[473]   In Ziffer 6.3 ist dargelegt, daß das Maß an Deckungsgleichheit, welches hier
besteht, derart (und mitnichten durch Wurzelverwandtschaft) zustande gekommen ist.
Literarische Abhängigkeit in *dieser* Richtung! Vgl. unsere Anmerkungen 400-403!

letzten der Prädikate abgesehen: יאוינו statt ישמעו). Wer unvoreingenommen weiterliest, wird auch konzedieren müssen, das nächstfolgende Wort, nämlich אף, sei schlicht und einfach *mit* übernommen. Also sind - hier und dort - in vollkommener Parallelität Mund, Augen, Ohren und Nase mit Bezug auf die Götzenbilder aufgezählt[474].

Der Psalmist von cxxxv folgt indessen cxv *nur bis* אף, dieses Wort gerade noch einbegreifend, kommt dann aber gleich zum Schluß des die Götzenbilder verhöhnenden Stücks. - Schließt cxv 7c mit den Worten "sie geben mit ihrer Kehle keinerlei Laut von sich"[475], so hebt cxxxv 17b, um einiges gezielter und wesentlicher, auf die jenen Bilder fehlende Lebendigkeit ab. Man kann eine Menge aufzählen, was jene Machwerke menschlicher Hand nicht können. Entscheidender ist, daß ihnen keine רוח, kein Hauch der Lebendigkeit innewohnt[476]. Zwar *haben* sie eine Nase; die רוח könnte eben durch sie (zur Einwohnung) Einzug halten, so wie sich's beim Schöpfungsakte zu begeben pflegt[477]. Aber - im Munde langt eben nichts an, ist in ihm auch nichts anzutreffen, kommt aus diesem nichts, was sich wahrnehmen ließe, heraus[478]! Dem allem entsprechend hat, was cxxxv 17b aussagt, überzeugenden Sinn: "eine Nase (ist ihnen[479]), gleichwohl ist keine רוח in ihrem Munde vorhanden!" - Der Gedanke ist nicht bloß wesentlicher als der in cxv 7c. Er rundet überdies, indem er auf פֶּה zurücklenkt, womit der Passus beginnt[480], diesen in der Art der Stilfigur der inclusio ab.

---

[474] Selbstredend ist's dem, der hier schreibt, bewußt, daß in den Kommentaren zu cxxxv die Vorliebe herrschend geworden ist, beim mit reproduzierten אף nicht mehr an die *Nase* gedacht sein zu lassen, sondern (mit Rücksicht natürlich auf den im selben Glied zudem noch erwähnten Mund) aufs Homonym ("auch" / "sogar" o. ä.) auszuweichen. (H. Gunkel, Die Psalmen, *HK* II 2, 4. A. 1926, 575 ausdrücklich: " ... in der Grundstelle Ψ cxv6 'Nase', wird vom Verfasser dieses Psalms in der Bedeutung 'auch' genommen.") Diese Auffassung ist, auch wenn sie von vielen geteilt wird, unzutreffend. Zwei Gründe stehen entgegen: Wie sollte jener Psalmdichter (1.) den an den Organen des Kopfes entlanggehenden Duktus verkannt oder mutwillig verlassen haben? Und (2.) ergibt der Nominalsatz cxxxv 17b sehr wohl (und gerade *mit* Nase und Mund) einen völlig plausiblen, ja, überzeugenden Sinn. Weiteres dazu im Folgenden.

[475] Mit W. Baumgartner, a. a. O. 228.

[476] Anm. 228.

[477] Siehe einerseits Hi. xxvii 3, andererseits Gen. ii 7; vii 22!

[478] Ganz anders bei Jahwe, der durch den Hauch seines Mundes (וברוח פיו) erschafft! Ps. xxxiii 6!

[479] לָהֶם wirkt aus dem vorausgehenden Versglied noch nach.

[480] Allererstes Wort in cxxxv 16a!

Ist richtig begriffen, wie cxxxv auf cxv zurückgegriffen hat, so läßt sich's, wie bescheiden auch immer, *literarkritisch* nutzbar machen. Hat cxxxv kein Gegenstück für cxv 6b (ab dem Worte להם) - 7b (bis zur Wendung ולא יהלכו), so muß das nun doch überlegen lassen, ob der Autor jener Komposition nicht etwa eine hier *kürzere* Fassung von cxv vor Augen gehabt haben könnte: im wesentlichen *vv.* 5.6, nichts aber davon, was die Hände und Füße der Götzenbilder nicht können. Zwar bleibt die Alternative, daß er, was ihm zu breit erschienen ist, übersprungen und so gestrafft haben könnte. Aber, daß er cxv in diesem polemischen Abschnitt *konziser* vorliegen gehabt haben mag (abgestellt alleine auf Mund, Augen, Ohren und Nase der Götzenbilder), ist eine nicht leichthin auszuschließende Möglichkeit.

Für sie könnte zudem sprechen, daß das Aufbaumuster der Sätze im Bereich der Verse 5-6 in allen 3 Gliedern des Verses 7 *nicht beibehalten* ist. Die syntaktische Formung springt um. Sie tut's sogar zweimal[481]: 1.) von der Satzstruktur in *vv.* 5-6 zu der von *v.* 7a.b[482]; 2.) von der dieser beiden letzten Glieder zum noch mehr abweichend gebauten *v.* 7c. Es spricht mithin gar nicht wenig *für* die Eventualität, es könnten hier, wo sich's so breit ausnimmt, *Ausbaustufen* zu unterscheiden sein - zur Entlastung des primären Texts.

Vielleicht ist in *erster* Erweiterungsstufe die Bemerkung über "ihre Kehle", welche keinen Laut von sich zu geben imstande ist, anders strukturiert (und möglichst knapp) hinzugesetzt worden, *v.* 7c. Da es in die Nähe vom *Mund* der Bilder, welcher nicht zu reden vermag, *v.* 5a, führt, hat diese Erwägung einiges für sich[483]. - Vielleicht hat der Psalmist von cxxxv sich auf *diese* nur geringfügig erweiterte Fassung von cxv bezogen und *vv.* 6b und 7c zu einer ihm wesentlicheren Pointe, cxxxv 17b, zusammengezogen. Erst *nach* der Auswertung für cxxxv, in *zweiter* Ausbaustufe, wäre dann um die Versglieder 7a.b erweitert worden. Vielleicht ist das die (selbstredend hypothetische) Sicht der Dinge, die sich alles in allem am meisten empfiehlt.

Das Defizit an Gewißheit, das trotz allen Mühens bleibt, ist in diesem Falle erträglich. Hängt doch das eruierte Verständnis von cxv (gar die

---

481   "immutatio syntactica", hier aber wohl kaum als planvoll gewollte "Figur"!

482   Vgl. J.P.M. van der Ploeg, *Psalmen*, II, 1974, 276, aber auch G. Ravasi, a. a. O. 362, dort Anm. 4!

483   Vgl. O. Loretz, a. a. O. 184 (dort 115.7.3)!

Bestimmung des Verhältnisses zu lxvii) von *diesem* literarkritischen Detail *nicht* ab. - Andererseits ist die Chance noch offen, es könnte sich die Tendenz, die zum Vorschein gekommen ist, im formkritischen Überblick, der mit Bedacht bis zu diesem Stadium zurückgestellt worden ist[484], stabilisieren.

6.8.   Wird, was von cxv primär ist, **formkritisch** analysiert, so zeigt sich ein großes Ganzes, das eindrucksvoll gleichartig gegliedert ist: der Primärtext des Psalms ist ausnahmslos *zweigegliedert*[485]. Er besteht aus einer ununterbrochenen Reihe aus *Distichen*; nebenbei gesagt, 17 an der Zahl[486]. - Was "distichisch" zusammengehört, formiert, wenn Parallelität nicht zu eng definiert, sondern mehr im Sinne des Sekundierens aufgefaßt wird[487], durchgängig *Parallelismus membrorum*.

Zudem kommt zutage, daß der *Sprachrhythmus* sich als relativ regelmäßig ausnimmt[488]: 2 von den insgesamt 17 Distichen haben, breiter ausladend, den Rhythmus 4+4: die Verse 5.6, die das Unvermögen der

---

[484]   Wir wären ja sonst Gefahr gelaufen, uns im Zirkel zu bewegen, hätten wir nicht den Gesichtspunkt suspendiert, was zur Ausgewogenheit der Formung im großen ganzen gereicht. Nunmehr, nachdem die Tendenz aus ganz anderen Befunden erhoben ist, darf aber wohl berücksichtigt werden, wie sich's innerhalb der Form des ganzen Psalmes ausnimmt.

[485]   Dazu etwa: L. Alonso-Schökel, *Das Alte Testament als literarisches Kunstwerk*, 1971, 214ff.

[486]   *Tri*stichen treten - primär jedenfalls - nirgendwo in Erscheinung, weder am Anfang noch zwischen vv. 6 und 8. Auch *Mono*stichen kommen - primär - nicht vor, weder in v. 12aα dazwischen noch gar am Schluß. Ganz abgesehen davon, daß, was dort sekundär zu stehen gekommen ist, zu kurz sein dürfte, um einen Monostichos abzugeben. - Schließlich sei unterstrichen, daß die Ausgrenzungen in der vorigen Ziffer keinesfalls mit Rücksicht auf die Form, sondern stets aus andersgelagerten Gründen vorgenommen worden sind. Umgekehrt ist freilich die sich abzeichnende Homogenität der Gliederung - nachträglich wohlgemerkt - ein nicht unwillkommenes Argument für die Richtigkeit der literarkritischen Einschätzungen im großen ganzen.

[487]   "B, by being connected to A - carrying it further, echoing it, defining it, restating it, contrasting with it, *it does not matter which* - has an emphatic, 'seconding' character, and it is this, more than any aesthetic of symmetry or paralleling, which is at the heart of biblical parallelism." J.L. Kugel, *The Idea of Biblical Poetry. Parallelism and Its History*, 1981, 51.

[488]   Klar, daß dieses Fazit auch Folge unserer literarkritischen Einschätzung ist. - Nur - diese ist, wie schon zum Ausdruck gebracht, nirgendwo durch Rücksicht auf Belange der Form bestimmt, sondern stets ganz anders begründet. - Zum Urteil, das Metrum sei *un*regelmäßig, siehe beispielshalber H.-J. Kraus, a. a. O. 961 oder A.A. Anderson, The Book of Psalms, *NCeB*, II, 1972, 786. - Zu den Grundlagen *unserer* Analyse: L. Alonso-Schökel, a. a. O. 77ff.97ff.134ff.

Götzenbilder bloßstellen[489]. Alle übrigen 15 zeigen indessen - ganz ebenmäßig und insgesamt dominant - den Rhythmus 3+3. - Die berüchtigte Frage der Völker, *v.* 2, macht hierbei *keine* Ausnahme[490]. Ihre Parallele Ps. lxxix 10a zeigt zwar - samt ihrem dortigen engen Kontext -, daß der Rhythmus 3+2 inhäriert. Der Vergleich zwischen beiden Wiedergaben läßt aber gerade erkennen, daß bei unserer Stelle, cxv 2, die Partikel נָא, die in ihrer Eindringlichkeit keinesfalls tonlos gesprochen worden sein kann, mit ins Spiel gebracht worden ist. Hierdurch ebenfalls: 3+3! - Diese Einzelheit verdient zur Sprache gebracht zu werden. Denn sie bringt interessanterweise ans Licht, daß der Sprachrhythmus unserem Psalmisten - wenn er der gängigen, stereotypen Frage נָא hinzugesetzt hat - einigermaßen angelegen gewesen sein muß. Er hat, wenn nicht absichtsvoll, so wenigstens nach dem Gefühl, auf ebenmäßigen Rhythmus wert gelegt. Insofern fällt auch diese Dimension der Gestaltung ins Gewicht: Der Vergewisserungspsalm ist, von nur *einer* Rhythmus-Variation - mehr belebend als störend - unterbrochen[491], *vv.* 5.6, eindrucksvoll ebenmäßig zum Vortrag und zu Gehör gekommen[492]. Er überzeugt in seinen literarkritisch wahrgenommenen Konturen auch als Klangkörper. - Phonetisch beeindruckend nicht zuletzt, daß etwa auch *Alliteration* mit im Spiele ist[493]: so gleich am Anfang לֹא לָנוּ - לֹא לָנוּ oder, in *vv.* 5.6, viermaliges לָהֶם וְלֹא.

Schließlich verdient Erwähnung, daß auch *Stilfiguren* zur Eindrücklichkeit beitragen. So springt die Gemination im Psalmeingang nicht bloß den angerufenen Gott, sondern auch die Zuhörer auf Zion an: לֹא לָנוּ יהוה וְלֹא לָנוּ![494] Die sich entwickelnde Antithese, *v.* 1a.b, pointiert gleich zu Beginn den Punkt, um den es letztlich geht: "vielmehr Deinem Namen gib Ehre!" - Es ginge zu weit, hier erschöpfend umschreiben zu wollen,

---

[489] Unmöglich ist's, sich der Auffassung R. Kittels anzuschließen (Die Psalmen, *KAT* XIII, 5.6. A. 1929, 364), der auch hier 3+3 notiert. *Alle* die je beteiligten 4 Wörter sind betont; auch die je voranstehenden Organbezeichnungen (Mund, Augen, Ohren, Nase) - und erst recht die gedanklich so wichtige Verneinung וְלֹא. Also zweifellos 4+4.

[490] *Diese* Bemerkung, weil hier verschiedentlich 3+2 notiert worden ist. Etwa von H. Gunkel, a. a. O. 496 oder auch von H.-J. Kraus, a. a. O. 361.

[491] L. Alonso-Schökel, a. a. O. 134: "Vermeidung von Monotonie (der streng regelmäßige Rhythmus zerstört seine eigene Wirkung als künstlerischer Faktor)".

[492] *V.* 16b muß nicht notwendigerweise als Vierer empfunden werden. *V.* 16 wahrscheinlicher: ebenfalls 3+3. - Vgl. en passant noch L. Alonso-Schökel, a. a. O. 185!

[493] L. Alonso-Schökel, a. a. O. 22ff; H. Lausberg, a. a. O. 150f u. ö.

[494] Genauer genommen: geminatio am Anfang mit gelockertem Kontakt durch interiectio eines Vokativ. Dient affektischer amplificatio. H. Lausberg, a. a. O. 81f.

was alles an Stilmitteln, sei es bewußt, sei es unbewußt, eingesetzt
worden ist[495]. Jedenfalls - *in summa* könnte's kaum deutlicher sein, daß
hier nicht bloß eindrucks-, sondern auch kunstvoll gestaltet und promul-
giert worden ist: cxv ist, über jeden Zweifel erhaben, *gehobene Rede*[496],
herkömmlicher: *Poesie*! Was (intentional) auf Vergewisserung aus ist,
schöpft (formal) alles, was möglich ist[497], aus, um eingängig anzumuten
und (als "Wiedergebrauchsrede" wieder und wieder vernommen) verinnerlicht werden zu können.

6.9.   Alles, wovon **Übersetzung und Darstellung** des Psalmtexts cxv ab-
hängen, ist mittlerweile - je, wo's am günstigsten war - zur Klärung gekommen[498]: Philologisch Fragliches hat sich erhellen lassen[499]; textkritisch Hinderliches ist bei dem ansonsten nicht schlecht bezeugten
Psalmtext aus dem Weg geräumt[500]. So läßt sich nun, mancherlei Klä-

---

[495]   Anapher, Epipher, Merismus u. a. m. Von der zweimaligen Trias ist schon oftmals
die Rede gewesen. Das im Zusammenhang hiermit tautologisch dreimal verlautende Hym-
nuselement ist fraglos einprägsam gewesen, *vv.* 9b.10b.11b.

[496]   J.L. Kugel, a. a. O. 59ff.94f. Im gegebenen Falle ist wirklich von einem "complex
of heightening effects" zu sprechen!

[497]   Nicht zuletzt auch die "Elemente der klassischen Gattungssprache" (F. Stolz, a. a.
O. 22), angefangen von der Warum-Frage des Volksklagelieds, *v.* 2, bis hin zu geprägten
Hymnusformen, *vv.* 15b.18a. Es muß darauf (schon um nicht zu wiederholen) verzichtet wer-
den, diese Sparte der Formkritik ausdrücklicher einzubeziehen.

[498]   Abgesehen von einem schwer in den Griff zu bekommenden Rest der inhaltlich
nicht sehr erheblichen textkritischen Frage (Anm. 282), ob's zu Beginn von *v.* 9 ursprünglich
(zusatzlos) ישראל oder, *v.* 12aβ (und cxxxv 19a) entsprechend, בית ישראל geheißen hat.
Dieser Rest ist hier anmerkungsweise abzuklären. Wobei's genügt, nur das Fazit der Äußeren Textkritik anzudeuten, daß die Abwägung des Gewichts der Bezeugungen (vgl. *BHS* 9[a]!)
im Gleichstand der Waagschalen endet. Am ehesten scheint ein Argument der *Inneren* Textkritik, das erst formkritisch möglich geworden ist, den Ausschlag geben zu können: Hat
unser Psalmist auf ausgeglichene Formung im Ganzen seines Gedichtes wert gelegt, so
würde es wundernehmen, hätte er nicht auch in den ohnehin auf Gleichklang getrimmten
Triaden (*vv.* 9-11 und 12aβ-13a) für die Wiederkehr des Ausdrucks בית ישראל, der im
Duktus בית אהרן liegt, gesorgt. Also wird's - auch zu Beginn von *v.* 9 - ursprünglich eher
"*Haus* Israel" geheißen haben. (Vielleicht ist's zudem ein Argument, daß im Buche Ezechiel,
von dem aus auch ansonsten Einfluß auf cxv stattgehabt hat - Ziffer 5.4 - die Wendung
בית ישראל weitaus am häufigsten gebraucht worden ist. Vergleichenswert hierzu L. Rost,
Israel bei den Propheten, *BWANT* 71, 1937, 82/83.) Sollte der Urtext an dieser Stelle kein
בית aufgewiesen haben, so würde dies unsere Auffassungen mitnichten affizieren können.

[499]   Zu יהיו *v.* 8 Anm. 231(.358); zu יברך *vv.* 12aβ–13a Ziffer 4.1 (auch Anm. 195);
zu ברוכים *v.* 15a abermals Ziffer 4.1. Zum Adversativ *v.* 18a.b Ziffer 4.5, Anm. 265. Zu
einer Wortwahl in *v.* 1a.b Anm. 332.

[500]   Zur Frage Imperativ oder Perfekt *vv.* 9-11 Anm. (234.)433; zur Vokalisation von
יסף *v.* 14 Ziffer 4.1, insbesondere Anm. 197.199.373.

rung zusammenfassend, übersetzen und dabei, was literar- und form-kritisch zutage gekommen ist, durch verschiedenen Schriftgrad und Rand-notierung vor Augen führen:

1a	Nicht uns, Jahwe, nicht uns,	
1b	nein, Deinem Namen schaff Ehre!	3 + 3
1c	Ob Deiner Zuneigung, ob Deines Durchsetzungsvermögens!	
2a	Warum sollen die Fremdvölker sagen:	
2b	"Wo ist denn ihr Gott?"?	3 + 3
3a	Unser Gott ist doch im Himmel.	
3b	Was immer ihm gefällt, vollführt Er.	3 + 3
4a	Ihre Götzenbilder, nur Silber und Gold,	
4b	Gemächte von Menschenhand.	3 + 3
5a	Mund haben sie und können nicht reden,	
5b	Augen haben sie und können nicht sehen,	4 + 4
6a	Ohren haben sie und können nicht hören,	
6b	Nase haben sie und können nicht riechen.	4 + 4
7a	Ihre Hände - damit tasten sie nicht,	
7b	ihre Füße - damit gehen sie nicht.	
7c	*Mit ihrer Kehle bringen sie keinen Laut hervor.*	
8a	Wie sie sind die, die sie gemacht haben,	
8b	jedweder, der auf sie vertraut.	3 + 3
9a	Israels Haus vertraut auf Jahwe;	
9b	*Er* ist ihnen Hilfe und Schild.	3 + 3
10a	Aarons Haus vertraut auf Jahwe;	
10b	*Er* ist ihnen Hilfe und Schild.	3 + 3
11a	Die Jahwe fürchten, vertrauen auf Jahwe.	
11b	*Er* ist ihnen Hilfe und Schild.	3 + 3
12aα	Jahwe hat unser gedacht. Er segnet.	
12aβ	Er segnet Israels Haus.	
12b	Er segnet Aarons Haus.	3 + 3
13a	Er segnet, die Jahwe fürchten,	
13b	die Kleinen samt den Großen.	3 + 3
14a	Jahwe mehrt euch,	
14b	euch und eure Kinder.	3 + 3
15a	Gesegnet seid ihr von Jahwe,	
15b	der Himmel und Erde macht!	3 + 3
16a	Der Himmel ist Jahwes Himmel,	
16b	doch die Erde hat er den Menschenkindern gegeben.	3 + 3

17a	Die Toten loben nicht Jah,	
17b	keiner von allen, die in die Stille absteigen.	3 + 3
18a	Was uns aber angeht, wir preisen Jah	
18b	von nun an und auf Dauer.	3 + 3
18c	Hallelu-Jah.	

6.10. Schließlich bleibt in den Blick zu fassen, was unserem Psalm **redaktionsgeschichtlich** widerfahren ist. Klar, daß hierbei (nicht nur, aber doch vor allem) die Textstücke in Betracht kommen müssen, die in der Übersetzung en petit gedruckt erscheinen. Klar überdies, daß sie nicht alle gleich erheblich sind. - Am Rande des Blickfelds kann bleiben, daß der Primärtext wider die Götzenbilder *vv.* 5-6 zu weiterer Ausgestaltung gereizt hat, *v.* 7[501]. Es hat sich da eben (in zwei Impulsen) die Volkstümlichkeit des Motives[502] ausgewirkt. Dem weiter nachzudenken lohnt sich nicht. - Interessanter ist schon, was im Zuge - oder im Gefolge - der Aufnahme unseres Texts in die Sammlung der Hallelu-Jah-Psalmen (cxi-cxvii) zugewachsen ist. Gegebenenfalls ist an den Sammlungsvermerk הללו-יה zu denken, der zwischen cxv und cxvi zu stehen gekommen ist. Voraussetzung ist, daß er wirklich dem ersteren dieser beiden Psalmen zugeordnet worden ist[503]. Er würde, bezöge er sich auf cxv, ins Bewußtsein erheben, daß es diesem Psalm, wie immer im einzelnen, um Jahwelobpreisung gegangen ist. - Andererseits scheint's - nach der Integration des Gedichts in den Kontext cxi-cxvii - zur Anreicherung der Motivation *v.* 1, bestritten aus der Nachbarschaft cxvii 1-2, gekommen zu sein[504]. Was die eingetretene Erweiterung anlangt, so genügt's, dem Eindruck Ausdruck zu geben, es sei je länger die erflehte Manifestation zur Rehabilitierung des Jahwenamens verzog, das Bedürfnis stärker empfunden worden, alles, was irgend zu bewegen vermochte, zusammenzufassen und gebündelt geltend zu machen.
    Am beachtlichsten ist, daß in mehr als einem Überlieferungskreis - im griechischsprechenden Judentum, aber auch in etlichen Zirkeln, die Hebräisch gesprochen haben[505], vermutlich schon *vor*masoretisch - cxv mit

---

501   Ziffer 6.7, Ausführungen zu 3).
502   Ziffer 5.5; auch Anm. 348.
503   Ziffer 6.7 (auch Anm. 462f).
504   Ziffer 6.7, dieses Mal unsere Ausführungen zu 1).
505   Anm. 460.

cxiv zusammengeschaut und -verstanden worden ist[506]. Ebendieser Kompositionsakt hat, wo immer er vollführt worden ist, das Gedächtnis des "Gottes von Ägyptenland her"[507] ins Spiel gebracht und - nunmehr auch hymnisch - seine geschichtlichen Taten der Hindurchführung durch "Meer" und Jordan hinein ins (verheißene) Land vergegenwärtigt. Wo immer cxiv hinzugenommen worden ist, hat Hymnus bezüglich jener Jahwetaten zur Vergewisserung, die cxv betreibt, auf seine Art beigetragen. - Gewiß, unser Psalm trägt die Möglichkeit, so anzuknüpfen, in sich. Hat er doch am historischen Ort, an dem er entstanden ist, auf abgeschlossene Rückwanderungen aus dem Exil im Zweistromland zurückzublicken vermocht[508] - in gewisser Weise auf *wiederholte* Hindurchführungen durchs "Meer" und durch den Jordan ins Land, ermöglicht durch den Exodus-Gott. Nur, cxv - für sich genommen - bedenkt diese Land(wieder)gabe nach der Logik der *priesterschriftlichen* Schöpfungserzählung[509]: als konstatierbaren Anhaltspunkt und Unterpfand dafür, daß der Schöpfergott *dann auch segnet.* Die Voranstellung von cxiv setzt sich über diese Logik hinweg und versetzt die Lage der Gegenwart, die Vergewisserungsbestrebungen von cxv kurzerhand übertrumpfend, ins direktere Licht, das der Hymnus verbreitet: Auch die Lage der Gegenwart ist von ebenjenem Gott bestimmt, vor welchem "Meer" und Jordan weichen und fliehen! Warum also nicht den so Gegenwartsmächtigen loben?[510]

Im selben redaktionsgeschichtlichen Zusammenhang dürfte endlich auch die Erweiterung cxv 12aα[511] zustande gekommen und zu verstehen sein. Der springende Punkt bei ihr, die Aussage "Jahwe hat unser gedacht[512] (וְכָרֵנוּ)", ist aus dem *Text* von cxv, für sich genommen, unbegreiflich. Er kann nur aus einem der *Kontexte* des Psalmgedichts hergeleitet werden. Aus dem *szenischen* Kontext, der damaligen Vortragssituation, ist die Herleitung indes, da eigentlich liturgisches Geschehen nicht in Betracht kommen kann, gewiß nicht zu erlangen. Die innere Beschaf-

---

506   Beachtlich am Rande, was G.H. Wilson (a. a. O. 179) zum «liturgischen» Gebrauch des «Ägyptischen Hallel» (cxiii-cxviii) im späteren Judentum dargetan hat.

507   Frei nach Hos. xiii 4. Hauptsächlich Ps. cxiv 1.

508   Ziffer 6.3, insbesondere Anm. 418.

509   Ziffer 5.1.

510   Nein, eine *ursprüngliche* Einheit bilden cxiv und cxv nicht! Wer würde schon eigenhändig seinen sorgsam gewobenen Vergewisserungstext von vorneherein so übertönen? Dies nochmals, nun im Rückblick, zu H. Lubsczyk, ebd. (Anm. 460).

511   Ziffer 6.7, die dortigen Ausführungen zu 2).

512   Oder, syntaktisch anders, im Sinne von Anm. 469: "Hat Jahwe unser gedacht, ..."

fenheit unseres Psalms schließt den Rekurs auf Kultliturgie (mit dazwischen zugesprochenem Heilsorakel, dessen Text nicht mitüberliefert sein würde)[513] aus. Ergo bleibt bloß die Möglichkeit, auf den *historischen* Kontext des Psalmes abzuheben: auf den historischen Ort, der durch die jüngst abgeschlossenen Repatriierungen mitbestimmt gewesen ist[514]. וְכָרֵנוּ kann auf anderes als diese geschichtliche Wende der Dinge kaum bezogen gewesen sein. Stellt die Interpolation einen konstatierbar abgeschlossenen historischen Akt des göttlichen Gedenkens[515], welcher im primären Text implizit geblieben ist, explizit heraus, dann erscheint sie aber eben Seite an Seite mit der Komposition, welche cxiv einbezieht: *Beiden* Sekundäreingriffen liegt daran, dem geschichtlich Erlebten im Duktus der Glaubenszeugnisse - mehr als bisher - Aufmerksamkeit zu verschaffen. Sind sie beide der Intention nach nahverwandt, so wird es aber zumindest wahrscheinlich, daß sie auch redaktionsgeschichtlich einen gewissen Zusammenhang bilden. Dem Erweiterungstext von 12aα korrespondiert wahrscheinlich nicht bloß der umschriebene historische Kontext, sondern auch der kompositorische, cxiv / cxv.

Das redaktionsgeschichtlich entstandene Miteinander dieser beiden Psalmen ist letztlich auch im Hinblick auf das **Verhältnis zu lxvii** interessant. Denn bei diesem Gedicht, das den Ausgangspunkt unseres Entwicklungszusammenhangs bildet, ist eine verblüffend entsprechende kompositorische Weiterung festzustellen: Bei lxvii ist es zu einem ähnlich engen Miteinander mit lxvi gekommen. Nicht so, daß diese beiden Psalmen (in einer Art von scriptio continua) zusammengeschrieben worden wären. Wohl aber so, daß sie als verfestigtes Paar (gleicherweise *ohne* den Vorvermerk לדוד[516]) tradiert und in die Sammlung David II[517] inter-

---

513   So der einstmalige Verstehensversuch W. Schottroffs in der Monographie zu זכר: 'Gedenken' im Alten Orient und im Alten Testament, *WMANT* 15, 1964, 191.

514   Anm. 508.

515   Zum von Gott ausgesagten זכר mit akkusativischem Personalobjekt: W. Schottroff, a. a. O. 183ff.

516   Sieht man von den vereinzelten Versuchen vor lxvii ab, diese Wendung noch hinzuzukorrigieren. *BHS* 1[b] und 1[c]! Das Gewicht der wenigen Textzeugen, die dieser Bestrebung folgten, erlaubt nicht anzunehmen, der Urtext habe jene Notiz enthalten.

517   Gemeint sind die Psalmen li-lxv und lxviii-lxx. Beachtenswert auch die Unterschrift in lxxii 20.

poliert worden sind[518]. Die Paarung lxvi / lxvii ist insofern bemerkenswert, als auch sie just Hymnus vorangestellt hat[519], welcher (universalistisch tendierend) dem Gott, der ins Freie[520] herausführt, gilt und
hierbei - ziemlich punktgenau - die Gottestat der Hindurchführung
durchs "Meer" und durch den "Strom" (den Jordan[521]) vergegenwärtigt.
Die Parallele lxvi / lxvii zu cxiv / cxv ist perfekt; zumal auch, motiv-
geschichtlich gesehen, nichts so wie lxvi 6 und cxiv 3 zusammengehört[522]. - Mithin sind bei beiden Psalmen, lxvii und cxv, auch noch
frappierend gleiche redaktionsgeschichtlich-kompositorische Weiterge-
staltungen wahrzunehmen. -

So darf die These, cxv gehöre mit lxvii entwicklungsgeschichtlich zusammen, als *in jeder Hinsicht* bewährt erachtet werden. -

Sollte sonst eine Erfahrung am Ende unserer Untersuchung im Rückblick aufs Ganze hervorgehoben zu werden verdienen, so am ehesten die,
es sei erst im Licht der Traditionen, die in diesen Psalmen vorausgesetzt
sind, möglich geworden, diese aus ihrem Innersten heraus zum Reden zu
bringen und sie so - sowohl je für sich als auch in ihrem Verhältnis
zueinander - annähernd adäquat zu verstehen.

---

[518] Es versteht sich von selbst, daß es erst *nach* der Interpolation zu besagten spora-
dischen Versuchen gekommen ist, לדוד, zumindest vor lxvii, adaptierend an die umgebende
Sammlung, hinzuzunotieren.

[519] Zur Gattungsanalyse F. Crüsemann, Studien zur Formgeschichte von Hymnus und
Danklied in Israel, *WMANT* 32, 1969, 175ff.

[520] *BHS* z. St.! Siehe etwa auch Crüsemann, a. a. O. 176 oder H.-J. Kraus, a. a. O.
615!

[521] Unbestritten, daß נהר, parallel zu ים, sonst nicht speziell und ausschließlich *diesen*
Fluß bezeichnet. Hier aber, an vorliegender Stelle, tut's die Vokabel gleichwohl. Keine
Frage, daß sie im gegebenen Kontext die kritische Barriere bezeichnet, in der sich, just an
der Peripherie des Landes, das feindselig-gefährliche Hindernis "Meer" wiederholt. Zu F.
Crüsemann, a. a. O. 179f. Keine Frage andererseits, daß zugleich, symbolisierend, alles, was
die Heimkehr aus dem Exil zu hindern in der Lage gewesen ist, in ים und נהר mit umschrieben ist. Auch lxvi 1ff hat die Rückführung aus Babylonien mit im Blick. In Übereinstimmung mit F. Crüsemann, a. a. O. 183.

[522] A. Lauha, Die Geschichtsmotive in den alttestamentlichen Psalmen, *AASF* B
LVI, 1, 1945, 69.104.

ABKÜRZUNGSVERZEICHNIS

AASF B	Annales academiae scientiarum Fennicae. Ser. B, Helsinki.
AnBib	Analecta biblica, Roma.
AncB	The Anchor Bible, Garden City, New York.
ANET	Ancient Near Eastern Texts relating to the Old Testament, Princeton, N.J.
AnSt	Anatolian Studies. Journal of the British institute of archaeology at Ankara, London.
AOAT	Alter Orient und Altes Testament, Neukirchen-Vluyn.
ATD	Das Alte Testament Deutsch, Göttingen.
ATD.E	--. Ergänzungsreihe, Göttingen.
AThANT	Abhandlungen zur Theologie des Alten und Neuen Testaments, Zürich u. a.
AzTh	Arbeiten zur Theologie, Stuttgart u. a.
BBVO	Berliner Beiträge zum Vorderen Orient, Berlin.
BEThL	Bibliotheca ephemeridum theologicarum Lovaniensium, Louvain u. a.
BEvTh	Beiträge zur evangelischen Theologie, München.
BHS	Biblia Hebraica Stuttgartensia, Stuttgart.
Bib.	Biblica. Commentarii periodici ad rem biblicam scientifice investigandam. Roma.
BiBe	Biblische Beiträge, Einsiedeln u. a.
BK	Biblischer Kommentar, Neukirchen.
BRL	Biblisches Reallexikon, Tübingen.
BZ	Biblische Zeitschrift, Paderborn.
BWANT	Beiträge zur Wissenschaft vom Alten und Neuen Testament, Stuttgart.
BZAW	Beihefte zur Zeitschrift für die alttestamentliche Wissenschaft, Berlin, New York.
CBSC	Cambridge bible for schools and colleges.
CBQ	The Catholic Biblical Quarterly. Washington, D.C.
CNEB	Cambridge bible commentary on the New English bible, Cambridge.
CTh	Cahiers théologiques, Neuchâtel u. a.
DBS	Dictionnaire de la bible. Supplément, Paris.
EB	Echter Bibel, Würzburg.
FRLANT	Forschungen zur Religion und Literatur des Alten und Neuen Testaments, Göttingen.
FzB	Forschung zur Bibel, Würzburg.
HAT	Handbuch zum Alten Testament, Tübingen.
HK	Handkommentar zum Alten Testament, Göttingen.
ICC	International Critical Commentary (on the Holy Scriptures of the Old and New Testaments), Edinburgh.

Interp.	Interpretation. A journal of bible and theology, Richmond, Virg.
IntB	Interpreter's Bible, New York.
IThQ	Irish theological quarterly. Marynooth u. a.
JBL	Journal of Biblical Literature, (New Haven,) Philadelphia, Pa.
JETS	Journal of the Evangelical Theological Society, Wheaton, Ill.
JThS	The Journal of Theological Studies, Oxford u. a.
KAT	Kommentar zum Alten Testament, Leipzig, Gütersloh.
KHC	Kurzer Hand-Commentar zum Alten Testament, Tübingen u.a.
KTA	Kröners Taschenausgabe, Stuttgart u. a.
LBS	The Library of Biblical Studies, New York.
LeDiv	Lectio Divina, Paris.
NCB.OT	The New Clarendon Bible. Old Testament, Oxford.
NCeB	New Century Bible, London.
NEB	Die Neue Echter Bibel, Würzburg.
NZSTh	Neue Zeitschrift für systematische Theologie und Religions-philosophie, Berlin.
OBO	Orbis biblicus et orientalis, Freiburg, Göttingen.
OTL	Old Testament Library, London.
OTS	Oudtestamentische Studiën, Leiden.
QD	Quaestiones disputatae, Freiburg i. Br. u. a.
SAT	Die Schriften des Alten Testaments in Auswahl ..., Göttingen.
SBi	Sources bibliques, Paris.
SBLDS	S(ociety of) B(iblical) L(iterature) dissertation series, Missoula, Mont.
SDIO	Studia et documenta ad iura orientis antiqui pertinentia, Leiden.
SG	Sammlung Göschen, Berlin u. a.
TB	Theologische Bücherei, München.
ThA	Theologische Arbeiten, Berlin.
THAT	Theologisches Handwörterbuch zum Alten Testament, München u. a.
ThSt(B)	Theologische Studien, Zürich.
ThWAT	Theologisches Wörterbuch zum Alten Testament, Stuttgart u.a.
ThWNT	Theologisches Wörterbuch zum Neuen Testament, Stuttgart.
TICP	Travaux de l'institut catholique de Paris, Paris.
TRE	Theologische Realenzyklopädie, Berlin, New York.
UB	Urban Taschenbücher, Stuttgart u. a.
VT	Vetus Testamentum, Leiden.
VT.S	Supplements to Vetus Testamentum, Leiden.
WMANT	Wissenschaftliche Monographien zum Alten und Neuen Testament, Neukirchen-Vluyn.
ZAW	Zeitschrift für die alttestamentliche Wissenschaft (und die Kunde des nachbiblischen Judentums), Berlin, New York.
ZMiss	Zeitschrift für Mission. Stuttgart u. a.
ZThK	Zeitschrift für Theologie und Kirche, Tübingen u. a.

LITERATURVERZEICHNIS

Ackroyd, P.R., Jeremiah X. 1-16, in: *JThS* 14, 1963, 385-390.
--,   Exile and Restauration. A Study of Hebrew Thought of the Sixth Century BC, *OTL*, 1968.
--,   Israel under Babylon and Persia, *NCB.OT* 4, 1970.
Albertz, R., Religionsgeschichte Israels, *ATD.E* 8 (im Druck).
Alden, R.L., Chiastic Psalms (II). A Study in the Mechanics of Semitic Poetry in Psalms 51-100, *JEThS* 19, 1976, 191-200.
Alonso-Schökel, L., *Das Alte Testament als literarisches Kunstwerk,* Köln 1971.
Anderson, A. A., The Book of Psalms, I.II, *NCeB,* 1972.

Baethgen, F., Die Psalmen, *HK* II 2, 3. A. 1904.
Bardtke, H., Liber Psalmorum, *BHS* 11, 1969.
Barth, H. / Steck, O.H., *Exegese des Alten Testaments. Leitfaden der Methodik,* 11. A., Neukirchen-Vluyn 1987.
Baudissin, W. W. Graf, *Die Geschichte des alttestamentlichen Priesterthums,* Leipzig 1889.
Baumgartner, W. s. Köhler, L.
--,   *Hebräisches und aramäisches Lexikon zum Alten Testament,* I, 3. A., Leiden 1967.
Baumgartner, W. / Stamm, J.J., *Hebräisches und aramäisches Lexikon zum Alten Testament,* III, 3. A., Leiden 1983.
Beaucamp, E., Le Psautier. Ps 1-72, *SBi,* 1976.
Becker, J., Gottesfurcht im Alten Testament, *AnBib* 25, 1965.
Bernhardt, K.-H., Gott und Bild, *ThA* 2, 1956.
Bertholet, A., *Die Stellung der Israeliten und der Juden zu den Fremden,* Freiburg i. Br., Leipzig 1896.
Beuken, W.A.M., Mišpāṭ. The first Servant Song and its context, in: *VT* 22, 1972, 1-30.
Beyerlin, W., Werden und Wesen des 107. Psalms, *BZAW* 153, 1978.1979.
--,   Reflexe der Amosvisionen im Jeremiabuch, *OBO* 93, 1989.
Blum, E., Studien zur Komposition des Pentateuch, *BZAW* 189, 1990.
Braulik, G., Deuteronomium 1-16,17, *NEB,* 1986.
Briggs, C.A. / Briggs, E.G., A Critical and Exegetical Commentary on the Book of Psalms, II, *ICC,* 1907(.1960).
Brockelmann, C., *Hebräische Syntax,* Neukirchen 1956.
Brueggemann, W., The Kerygma of the Priestly Writers, in: *ZAW* 84, 1972, 397-414.

Brunner, H., Grundzüge der altägyptischen Religion, *Grundzüge 50*, Darmstadt 1983.

Buber, M., *Das Buch der Preisungen*, 8. A., Heidelberg 1975.

Bühlmann, W. / Scherer, K., Stilfiguren der Bibel. Ein kleines Nachschlagewerk, *BiBe* 10, 1973.

Buttenwieser, M., The Psalms Chronologically Treated ..., *LBS*, (1938.)1969.

Castellino, G., *Libro dei Salmi*, Torino, Roma 1965.

Clifford, R.J., The Function of Idol Passages in Second Isaiah, in: *CBQ* 42, 1980, 450-464.

Cody, A., Aaron / Aaronitisches Priestertum, I. Im Alten Testament, in: *TRE* I, 1977, 1-5.

Crüsemann, F., Studien zur Formgeschichte von Hymnus und Danklied in Israel, *WMANT* 32, 1969.

Dahood, M., Psalms II, *AncB* 17, 1970.

--,   Psalms III, *AncB* 17A, 1970.

Dalman, G., *Arbeit und Sitte in Palästina*, II, Gütersloh 1932.

Deissler, A., *Die Psalmen*, Düsseldorf 1964.1977.

Delitzsch, Franz, *Biblischer Kommentar über die Psalmen*, 5. A., hg. v. Friedrich Delitzsch, Leipzig 1894.

Dion, P.-E., L'universalisme religieux dans les différentes couches rédactionelles d'Isaïe 40-55, *Bib.* 51, 1970, 161-182.

Donner, H., Geschichte des Volkes Israel und seiner Nachbarn in Grundzügen, *ATD.E* 4, 1987.

--,   s. Gesenius, W.

Duhm, B., Die Psalmen, *KHC* XIV, 2. A. 1922.

Dussaud, R., Ile ou rivage dans l'Ancien Testament, *AnSt* 6, 1956, 63-65.

Eerdmans, B. D., The Hebrew Book of Psalms, *OTS* IV, 1947.

Eising, H., Der Weisheitslehrer und die Götterbilder, Bib. 40, 1959, 393-408.

Eißfeldt, O., Gott und Götzen im Alten Testament, in: *ThStKr* 103, 1931, 151-160; neuabgedruckt in: *Kleine Schriften*, I, 1962, 266-273.

Elliger, K., Deuterojesaja in seinem Verhältnis zu Tritojesaja, *BWANT* 63, 1933.

--,   Leviticus, *HAT* I 4, 1966.

--,   Sinn und Ursprung der priesterlichen Geschichtserzählung, 1952, in: Kleine Schriften ..., *TB* 32, 1966, 174-198.

--,   Deuterojesaja, 1. Teilband Jesaja 40,1-45,7, *BK* XI/1-6, 1970-1978.

142   LITERATURVERZEICHNIS

Field, F., (Hg.), *Origenis Hexaplorum quae supersunt sive veterum interpretum graecorum in totum Vetus Testamentum fragmenta*, II, Oxford 1875.

Freedman, D.N. / Lundbom, J., חָנַן *ḥānan*, in: *ThWAT* III, 1982, 23-40.

Fuhs, H.F., יָרֵא *jāre'*, in: *ThWAT* III, 1982, 869-893.

(Galling, K.) / Irvin, D., Pflug, in: *BRL*, 2. A. 1977, 255-256.

Gese, H., Die hebräischen Bibelhandschriften zum Dodekapropheton nach der Variantensammlung des *Kennicott*, in: *ZAW* 69, 1957, 55-69.

--, Die Entstehung der Büchereinteilung des Psalters, in: Vom Sinai zum Zion. Alttestamentliche Beiträge zur biblischen Theologie, *BEvTh* 64, 1974, 159-167.

--, Das Problem von Amos 9,7, in: A.H.J. Gunneweg / O. Kaiser (Hg.), *Textgemäß. Aufsätze und Beiträge zur Hermeneutik des Alten Testaments*, FS. f. E. Würthwein, Göttingen 1979, 33-38.

Gesenius, W. / Meyer, R. / Donner, H., Hebräisches und Aramäisches Handwörterbuch über das Alte Testament, 1, 18. A., Berlin u. a. 1987.

Gunkel, H., Die Psalmen, *HK* II 2, 4. A. 1926.

--, / Begrich, J., *Einleitung in die Psalmen*, 1933, 4. A., Göttingen 1985.

Gunneweg, A.H.J., Leviten und Priester. Hauptlinien der Traditionsbildung und Geschichte des israelitisch-jüdischen Kultpersonals, *FRLANT* 89, 1965.

--, Esra, *KAT* XIX/1, 1985.

Haag, E., Die Botschaft vom Gottesknecht. Ein Weg zur Überwindung der Gewalt, in: N. Lohfink (Hg.), Gewalt und Gewaltlosigkeit im Alten Testament, *QD* 96, Freiburg i. Br. u. a. 1983, 159-213.

Haag, H., Das Bild als Gefahr für den Glauben, in: H. Brunner / R. Kannicht / K. Schwager (Hg.), *Wort und Bild*. Symposion des Fachbereichs Altertums- und Kulturwissenschaften zum 500jährigen Jubiläum der Eberhard-Karls-Universität Tübingen 1977, München 1979, 151-165.

Hahn, F., Das Verständnis der Mission im Neuen Testament, *WMANT* 13, 2. A. 1965.

Hentschel, G., 2 Könige, *NEB*, 1985.

Hermisson, H.-J., Deuterojesaja, *BK* XI/7, 1987.

--, Einheit und Komplexität Deuterojesajas. Probleme der Redaktionsgeschichte von Jes 40-55, in: J. Vermeylen (Hg.), The Book of Isaiah. / Le Livre d'Isaïe. Les oracles et leurs relectures. Unité et complexité de l'ouvrage, *BEThL* 81, 1989, 287-312.

Hitzig, F., *Die Psalmen*, II, Leipzig u. a. 1865.

Hupfeld, H., *Die Psalmen*, III, Gotha 1860.

--, Die *Psalmen,* IV, Gotha 1862.

Hurvitz, A., The History of a Legal Formula. *kōl ᵃšer-ḥāpēṣ 'āśāh* (Psalms CXV 3, CXXXV 6) in: *VT* 32, 1982, 257-267.

Irvin, D. s. (Galling, K.)

Jacobsen, Th., The Graven Image, in: P.D. Miller / P.D. Hanson / S.D. McBride, *Ancient Israelite Religion*, FS. f. F.M. Cross, 1987, 15-32.

Jefferson, H.G., The Date of Psalm LXVII, in: *VT* 12, 1962, 201-205.

Jeremias, J., Mišpāṭ im ersten Gottesknechtslied, in: *VT* 22, 1972, 31-42.

--, Das Königtum Gottes in den Psalmen, *FRLANT* 141, 1987.

Kaiser, O., Das Buch des Propheten Jesaja. Kapitel 1-12, *ATD* 17, 5.A. 1981.

--, *Einleitung in das Alte Testament*, 5. A., Gütersloh 1984.

--, Der Mensch, Gottes Ebenbild und Statthalter auf Erden, in: *NZSTh* 33, 1991, 99-111.

Kellenberger, E., ḥäsäd wä'ᵃmät als Ausdruck einer Glaubenserfahrung, *AThANT* 69, 1982.

Kirkpatrick, A.F., The Book of Psalms, *CBSC*, 1906.

Kissane, E.J., *The Book of Psalms*, 2. A., Dublin 1964.

Kittel, R., Die Psalmen, *KAT* XIII, 5./6. A. 1929.

Köhler, L., Deuterojesaja stilkritisch untersucht, *BZAW* 37, 1923.

Köhler, L. / Baumgartner, W., *Lexicon in Veteris Testamenti libros*. 2. A., Leiden 1985.

König, E., *Die Psalmen* ..., Gütersloh 1926.1927.

Kraus, F.R., Ein Edikt des Königs Ammi-ṣaduqa von Babylon, *SDIO* 5, 1958.

Kraus, H.-J., Psalmen, *BK* XV/1, 4. A. 1960.

--, Psalmen, *BK* XV/1.2, 5. A. 1978.

Kuenen, A., *Volksreligion und Weltreligion*, Berlin 1883.

Kugel, J.L., *The Idea of Biblical Poetry. Parallelism and Its History*, New Haven, London 1981.

Lauha, A., Die Geschichtsmotive in den alttestamentlichen Psalmen, *AASF* B LVI, 1, 1945.

Lausberg, H., *Elemente der literarischen Rhetorik*, 8. A., München 1984.

Leeuw, G. van der, *Phänomenologie der Religion*, 2. A., Tübingen 1956.

Leslie, E.A., *The Psalms. Translated and Interpreted in the Light of Hebrew Life and Worship*, New York u. a. 1949.

144   LITERATURVERZEICHNIS

Liddell, H.G. / Scott, R. / Jones, H.St., *A Greek-English Lexicon. With a Supple-
    ment*, Oxford 1968.1985.
Liedke, G., שָׁפַט *špt* richten, in: *THAT* II, 1976, 999-1009.
Lipiński, E., Psaumes. I. Formes et genres littéraires, in: *DBS* IX, 1974, 1-125.
Loewenstamm, S.E., The Formula me'attā w°ad 'olām, in: Comparative Studies
    in Biblical and Ancient Oriental Literatures, *AOAT* 204, 1980, 166-170.
Löhr, M., *Der Missionsgedanke im Alten Testament. Ein Beitrag zur alttestament-
    lichen Religionsgeschichte,* Freiburg i. Br., Leipzig 1896.
Lohfink, N., Die Priesterschrift und die Geschichte, in: Congress Volume Göttin-
    gen 1977, *VT.S* 29, 1978, 189-225.
Loretz, O., Die Psalmen, II, *AOAT* 207/2, 1979.
Lubczyk, H., Einheit und heilsgeschichtliche Bedeutung von Ps 114/115 (113), in:
    BZ NF 11, 1967, 161-173.
Lundbom, J. s. Freedman, D.N.
Luke, K., The Setting of Psalm 115, in: *IThQ* 34, 1967, 347-357.
Lust, J., A. Van Hoonacker and Deuteronomy, in: N. Lohfink (Hg.), Das Deute-
    ronomium: Entstehung, Gestalt und Botschaft, *BEThL* 68, 1985, 13-23.

Mandelkern, S., *Veteris Testamenti Concordantiae Hebraicae atque Chaldaicae*, 2.
    A., Graz 1955.
Martin-Achard, R., גור *gūr* als Fremdling weilen, in: *THAT* I, 1971, 409-412.
Matheus, F., *Form und Funktion der Hymnen in Jesaja 40-55*, Diss. Heidelberg
    1986.
McAvoy, H.W., *A Study of the Root špṭ with Special Reference to the Psalter*, Diss.
    Edinburgh 1973.
McKay, J.W. s. Rogerson, J.W.
Metzger, M., Himmlische und irdische Wohnstatt Jahwes, in: *UF* 2, 1970, 139-158.
Meyer, R., Hebräische Grammatik, III, *SG* 5765, 3. A. 1972.
--   s. Gesenius, W.
Michel, D., *Tempora und Satzstellung in den Psalmen*, Diss. Bonn 1960.
Miller, P.D., The Blessing of God. An Interpretation of Numbers 6:22-27, in:
    Interp. 29, 1975, 240-251.
--,   Deuteronomy, *Interpretation: a Bible Commentary for Teaching and
    Preaching*, Louisville 1990.
Moritzen, N.-P., Psalm 115, in: ZMiss 10, 1984, 2-4.
Mowinckel, S., Psalms and Wisdom, in: M. Noth / D. Winton Thomas (Hg.) Wis-
    dom in Israel and in the Ancient Near East, FS. f. H.H. Rowley, *VT.S* 3,
    1960, 205-224.
--,   *Psalmenstudien. VI. Die Psalmendichter*, 2. A. Amsterdam 1961.

Muilenburg, J., The Book of Isaiah. Chapters 40-66, in: *IntB* 5, 1956, 381-773.

Müller, H.-P., Segen im Alten Testament. Theologische Implikationen eines halb vergessenen Themas, in: *ZThK* 87, 1990, 1-32.

Myers, J.M., Ezra. Nehemia. Introduction, translation, and notes, *AncB* 14, 1965.

Niehr, H., Herrschen und Richten. Die Wurzel von špṭ im Alten Orient und im Alten Testament, *FzB* 54, 1986.

Noth, M., *Überlieferungsgeschichtliche Studien*, 2. A., Darmstadt 1957.

--, Das zweite Buch Mose. Exodus, *ATD* 5, 2. A. 1961.

--, Das vierte Buch Mose. Numeri, *ATD* 7, 1966.

Nötscher, F., Die Psalmen, *EB*, 1959.

Oesterley, W.O.E., *The Psalms*, London 1959.

Olshausen, J., *Die Psalmen*, Leipzig 1853.

Oppenheim, B., *Die syrische Übersetzung des fünften Buches der Psalmen (Psalm 107-150) und ihr Verhältnis zu dem Massoretischen Texte und den älteren Übersetzungen, namentlich den Septuaginta, Targ.*, Diss. Königsberg, Leipzig 1891.

Pfeiffer, R.H., The Polemic against Idolatry in the Old Testament, in: *JBL* 43, 1924, 229-240.

Plath, S., Furcht Gottes, *AzTh* II 2, 1963.

Ploeg, J.P.M. van der, *Psalmen*, I, Roermond 1971.

--, *Psalmen*, II, Roermond 1974.

Plöger, O., Theokratie und Eschatologie, *WMANT* 2, 2. A. 1962.

Preuss, H.D., Verspottung fremder Religionen im Alten Testament, *BWANT* 92, 1971.

--, עם אֵת, in: *ThWAT* I, 1973, 485-500.

Rad, G. von, οὐρανός ... B. Altes Testament, in: *ThWNT*, V, 1954, 501-509.

--, Das fünfte Buch Mose. Deuteronomium, *ATD* 8, 1964.

Rahlfs, A., *Psalmi cum Odis, Septuaginta. Vetus Testamentum Graecum.* Auctoritate Scientiarum Gottingensis editum, X, 3. A., Göttingen 1979.

Ravasi, G., *Il libro dei Salmi*, II, Bologna 1983.

--, *Il libro dei Salmi*, III, Bologna 1984.

Reiterer, F.V., *Gerechtigkeit als Heil.* צדק *bei Deuterojesaja. Aussage und Vergleich mit der alttestamentlichen Tradition*, Graz 1976.

Reventlow, H. Graf, Die Völker als Jahwes Zeugen bei Ezechiel, in: *ZAW* 71, 1959, 33-43.

146 LITERATURVERZEICHNIS

Ringgren, H., The Omitting of *kol* in Hebrew Parallelism, in: *VT* 32, 1982, 99-103.

Rogerson, J.W. / McKay, J.W., Psalms 1-50, *CNEB*, 1977.

--,   Psalms 101-150, *CNEB*, 1977.

Rose, M., Der Ausschließlichkeitsanspruch Jahwes, *BWANT* 106, 1975.

Rosenmüller, E.F.C., *Scholia in Vetus Testamentum partis quartae Psalmos continentis*, III, Leipzig 1804.

Rost, L., Israel bei den Propheten, *BWANT* 71, 1937.

Rudolph, W., Der exilische Messias. Ein Beitrag zur Ebed-Jahwe-Frage, in: *ZAW* 43, 1929, 90-114.

--,   Esra und Nehemia samt 3. Esra, *HAT* I 20, 1949.

--,   Jeremia, *HAT* I 12, 3. A. 1968.

Sæbø, M., Chronistische Theologie / Chronistisches Geschichtswerk, in: *TRE* VIII, 1981, 74-87.

Scheftelowitz, J., *Alt-Palästinensischer Bauernglaube in religionsvergleichender Beleuchtung*, Hannover 1925.

Scherer, K. s. Bühlmann, W.

Schmidt, W.H., *Einführung in das Alte Testament*, 4. A., Berlin u. a. 1989.

Schmitt, H.-C., Prophetie und Schultheologie im Deuterojesajabuch. Beobachtungen zur Redaktionsgeschichte von Jes 40-55*, in: *ZAW* 91, 1979, 43-61.

Schoors, A., I am God Your Saviour. A Form-Critical Study of the Main Genres in Is. XL-LV, *VT.S* 24, 1973.

Schottroff, W., 'Gedenken' im Alten Orient und im Alten Testament. Die Wurzel zākar im semitischen Sprachkreis, *WMANT* 15, 1964.

Schürer, E., *Geschichte des jüdischen Volkes im Zeitalter Jesu Christi*, III, *Das Judentum in der Zerstreuung und die jüdische Literatur*, 4. A., Leipzig 1909.

Sekine, S., Die Tritojesajanische Sammlung (Jes 56-66) redaktionsgeschichtlich untersucht, *BZAW* 175, 1989.

Seybold, K., *Der aaronitische Segen. Studien zu Numeri 6,22-27*, Neukirchen-Vluyn 1977.

--,   Die Psalmen. Eine Einführung, *UB* 382, 1986.

Simian-Yofre, H., פָּנִים *pānîm*, in: *ThWAT* VI, 1989, 629-659.

Smend, R., *Deutsche Alttestamentler in drei Jahrhunderten*, Göttingen 1989.

Smith, M.S., The Levitical Compilation of the Psalter, in: *ZAW* 103, 1991, 258-263.

Snaith, N.H., Leviticus and Numbers, *NCeB*, 1969.1977.

Soden, W. von, *Akkadisches Handwörterbuch*, I.II, Wiesbaden 1965.1972.

Soggin, J.A., שָׁמַיִם *šāmájim* Himmel, in: *THAT*, II, 1976, 965-970.

Sperber, A. (Hg.), *The Bible in Aramaic based on old manuscripts and printed texts*, IV A, *The Hagiographa*, Leiden 1968.

Spykerboer, H.C., *The Structure and Composition of Deutero-Isaiah. With Special Reference to the Polemics Against Idolatry*, Diss. Meppel 1976.

Staerk, W., Lyrik (Psalmen, Hoheslied und Verwandtes), *SAT* III 1, 2. A., Göttingen 1920.

Stähli, H.-P., יָרֵא *jr'* fürchten, in: *THAT* I, 1971, 765-778.

Stamm, J.J. s. Baumgartner, W.

Steck, O.H., Friedensvorstellungen im alten Jerusalem, *ThSt* 111, 1972.

--, s. Barth, H.

--, *Exegese des Alten Testaments*, 12. A., Neukirchen-Vluyn 1989.

Steuernagel, C., *Lehrbuch der Einleitung in das Alte Testament*, Tübingen 1912.

Stier, R., *Siebzig ausgewählte Psalmen, nach Ordnung und Zusammenhang ausgelegt*, Erste Hälfte, 1834, XII, Zweite Hälfte, Halle 1836.

Stolz, F., Psalmen im nachkultischen Raum, *ThSt(B)* 129, 1983.

Sweeney, M.A., Isaiah 1-4 and the Post-Exilic Understanding of the Isaianic Tradition, *BZAW* 171, 1988.

Swete, H.B. (Hg.), *The Old Testament in Greek according to the Septuagint*, II, 3. A., Cambridge 1907.

The Peshitta Institute Leiden s. Walter, D.M. u. a. (Hg.).

Tromp, N.J., *Een sprekend gebaar. Improvisatie over Psalm 116B (115)*, Utrecht 1991.

Vaux, R. de, *Das Alte Testament und seine Lebensordnungen*, II, Freiburg i. Br. u. a. 1960.1962.

Veenhof, K.R., History of the Ancient Near East to the Time of Alexander the Great, in: A.S. van der Woude (Hg.), *The World of the Bible,* I, Grand Rapids, Mich. 1981.1986.

Volz, P., Jesaja II, *KAT* IX, 1932.

Wada, M., Reconsideration of Mišpāṭ in Isaiah 42:1-4, in: Seisho-Gaku-Ronshu 16, 1981, 46-79.

Walter, D.M. / Vogel, A. / Ebied, R.Y. / The Peshitta Institute, Leiden (Hg.), The Old Testament in Syriac according to the Peshitta Version. Edited on behalf of The International Organization for the Study of the Old Testament, II/3, The Book of Psalms, Leiden 1980.

Walton, B. (Hg.), *Biblia sacra polyglotta*, III, Nachdruck Graz 1964.

Weber, R. (Hg.), *Biblia sacra iuxta vulgatam versionem*, I, Stuttgart 1969.

Wehmeier, G., *Der Segen im Alten Testament. Eine semasiologische Untersuchung der Wurzel brk*, Diss. Basel 1970.

Weinfeld, M., 'Justice and Righteousness' in Ancient Israel against the Background of "Social Reforms" in the Ancient Near East, in: H.-J. Nissen / J. Renger (Hg.), Mesopotamien und seine Nachbarn, *BBVO* 1, 1982, 491-519.

Weiser, A., Das Buch Jeremia, *ATD* 20/21, 5. A. 1966.

--, Die Psalmen, *ATD* 14/15, 8. A. 1973.

Werner, W., Eschatologische Texte in Jesaja 1-39. Messias, Heiliger Rest, Völker, *FzB* 46, 1982.

Westermann, C., Zur Sammlung des Psalters, 1962, in: Forschung am Alten Testament. Gesammelte Studien, *TB* 24, 1964, 336-343.

--, Das Buch Jesaja. Kapitel 40-66, *ATD* 19, 1966.

--, La création dans les Psaumes, in: F. Blanquart (Hg.), La création dans l'Orient Ancien, *LeDiv* 127, 1987, 301-321.

--, *Der Psalter*, 4. A., Stuttgart 1980.

Wette, W.M.L. de, *Commentar über die Psalmen*, 5. A., Heidelberg 1856.

Wildberger, H., Jesaja, *BK* X/1, 1972.

Wilson, G.H., The Editing of the Hebrew Psalter, *SBLDS* 76, 1981.

Winkle, D.W. van, The relationship of the nations to Yahweh and to Israel in Isaiah xl-lv, in: *VT* 35, 1985, 446-458.

Wolff, H.W., Dodekapropheton 4. Micha, *BK* XIV/4, 1982.

Woude, A.S. van der, פָּנִים *pānîm* Angesicht, in: *THAT* II, 1976, 432-460.

--, Zacharia, *De prediking van het Oude Testament*, Nijkerk 1984.

Würthwein, E., *Der Text des Alten Testaments. Eine Einführung in die Biblia Hebraica*, 5. A., Stuttgart 1988.

Yardeni, A., Remarks on the priestly blessing on two ancient amulets from Jerusalem, in: *VT* 41, 1991, 176-185.

Zimmerli, W., Erkenntnis Gottes nach dem Buche Ezechiel. Eine theologische Studie, *AThANT* 27, 1954, neuabgedruckt in: Gottes Offenbarung, *TB* 19, 1963, 41-119.

--, Das Wort des göttlichen Selbsterweises (Erweiswort), eine prophetische Gattung, in: FS. f. A. Robert, *TICP* 4, 1957, 154-164, neuabgedruckt in: Gottes Offenbarung, *TB* 19, 1963, 120-132.

--, Ezechiel, *BK* XIII/2, 1969.

--, Deutero-Ezechiel?, in: *ZAW* 84, 1972, 501-516.

--, Ezechiel, *BK* XIII/2, 2. A. 1979.

BIBELSTELLENREGISTER

Von Stellenangaben zu den hauptsächlichen Psalmen, LXVII und CXV, wird abgesehen; desgleichen von denen, die Neutestamentlichem gelten. - Bei Bibelstellenangaben im Anmerkungsteil erscheinen die Seitenzahlen kursiv.

SUPPLEMENTS TO VETUS TESTAMENTUM

2. POPE, M.H. *El in the Ugaritic texts*. 1955. ISBN 90 04 04000 5
3. *Wisdom in Israel and in the Ancient Near East*. Presented to Harold Henry Rowley by the Editorial Board of Vetus Testamentum in celebration of his 65th birthday, 24 March 1955. Edited by M. NOTH and D. WINTON THOMAS. 2nd reprint of the first (1955) ed. 1969. ISBN 90 04 02326 7
4. *Volume du Congrès* [International pour l'étude de l'Ancien Testament]. Strasbourg 1956. 1957. ISBN 90 04 02327 5
8. BERNHARDT, K.-H. *Das Problem der alt-orientalischen Königsideologie im Alten Testament*. Unter besonderer Berücksichtigung der Geschichte der Psalmenexegese dargestellt und kritisch gewürdigt. 1961. ISBN 90 04 02331 3
9. *Congress Volume*, Bonn 1962. 1963. ISBN 90 04 02332 1
11. DONNER, H. *Israel unter den Völkern*. Die Stellung der klassischen Propheten des 8. Jahrhunderts v. Chr. zur Aussenpolitik der Könige von Israel und Juda. 1964. ISBN 90 04 02334 8
12. REIDER, J. *An Index to Aquilla*. Completed and revised by N. Turner. 1966. ISBN 90 04 02335 6
13. ROTH, W.M.W. *Numerical sayings in the Old Testament*. A form-critical study. 1965. ISBN 90 04 02336 4
14. ORLINSKY, H.M. *Studies on the second part of the Book of Isaiah.* —The so-called 'Servant of the Lord' and 'Suffering Servant' in Second Isaiah.—Snaith, N.H. Isaiah 40-66. A study of the teaching of the Second Isaiah and its consequences. Repr. with additions and corrections. 1977. ISBN 90 04 05437 5
15. *Volume du Congrès* [International pour l'étude de l'Ancien Testament]. Genève 1965. 1966. ISBN 90 04 02337 2
17. *Congress Volume*, Rome 1968. 1969. ISBN 90 04 02339 9
19. THOMPSON, R.J. *Moses and the Law in a century of criticism since Graf.* 1970. ISBN 90 04 02341 0
20. REDFORD, D.B. *A study of the biblical story of Joseph.* 1970. ISBN 90 04 02342 9
21. AHLSTRÖM, G.W. *Joel and the temple cult of Jerusalem.* 1971. ISBN 90 04 02620 7
22. *Congress Volume*, Uppsala 1971. 1972. ISBN 90 04 03521 4
23. *Studies in the religion of ancient Israel.* 1972. ISBN 90 04 03525 7
24. SCHOORS, A. *I am God your Saviour.* A form-critical study of the main genres in Is. xl-lv. 1973. ISBN 90 04 03792 2
25. ALLEN, L.C. *The Greek Chronicles.* The relation of the Septuagint I and II Chronicles to the Massoretic text. Part 1. The translator's craft. 1974. ISBN 90 04 03913 9
26. *Studies on prophecy.* A collection of twelve papers. 1974. ISBN 90 04 03877 9
27. ALLEN, L.C. *The Greek Chronicles.* Part 2. Textual criticism. 1974. ISBN 90 04 03933 3
28. *Congress Volume*, Edinburgh 1974. 1975. ISBN 90 04 04321 7
29. *Congress Volume*, Göttingen 1977. 1978. ISBN 90 04 05835 4
30. EMERTON, J.A. (ed.). Studies in the historical books of the Old Testament. 1979. ISBN 90 04 06017 0

31. MEREDINO, R.P. *Der Erste und der Letzte*. Eine Untersuchung von Jes 40-48. 1981. ISBN 90 04 06199 1
32. EMERTON, J.A. (ed.). *Congress Vienna* 1980. 1981. ISBN 90 04 06514 8
33. KOENIG, J. *L'herméneutique analogique du Judaïsme antique d'après les témoins textuels d'Isaïe*. 1982. ISBN 90 04 06762 0
34. BARSTAD, H.M. *The religious polemics of Amos*. Studies in the preaching of Amos ii 7B-8, iv 1-13, v 1-27, vi 4-7, viii 14. 1984. ISBN 90 04 07017 6
35. KRAŠOVEC, J. *Antithetic structure in Biblical Hebrew poetry*. 1984. ISBN 90 04 07244 6
36. EMERTON, J.A. (ed.). *Congress Volume*, Salamanca 1983. 1985. ISBN 90 04 07281 0
37. LEMCHE, N.P. *Early Israel*. Anthropological and historical studies on the Israelite society before the monarchy. 1985. ISBN 90 04 07853 3
38. NIELSEN, K. *Incense in Ancient Israel*. 1986. ISBN 90 04 07702 2
39. PARDEE, D. *Ugaritic and Hebrew poetic parallelism*. A trial cut. 1988. ISBN 90 04 08368 5
40. EMERTON, J.A. (ed.). *Congress Volume*, Jerusalem 1986. 1988. ISBN 90 04 08499 1
41. EMERTON, J.A. (ed.). *Studies in the Pentateuch*. 1990. ISBN 90 04 09195 5
42. MCKENZIE, S.L. *The Trouble with Kings*. The composition of the Book of Kings in the Deuteronomistic History. 1991. ISBN 90 04 09402 4
43. EMERTON, J.A. (ed.). *Congress Volume*, Leuven 1989. 1991. ISBN 90 04 09398 2
44. HAAK, R.D. *Habakkuk*. 1992. ISBN 90 04 09506 3
45. BEYERLIN, W. *Im Licht der Traditionen*. Psalm LXVII und CXV. Ein Entwicklungszusammenhang. 1992. ISBN 90 04 09635 3